Alabama 1850 Agricultural and Manufacturing Census

Volume 1

Transcribed and Compiled by
Linda L. Green

WILLOW BEND BOOKS
2012

WILLOW BEND BOOKS
AN IMPRINT OF HERITAGE BOOKS, INC.

Books, CDs, and more—Worldwide

For our listing of thousands of titles see our website
at
www.HeritageBooks.com

Published 2012 by
HERITAGE BOOKS, INC.
Publishing Division
100 Railroad Ave. #104
Westminster, Maryland 21157

Copyright © 1999 Linda L. Green

All rights reserved. No part of this book may be reproduced or transmitted in any form or by any means, electronic or mechanical, including photocopying, recording or by any information storage and retrieval system without written permission from the author, except for the inclusion of brief quotations in a review.

International Standard Book Numbers
Paperbound: 978-1-58549-803-1
Clothbound: 978-0-7884-9363-8

TABLE OF CONTENTS

	Page No.
Introduction	i
Other Data Columns on Census	ii
Table of Contents	iii
Dale County	1
Dallas County	18
Dekalb County	35
Fayette County	51
Franklin County	72
Greene County	94
Hancock County	119
Henry County	124
Index	a

DALE COUNTY

Agricultural and Manufacturing Census for 1850 Microfilmed by the Alabama Department of Archives and History under a Grant from the National Science Foundation

1850 Schedule 4 Agricultural –Dale to Marengo Counties

Filmed for the University of North Carolina from Original Records in the Alabama Department of Archives and History

1. Owner
2. Acres of Improved Land
3. Acres of Unimproved Land
4. Cash Value of Farm
5. Value of Farm Implements and Machinery
13. Value of Livestock

The following symbol is used to maintain spacing: -

1, 2, 3, 4, 5, 13

Wesley D. Carter, 18, -, 75, 9, 60
Warren Goff, 30, 130, 400, 10, 137
Henry Caraway, 30, 32, 200, 30, 100
Henry Creech, 75, 85, 500, 30, 195
John H. Preachers, 2, -, 70, 30, 30
Frederick Creech, 12, -, 25, 5, 85
Philip Breech, 25, 115, 300, 75, 135
William Brogden, -, -, -, -, 12
John Edgar, 30, -, 60, 30, 159
Reddin Byrd, 100, 200, 1000, 5, 170
Lemuel Byrd, 8, 192, 600, 8, 200
John Boutwell, 25, 98, 400, 10, 230
Jacob Flowers, 5, -, 25, 8, 65
James M. Douglass, 24, 30, 250, 45, 124
Samuel Douglass, 15, -, 100, 5, 93
Joel Martin, 30, -, 100, 15, 160
David Carrell, 50, 350, 1000, 325, 593
Amos Johnson, 40, 120, 300, 35, 170
Abel Nichols, 40, 160, 500, 25, 315
Richard Byrd, 40, 20, 150, 5, 230
Sarah Johnson, 26, -, 150, 5, 260
Isaac Hosey, 6, -, 30, 12, 35
George W. Reeves, 20, -, 150, 5, 100
Matilda Smith, 10, -, 80, 5, 290
Susannah Brazel, 38, -, 100, 15, 200
Ransom Deal, 35, 70, 200, 5, 70
James Wilson, 12, -, 75, 30, 65
Cornelius Wilson, 13, -, 100, 5, 55
Mark M. Holton, 40, -, 100, 8, 145

Lewis Holton, 6, -, 100, 30, 150
Daniel Murphy, 10, -, 70, 10, 80
Lewis H. Deal, 100, 60, 600, 100, 545
Lexy Johnson, 25, 100, 175, 5, 160
James C. Ward, 250, 1450, 6800, 4000, 824
James Matthews, 50, -, 50, 10, 58
Jacob Little, 40, 58, 500, 20, 225
John M. Loftin, 20, 160, 500, 30, 100
Mary Barnes, 50, 50, 500, 20, 350
Wesley Rudd, 21, -, 65, 3, 60
Anderson Brown, 30, -, 150, 10, 150
Martha Dowd, 35, -, 50, 25, 125
William R. Trawick, 40, 120, 200, 10, 72
Calvin Whitehead, 8, -, 75, 15, 60
Absalom Barnes, 45, -, 150, 20, 270
Isaac W. Patteson, 25, 135, 200, 5, 93
William Whitehead, 40, 120, 120, 30, 416
William Keachea, 30, 40, 200, 10, 175
Angus McInnis, 30, 10, 200, 60, 200
James A. Keachea, 30, 10, 200, 60, 200
Daniel Munn, 60, 25, 150, 100, 135
Thomas J. Patterson, 20, -, 130, 5, 120
George B. Keachea, 30, -, 100, 75, 450
Alexander McCall, 50, 70, 150, 35, 265
James English, 15, -, 40, 5, 75
Stephen Wiggins, -, -, -, 5, 200
Francis M. Bush, 28, 35, 60, 10, 120
Miles Parker, -, -, -, 22, 50
David Applin, 40, -, 60, 8, 95
Hezekiah Hendrix, 100, 30, 600, 50, 1020
John Pall, 10, -, 50, 6, 12
John Crutchfield, 30, -, 50, 150, 55
James S. Birch, 15, -, 50, 10, 10
James Pall, 15, -, 40, 17, 100
Green B. Birch, 30, -, 100, 25, 434
James McKinney, 300, 200, 3000, 375, 1280
Henry McKinney, 300, 200, 3000, 375, 1280
Malinda Donnell, 60, 100, 1000, 40, 380
James M. Tindel, 50, 100, 400, 20, 370
Green B. Johnson, 80, 40, 800, 75, 662
Lydia Watford, 30, 18, 200, 5, 160
David Godwin, 50, -, 150, 10, 166
David, H. Newton, 20, -, 100, 25, 135
Constantine Newton, 70, -, 300, 60, 515
Thomas E. Turner, 35, -, 59, 30, 235
Duncan R. Stivender, 60, 40, 150, 600, 480
Jesse Bell, -, -, 30, 5, 120
Stephen Miller, 15, -, 30, 4, 187
Daniel M. Palmore, 16, -, 50, 23, 65
John Birch, 20, -, 100, 24, 325
James Windham, 22, 30, 200, 5, 200
Daniel S. Hood, -, -, -, 10, 92
William H. Pritchett, 75, 75, 1200, 75, 350
George M. Wells, -, -, -, -, 63
William W. Woodall, 15, -, 18, 8, 100
Reuben Carrell, 100, 660, 200, 15, 500

Zinnamon Dowling, 17, 63, 200, 15, 200
John Dowling, 35, 245, 600, 50, 250
William E. Matthews, 19, 21, 100, 10, 161
John Merrick, 100, 180, 600, 200, 250
David Ard, 80, 40, 150, 70, 380
Daniel Lemmons, 20, 20, 50, 50, 250
Benjamin Scott, 50, 70 420, 20, 271
Coleman Barnes, 125, 395, 650, 510, 650
James P. Belsher, 130, 450, 1350, 260, 563
Nathaniel C. Hughes, 60, 40, 500, 10, 160
J.F. Williamson, 20, -, 30, 5, 150
Benjamin Williamson, 16, -, 20, 5, -
Dongald McFadyew, 100, 300, 900, 60, 355
John B. Whitehead, 20, -, 25, 5, 50
John Hewlett, 40, 30, 250, 5, 245
J.A.C. McDonald, 60, 100, 600, 75, 205
John Loyd, 25, -, 30, 20, 161
James Matthews, 50, 40, 112, 10, 340
William Williamson, 40, -, 75, 35, 243
Johnson Godwin, 50, 4, 100, 50, 255
Samuel P. Ward, 90, 150, 500, 25, 464
William Foxworth, -, -, -, -, 44
Avent W. Cotton, 50, 150, 400, 30, 252
Dempsey Messer, 45, 95, 250, 40, 317
Alexander Adams, 10, -, 50, 5, 180
John Miller, 90, 160, 700, 70, 412
James Trant, 50, 5, 300, 10, 87
James M. Bridges, 35, 85, 300, 45, 336
Benjamin Singleton, 43, 77, 350, 7, 225
William J. White, 18, -, 27, 5, 5
Benjamin Thrower, 5, -, 8, 5, 6
Simeon Cook, 40, 20, 200, 35, 381
Samuel W. Settles, 102, 50, 350, 45
Abner B. Shiver, 20, 27, 100, 10, 172
Nathan F. Stoddard, 60, -, 150, 75, 172
Alejah Shiver, 12, -, 100, -, 90
Stephen Boyer, 70, -, 150, 220, 440
John M. Hathom, 16, 144, 600, 5, 175
Jacob Snell, 50, 140, 800, 75, 400
A. M. Hughes, 48, 252, 1000, 10, 280
James R. Heflin, 50, 350, 700, 5, 50
Isaac Snell, 125, 1515, 3600, 600, 600
Lee Sullivent, 15, 25, 125, 10, 5
Calvin Sullivent, -, -, -, -, 10
Green Byrd, 30, 130, 600, 20, 225
Simpson Jones, 25, 15, 100, 10, 220
Willis Goff, -, -, -, 8, 150
Everett Summerline, -, -, -, 3, 160
Hines Summerline, 18, 12, 90, 12, 300
Charity Summerline, -, -, -, 8, 75
Zacheus Dowling, 20, 395, 1245, -, 150
William Pointer, 75, 150, 1200, 490, 475
William Stokes, 40, 100, 320, 8, 165
Green B. Clark, 40, 60, 300, 25, 370
Joseph T. Waller, 40, 80, 400, 25, 300
William Towles, 128, 525, 3560, 100, 200

James W. Archer, -, -, -, 60, 205
Kinion Peacock, 40, 270, 300, 70, 255
William Bracewell, 75, 165, 1000, 50, 500
John A. F. Campbell, 20, 20, 100, 20, 150
Bright Byrd, 40, 160, 100, 5, 100
Thomas Trewett, -, -, -, 10, 150
Edward H. Woodham, -, 40, 80, -, 125
John R. Woodham, -, 40, 80, 15, 200
James C. Matthews, -, 82, 700, 150, 250
James Tindel, 40, 156, 800, 60, 525
Kinneth Yelverton, 30, 220, 1550, 250, 250
John W. Draughon, 15, 25, 300, 35, 155
William Scamell, -, 40, 120, 100, 25
David Snell, 50, 470, 1100, 30, 366
John H. Spears, 20, -, 25, 8, 115
Elias Bryan, 50, 110, 400, 130, 245
John E. Matthews, 20, -, 100, 100, 205
Alfred Riley, 40, 40, 200, 50, 150
J. P. Roach, 18, 28, 150, 8, 110
Jonathan Roach, 30, 1770, 1500, 2000, 340
James E. Kemp, 40, 60, 300, 5, 147
Elisha Skinner, 40, -, 50, 20, 125
John Matthews, 40, -, 50, 30, 130
George Wheeler, 8, -, 50, 5, 38
John F. Faulk, 40, 80, 300, 30, 204
Thomas M. Barnes, 10, 110, 250, -, 155
Benjamin Newsom, 50, 150, 500, 10, 280
Jesse Dean, 50, 169, 200, 35, 315
Philip Arthur, 75, 40, 200, 15, 268
Joshua Lee, 16, -, 100, 5, 84
Elijah Shiver, 41, 20, 300, 60, 219
Seaborn Gray, 100, -, 100, 10, 42
Martin H. Shepherd, 25, 15, 150, 85, 129
Jesse A. Peacock, 15, 70, 350, 8, 220
John T. Peacock, 40, -, 100, 6, 143
Willis Kirkland, 80, 360, 3000, 30, 555
Elisha Matthews, 100, 500, 1500, 125, 578
Edward Woodham, 50, 150, 400, 270, 362
Frederick Woodham, 40, -, 150, 10, 294
William Knotts, -, -, -, 5, 85
Elijah Reynolds, 225, 80, 600, 10, 534
John B. Daughtery, 50, 60, 300, 10, 143
Riley Barnes, 65, 130, 700, 30, 241
James R. Windham, 25, -, 50, 2, 125
Elias C. Woodham, 14, -, 100, 5, 125
Presley N. Woodham, 40, -, 150, 20, 207
John McGuirt, 100, 250, 500, 160, 464
William Lee, 12, -, 125, 5, 90
William Maund, 75, 150, 400, 45, 531
Willie Barwick, 35, -, 150 26, 221
Charles Musselwhite, 30, -, 150, 10, 130
Abner, Dilmore, 25, -, 150, 20, 65
Derrill Yann, -, -, -, 20, 169
Valentine Roach, 6, -, 50, 20, 116
Eli Yann, 50, -, 100, 2, 67
Daniel Carmichael, 42, -, 100, 5, 260

William C. Dick, 100, 600, 1500, 150, 431
Cornelius Grantham, -, -, -, 35, 100
Israel Wiggins, 20, -, 40, 17, 150
Susan Rogers, 80, 130, 455,5, 195
Malcom Carmichael, 30, 16, 100, 113, 236
John Richardson, 16, -, 100, 20, 85
Isham Byrd, 30, 12, 100, 20, 303
John Soloman, 75, 245, 100, 30, 370
Nathan F. Smith, 20, 140, 600, 5, 149
Harrison Moseley, 20 60, 260, 15, 95
Eli Highnote, -, -, -, 5, 165
Stephen Barnes, -, -, -, 40, 145
Ivy Sanderson, 50, 40, 280, 40, 259
Eli Horn, 170, 350, 1500, 137, 502
John C. Ward, 300, 620, 1840, 115, 635
Isham Peoples, 80, 240, 400, 30, 392
James Barefield, -, -, -, 5, 100
S. J. Hix, -, -, -, 5, 140
David McLenny, 20, 60, 180, 8, 80
Charles G. Dean, 50, 230, 1200, 535, 407
John W. Dean, -, -, -, 5, 30
Lewis Mullin, 20, 80, 300, 72, 216
R. P. Peacock, 35, 125, 400, 75, 500
John B. Robertson, 44, -, 100, 10, 154
John J. Lassiter, 22, 33, 80, 10, 142
Samuel Grantham, 25, -, 150, 25, 83
Jackson Hagler, 30, -, 200, 45, 318
Benjamin J. Barlett, 30, -, 100, 10, 60
William G. Turlington, 70, 20, 400, 100, 449
George M. Stathen, 18, 30, 100, 10, 193
B.H. Perry, -, -, -, -, 117
Malcom McLain, 22, 20, 250, 5, 100
Enoch Johns, 8, 40, 333, 500, 257
John M. Loftin, 25, 135, 400, 5, 175
Absalom Payne, 50, 75, 600, 40, 577
Robert J. Fountain, 22, 100, 400, 25, 260
Junnis Bludworth, 40, 30, 100, 45, 437
Sherwood Thomas, 35, 45, 500, 10, 220
John W. Murdock, 20, 180, 450, 30, 235
Dennis Lindsey, 85, 435, 1000, 85, 320
James Deal, 16, -, 30, 8, 40
Edward J. Thompson, 50, 150, 700, 45, 261
George B. Keahey, 37, -, 125, 65, 348
Aulsey Dean, 50, 110, 600, 25, 192
Clison Oliver, 35, 106, 300, 5, 45
James M. McLand, 30, 40, 350, 5, 190
John Metcalf, 160, 240, 1500, 300, 484
Jesse B. Garner, 55, -, 125, 100, 278
John Waters, 25, -, 40, 30, 159
Henry Cooper, -, -, -, 10, 210
James Cooper, -, -, -, 50, 345
William Williams, -, -, -, 7, 140
Thomas Rogers, -, -, -, 35, 520
James Smith, -, -, -, 5, 177
James Newton, 40, 5, 100, 165, 925
Robert C. Floyd, -, -, -, 5, 15

Mary Horton, -, -, -, 5, 54
Stephen Cooker, 70, 22, 80, 80, 415
Alexander Smith, 120, 120, 2000, 240, 738
Adam Brannin, 35, 242, 200, 45, 326
Gipson Mainer, -, -, -, 33, 257
Joseph Hagan, -, -, -, 5, 56
Wiley Balkum, 15, 25, 75, 20, 252
John Beverett, 18, 222, 720, 70, 332
William R. Herring, 120, 180, 300, 90, 342
Joshua Herring, 25, 15, 50, 20, 562
Isham Snell, 70, 498, 1600, 55, 426
M. C. Whittle, -, -, -, 1, 95
William Savage, -, -, -, 5, 120
Joseph R. Woodham, -, -, -, 10, 116
John Vann Sen., -, -, -, 5, 85
Thomas Howard, 50, 110, 500, 200, 349
Joseph Rogers, -, -, - , 90, 145
Daniel Judah, 45, 75, 300, 120, 324
Thomas Miller, -, -, -, 5, 12
John Ard, 75, 245, 800, 75, 386
Curtis F. Trewett, 125, 508, 375, 85, 614
John L. Brinks, 24, 56, 250, 30, 165
Nicholas Infinger, -, -, -, 5, 87
Addison W. Barnes, 30, 15, 200, 25, 257
Peter Brown, 70, 150, 1300, 40, 302
Jonathan H. Halstead, -, -, -, 10, 97
Edward Best, -, -, -, 5, 103
Henry Bennett, 70, 570, 1000, 45, 705
William Sketoe, 65, 95, 800, 5, 175
John Lisenby, -, -, -, 25, 100
Charles Newsom, -, -, -, 10, 140
Calvin Barnes, -, 40, 150, 13, 303
Curtis Byrd, 100, 300, 1200, 15, 461
Wiley Godwin, 70, 55, 150, 80, 185
William H. White, -, 13, 300, 100, 183
Henry Watt Sen., 15, 145, 350, 80, 182
William Chalker, 45, 115, 400, 40, 140
Shirly Hobb, 16, 24, 200, 5, 94
Giles Sumerline, -, -, -, 5, 12
Thomas J. Hobbs, 15, 25, 200, 5, 126
Rease Curenton, 60, 40,.300, 25, 296
William Martin, 40, 120, 800, 100, 341
James Martin, 70, 240, 900, 25, 249
Eli Clark, -, -, -, 5,-
R. J. Cooper, 25, 15, 150, 30, 341
John A. Auston, 55, 74, 1000, 130, 616
William White, 100, 66, 600, 27, 109
William A. Greer, 25, 115, 600, 27, 300
John White, -, -, -, 10, 80
John Crosby, 35, 45, 160, 10, 70
John Cooper, 15, 10, 30, 5, 147
Samuel Pate, 80, 240, 960, 45,250
Needham Garver, -, -, -, 10, 176
Stephen Hawkins, 40, 200, 750, 8, 184
Tobias Lee, 30, 10, 50, 10, 90
Allen Sconnyers(Sconmyers), 100, 150, 1400, 110, 615

Isaac May, -, -, -, 8, 138
John Bales, -, -, -, 20, 145
James D. Kelly, -, -, -, -, -
Daniel Jernigan, 20, 60, 300, 500, 218
Leonard Hornsby, -, -, -, 5, 55
William A. Stapleton, 75, 45, 400, 125, 511
Benjamin Hawkins, 30, 50, 500, 5, 131
Hardy W. B. Price, 40, -, 75, 25, 284
John Judah, 50, 30, 400, 40, 266
Elisha H. Simmons, 30, 20, 1000, 70, 850
John Wilkinson, 100, 40, 50, 385, 1590
Thomas Crutchfield, -, -, -, 5, 337
James M. Daniel, -, -, -, 5, 195
Thomas A. Hewett, 50, 70, 400, 10, 322
Hillery Watford, 50, 100, 400, 30, 208
Wiley Riley, -, -, -, 8, 137
Thomas J. Ward, -, -, -, 5, 220
Jesse Kinsel, 40, 40, 300, 600, 459
Thomas E. Suggs, 100, 120, 1200, 150, 715
Green Pate, 40, 55, 550, 30, 183
William Tomberlin, 25, -, 75, 5, 105
William Kinsouls, 35, 85, 300, 30, 245
Francis M. Blount, -, -, -, - , 12
John T. Daniel, 30, 40, 300, 20, 224
Mathew Spikes, -, -, -, 5, 256
John J. Ward, 20, -, 75, 5, 205
James C. Rogers, -, -, -, 5, 100
Benjamin Skipper, -, -, -, 4,139
Benjamin Watford, 50, 30, 350, 125, 348
Tilman Register, 50, 50, 500, 15, 520
William Windham, -, -, -, 10, 660
Brown Register, 50, 20, 700, 400, 339
Abraham Ott, -, -, -, 20, 300
Thomas Brannin, -, -, -, 5, 20
Edmund Hilson, -, -, -, 2, 53
John Cooley, 40, 40, 200, 30, 370
John Rogers, -, -, -, 10, 83
Ezekiel Watford, 45, 80, 300, 800, 198
William Daniel, 100, 380, 3000, 35, 1730
John G. Cooper, -, -, -, 5, 247
Luke Hall, -, -, -, 20, 260
William McInney, -, -, -, -, -
Barnabas B. Skipper, -, -, -, 5, 160
Isaac Mims, -, -, -, 10, 195
William Short, -, -, -, 5, 84
John Johnson, -, -, -, 5, 465
Daniel Harkley, -, -, -, 5,90
Stephen Vann, -, -, -, 5, 145
Aris Mixon, -, -, -, 30, 260
Henry Richards, 45, 10, 300, 35, 260
Samuel B. Windham, 60, 150, 600, 32, 470
Isaac Hollis, 23, 15, 100, 6, 150
Samuel J. Andrews, 14, 26, 90, 10, 100
David Gilley, 15, 54, 250, 30, 237
Thomas L. Smith, 100, 250, 700, 200, 449
John Lee, -, -, -, 20, 200

John Powers, 30, 110, 240, 15, 210
William O. Connor, -, -, -, -, 40
John G. Jewell, -, -, -, -, 4
Matthew White, -, -, -, -, 20
Thomas J. Gilley, -, -, -, 5, 90
Benjamin Yon, 50, 150, 500, 607, 205
Emanuel Parish, 50, 230, 1000, 50, 329
Amos L. Mizell, 110, 330, 1100, 190, 272
P. J. Godwin, 30, 50, 320, 5, 135
James Bass, -, -, -, 5, 40
Acrel Byrd, 40, 80, 300, 40, 100
Jacob F. Ezell, 15, 80, 500, 10, 144
John R. Ingram, 180, 220, 900, 40, 277
Allen Peavy, 11, -, 50, 5, 10
Ezekiel Bass, 120, 320, 1300, 15, 405
James Chancey, 20, 100, 450, 10, 213
Benjamin Martin Sen., 30, 290, 700, 105, 325
William Chambley, -, 50, 120, 6, 100
James Sullivent, 30, 50, 400, 40, 125
Samuel Ruton, 100, 360, 1200, 85, 405
John Stokes, 30, 90, 360, 150, 145
Jesse Clark, 60, 140, 800, 28, 290
Benjamin Martin Jun., 30, 250, 600, 70. 435
Harmon Carlton, 60, 20, 240, 40, 260
Henry Cooper, 150, 100, 1370, 50, 824
George F. Thompson, 60, 1100, 3000, 100,455
John W. Fowler, 20, 20, 200, 10, 150
Etheldread Bowen, -, -, -, 10, 155
John Green, -, -, -, -, 115
Rufus Turner, -, -, -, 20, 280
Tilman W. McCarty, -, -, -, 5, 352
James A. Gray, -, -, -, 10, 135
Joel Pate, 20, 140, 800, 5, 165
Martha Larner, 25, 29, 200, 5, 146
Isaiah Lee, 40, 120, 500, 20, 193
Irwin Donnell, 80, 121, 600, 60, 417
Josiah Irwin, -, -, -, 5, 170
Hugh Cameron, 75, 400, 1500, 95, 512
William R. Crosby, -, -, -, 20, 266
Dempsey Dowling, 80, 420, 1000, 100, 680
Robert N. Dillard, 80, 120, 650, 100, 603
John Howell, 2, -, 35, -, 100
William Cox, 60, 140, 1200, 100, 457
Robert Whitmore, 35, 70, 400, 10, 84
J. J. Miller, 120, 220, 680, 35, 433
Abraham Powell, 30, -, 150, 10, 97
Levi Justice, 70, 60, 450, 40, 400
William W. Chapman, 30, -, 100, 30, 182
James Jernigan, 30, 50, 100, 20, 437
R. M. Patterson, 45, -, 150, 12, 197
Lewis H. Loftin, 39, 40, 75, 5, 198
John H. Brown, 15, -, 150, 20, 80
Jesse Willis, -, -, -, -, 40
Thomas Green, 18, 22, 150, 5, 65
James S. Chapman, 12, -, 100, 5, 65
Edward Grant, 4, -, 20, -, 20

Jessie Thrower, -, -, -, 5, 35
Jehu P. Loney, 55, -, 200, 50, 308
William Halloway, -, -, -, 5, 87
Esther Skipper, 75, 125, 837, 90, 170
John T. Skipper, 40, 40, 400, 10, 150
Jacob S. Skipper, 54, 26, 150, 10, 140
William R. Smith, 20, -, 100, 40, 182
Moses Gilley, 30, 40, 300, 10, 141
Leroy Gilley, 60, 80, 700, 6, 230
Eli Nix, 55, 167, 800, -, 38
George Gilley, 22, 24, 250, 14, 220
Cullen Boyett, -, -, 50, 4, 37
David Sellers, 30, -, 100, 30, 235
Thomas D. Nichols, 65, 40, 300, 835, 231
Mary Batson, -, -, 40, -, 15
Mary Hughes, 28, 92, 600, 45, 313
John Turner, 60, 175, 1500, 150, 620
Zebioel Spears, -, -, 25, -, 35
James Gilley, 100, 140, 1000, 200, 829
Thomas Gilley, 13, 20, 200, -, 120
Lewis J. Cooper, -, -, 30, 20, 50
Jeremiah Pate, 25, 15, 125, 40, 161
James Blount, 30, 25, 100, 40, 100
William W. Wilcox, 16, -, 100, 5, 101
John C. Snell, 45, 350, 1400, 80, 340
Shadrack Powers, -, -, 30, -, 186
Nancy J. Acridge, 30, -, 150, 28, 130
James D. Windham, 25, ¼, 57, 20, 100
John Thomas, -, -, -, 18, 18
William Kelly, 25, -, 30, 5, 80
John Miller, 25, 55, 200, 20, 68
Absalom Miller, 35, 125, 600, -, 109
Joel Kelly, 80, 15, 200, 10, 462
Mobary Ellis, 90, 70, 500, 50, 150
Josiah Parish, 75, 105, 400, 30, 591
Thomas Parish, 10, -, 50, 5, 172
Stephen Grimes, 20, 100, 300, 5, 165
John Parish, 10, 30, 100, 3, 68
Samuel Parish Jr., 6, 13, 40, 270, 145
Samuel Parish Sr., 80, 80, 700, 35, 411
Elijah Renfroe, 30, -, 100, 15, 175
Mary Leonard, 14, 79, 150, 250, 64
Michael Watford, 60, 50, 200, 30, 353
Henry Reeves, 20, 60, 160, 5, 366
Thomas Morrell, 40, 43, 200, 5, 166
Jesse Spigner, 21, -, 140, 5, 154
Henry Juoah, 50, 40, 300, 25, 184
James M. White, 40, 120, 600, 15, 100
John McMillan, 25, -, 100, 120, 366
Aaron Smith, -, 40, 150, 500, 90
John T. Lee, 35, 25, 200, 20, 277
Lewis Thomas, 35, 8, 100, 25, 467
Moses Priogen, 30, 50, 300, 20, 351
Benjamin Smith, 1, -, 30, -, 19
Jeremiah McLain, -, -, -, 5, 55
Daniel J. Bolton, 40, -, 50, 15, 65

John D. Lacy, -, -, -, 5, 85
Joseph Donnell, 60, 100, 600, 125, 584
Thompson Donnell, 80, 276, 700, 75, 623
John Windham, 25, 40, 200, 8, 112
Joshe Burnham, 30, 50, 100, 40, 230
Luke White, 40, -, 150, 100, 330
Joshua Mabry, 600, 180, 800, 150, 694
Zulphe Cochran, 12, -, 100, 45, -
Haroy Saunders, 75, 60, 200, 10, 160
Phillip Thomas, 40, 40, 350, 10, 82
Larkin Wells, 35, 165, 800, 15, 110
Uriah Kirkland, -, -, -, 5, 80
Aaron Rogers, -, -, -, 5, 44
John A. Henderson, 15, 25, 150, 13, 170
John Vann Jun., -, -, -, 5, 146
James Newsom, -, -, -, 15, 210
Willie Thornton, -, -, -, 15, 100
Edward Chitty, 80, -, 500, 10, 284
Jonathan McCrary, 200, 300, 1500, 160, 648
James Outlaw, -, -, -, 5, 176
Jesse Daniel, 30, 130, 255, 10, 140
William J. Alsabrook, 120, 90, 560, 100, 510
James A. Richerson, -, -, -, 5, 95
Elby B. Turner, 36, 4, 150, 26, 96
James Evins, 50, 230, 600, 40, 358
William G. Champion, 55, 100, 1000, 10, 234
William E. Moseley, 40, 40, 200, 20, 180
Silas Moseley, 100, 140, 1000, 170, 340
George N. Sowell, 50, 70, 330, 30, 272
William R. Peoples, 8, 112, 500, 5, 30
James J. Marsh, 40, 70, 300, 200, 400
Green B. Hunt, -, -, -, 5, 36
John Barnes, 60, 100, 1000, 20, 471
Josiah Barnes, 150, 96, 1000, 100, 785
Athanasus Woodham, -, -, -, 5, 174
William M. Black, 20, 20, 200, 10, 140
John A. J. Black, 20, 20, 200, 10, 80
John Norwood, -, -, -, 8, 122
Simon Salter, -, -, -, 8, 235
Jefferson Logan, 40, 70, 200, 10, 193
Jarret L. Shiver, 45, 78, 300, 50, 419
Anderson Johnson 25, 15, 100, 5, 138
Iven Loney, -, -, -, 10, 408
James McWilliams, 65, 160, 400, 10, 175
Laurence P. Juzbee, 50, 40, 500, 10, 136
Silas Williams, -, -, -, -, 193
Uriah M. Pellum, 60, 100, 600, 38, 232
William D. Loftin, 26, 54, 160, 8, 100
John C. Floyd, -, -, -, 8, 98
John F. Pellum, -, -, -, 5, 92
Ambrose Pellum Sen., 30, 210, 720, 288
Allen Monk, 30, 210, 720, 10, 226
Charles M. Loftin, 30, 50, 300, 5, 100
Wesly Snell, 40, -, 200, 5, 193
Joel Clark, 25, -, 150, 8, 160
Noah Fountain, 150, 930, 1000, 340, 342

John Harper, 50, 50, 400, 25, 326
Aaron Merrit, 40, 40, 450, 75, 202
Alfred Shiver, 20, -, 50, 5, 80
James F. Bludworth, 10, -, 75, 5, 195
William R. Powell, 25, 0, 100, 5, 220
John Magill, 14, -, 60, 14, 315
Margaret Magill, 10, -, 100, 3, 420
John Keahey, 35, 50, 100, 25, 255
Ezekiel S. Bartlett, 70, 50, 250, 30, 227
George W. Wiggins, 85, 195, 1500, 130, 295
Smith Matthews, 30, -, 150, 5, 150
Elias Snell, 150, 120, 1000, 366, 1330
Salethel Pippin, 30, 200, -, 10, 160
John S. Faulk, 40, -, 200, 40, 238
Charles Anderson, 30, -, 150, 25, 100
Timothy W. Bludworth, 17, 23, 150, 10, 165
Wesley J. Ard, 30, 40, 100, 6, 198
John P. Keahey, 60, 100, 300, 90, 389
Abijah Shiver, 60, 30, 80, 30, 305
Nathan Byrd, 16, 64, 400, 5, 162
Elisha Andrews, 35, 465, 1250, 30, 224
Nathan Mims, 50, 110, 600, 30, 384
William Mims, 20, -, 200, 25, 158
Cader Lee, 40, 180, 220, 10, 152
George B. J. Powell, 50, 30, 125, 21, 112
Ellis Burnham, 30, -, 25, 5, 233
William C. Snell, 20, -, 25, 5, 233
John Barnes, 20, 60, 650, 100, 113
Josiah Peters, 12, 68, 200, 40, 205
William Taylor, 25, 15, 50, 5, 10
Lewis W. Canaday, 50, 30, 200, 70, 240
Jesse Tomlin, 25, -, 75, 30, 291
Marion Martin, 30, 20, 150, 5,100
James Dowling, 30, 40, 150, 5, 150
William E. Renfroe, 90, 15, 240, 25, 120
James Carroll, 250, 90, 1500, 270, 864
William T. Hathorn, 55, -, 75, 7, 154
Margaret Lawrence, 70, 250, 400, 170, 800
Hamilton Parish, 12, 28, 100, 10, 113
Willis Caraway, -, -, -, -, 10
James Stokes, -, -, -, 5, 184
Curtis Sullivent, 25, 15, 150, 10, 104
Wm. A. Brackin, 95, 65, 400, 10, 300
Isham Matthews, 30, -, 120, 75,100
B.C. Stakes, 45, 55, 400, 10, 300
U.D. Collins, -, -, -, 10, 180
Wiley Goff, 40, 40, 300, 10, 180
Levi Dowling, 67, 233, 900, 50, 262
Austin Clark, 30, 110, 300, 105, 208
Chapell Curenton, 65, 140, 800, 50, 234
Enoch Thompson, 35, -, 50, 10, 180
John Gibson, 12, 28, 125, 10, 94
John Boutwell, 30, 89, 250, 28, 339
Simeon Archer, 50, 30, 330, 10, 136
Theophilus Heath, 100, 160, 910, 75, 540
Amos Chancey, 30, 90, 600, 50, 275

James Parish, 52, 15, 1100, 650, 349
Birtis Byrd, 250, 750, 3000, 65, 355
James Hudson, 45, 115, 600, 30, 205
Henry G. Crosby, -, -, -, 38, 100
Haywood Martin, 25, 295, 800, 30, 200
John R. Dawsey, 60, 300, 1500, 40, 260
Wilson Die, -, -, -, -, 30
James M. Crockett, 30, 35, 50, 30, 75
Seaborn Walding, -, 80. 500, 300, 58
John Thomas Sen., 45, 40, 200, 85, 230
Hugh McDonald, 60, 80, 300, 40, 367
Samuel Branton, 30, -, 200, 30, 566
John Bryan, 350, 250, 1800, 135, 1905
Whitnell Johnson, 15, 25, 100, 15, 136
Henry T. Wilkinson, 180, 800, 2000, 70, 2809
William Bell, 30, 90, 400, 30, 119
Jesse Pouncey, 130, 680, 2000, 295, 803
Elijah Andrews, 25, 155, 225, 5, 45
Aaron N. Thompson, 40, 85, 500, 10, 190
Bryant A. Cummins, 65, 115, 600, 60, 315
Sampson Cooper, 25, 49, 300, 7, 251
William B. Simmons, 200, 240, 1000, 220, 625
Allen Anderson, 75, 30, 100, 125, 257
Brinson Hollis, 20, 20, 100, 20, 142
Caleb Cox, 80, 116, 525, 103, 644
Levi Peacock, 14, 40, 30, 15, 243
Thomas Justice, 60, 50, 400, 12, 557
Jeremiah Tindel, 30, -, 100, 28, 184
A. J. Hamilton, 75, 217, 1000, 45, 215
Thomas A. Davis, 60, -, 100, 60, 581
John Cox, 60, 30, 500, 120, 853
John C. Cooper, 40, -, 180, 3, 114
James B. Ward, 50, -, 75, 125, 2519
Zechariah Tindel, 35, 30, 75, 20, 285
James Newton Jun., 25, -, 100, 3, 140
John Branton, 25, -, 100, 8, 200
John B. Baxley, 100, 30, 500, 100, 406
Thomas Godwin, 90, 40, 250, 45, 631
John S. Taylor, 40, -, 50, 40, 508
Samuel Tindel, 15, 80, 100, 1025, 294
Aaron Davis, 14, -, 60, 5, 175
John Brannin, 12, -, 30, 4, -
Samuel Cook, 75, -, 100, 30, 440
Thomas Methvine, 25, -, 100, 20, 38
Aris Woodham, 100, 140, 600, 20, 673
Newton M. Davis, 20, 10,175, 8, 84
Spencer H. Matthews, 33, 167, 450,60,217
James Lamb, 40, 1108, 550, 45, 185
Angus McSwaine, 30, 170, 1000, 70, 496
Benjamen Walding, 40, 120, 1500, 115, 364
Daniel R. Thomas, 35, -, 100, 5, 415
William Brett, 75, 57, 250, 125, 439
Henry Hinson, 35, -, 150, 5, 116
Calvin Walding, 10, 30, 250, 5, 120
Green Lewis, 20, -, 100, 25, 303
Jacob Pope, 30, 130, 400, 45, 162

Franklin Rogers, 30, -, 125, 3, 125
William Lewis, 70, 60, 300, 40, 722
Stephen Lee, 45, 40, 600, 30, 255
Henry Utt(Ott), 10, -, 30, 3, 12
Leonard Vann, 75, 60, 250, 10, 308
William W. Matthews, 55, 105, 320, 60, 430
Ezekiel Caraway, 80, 80, 700, 70, 415
James M. Rowland, 12, 68, 100, 10, 100
Thomas Windham, 150, 130, 700, 125, 797
Thomas R. Belsher, 40, 120, 400, 10, 130
Wiley S. Garner, -, -, -, 5, 30
James Skeen, 45, -, 55, 10, 81
William M. Andrews, 65, 95, 340, 5, 153
Samuel H. Hallford, 60, 140, 400, 105, 405
Hilliard J. Cariker, 25, 55, 200, 30, 91
Charles Hellums, 30, -, 40, 10, 75
Noel Dowling, 75, 125, 400, 115, 616
Israel Garner, 75, 39, 50, 30, 351
Wiley Garner, 50, -, 62, 36, 330
Mary Barber, 30, -, 40, 5, 175
Fletcher Dowling, 35, 215, 600, 50, 205
Handsel Byrd, 70, 50, 400, 10, 386
John R. Matthews, 60, 85, 600, 50, 220
Jenkins Sims, 40, -, 50, 100, 312
James Ard, 90, 190, 700, 10, 205
John S. Jones, -, -, -, 5, 75
Martin Roe, 15, 36, 100, 35, -
Edward S. Dowling, 40, 120, 400, 75, 335
Seaborn Carrell, 45, 35, 75, 60, 360
Bennett Godwin, 60, 100, 400, 10, 455
Benajah Belsher, 22, 138, 400, 5, 18
William Andrews, 100, 923, 1500, 370, 326
Daniel Johnson, 100, 50, 240, 10, 449
Levi Stephens, 125, 515, 2000, 296, 615
John H. Martin, 95, 125, 400, 10, 340
Mathis Brackin , 15, 126, 450, 10, 152
John Glenn, 100, 100, 600, 150, 256
John R. Ard, 25, 60, 100, 5, 175
Austin Beasley, 60, 200, 700, 10, 590
Jeremiah Covington, 8, -, 50, 5, 584
Sampson Gipson, 60, 60, 350, 50, 250
Patrick Gideon, -, -, -, -, 25
Willie R. Tomlin, 40, 13, 150, 25, 150
T. R. Chapman, 28, 30, 100, 25, 171
James Whitehead, 45, -, 55, 15, 100
Josiah R. Ezell, 100, 80, 900, 115, 295
Duncan Summons, 95, 165, 550, 30, 470
James E. Powell, 13, 40, 60, 15, 275
John Garriss, 75, 7, 100, 50, 295
A. T. Dean, -, -, -, -, 45
Jesse Rigby, 18, -, 25, 5, 57
Eldrid Powell, 13, 34, 100, 8, 140
___naumel C. Paul, 10, -, -, 5, 70
A. J. Payne, 40, _, 50, 5, 140
Duncan McLain, 55, 225, 800, 30, 451
William Day, 60, 40, 200, 30, 451

William W. Stanford, 50, 140, 100, 5, 286

_.T. Somers, 40, 120, 700, 50, 593
B. M. Barge, 35, _, 43, 15, 225
_. E. Paulk, 50, 163, 700, 25, 390
William B. Patterson, 65, -, 95, 45, 240
John W. Patterson, 40, 30, 75, 15, 193
William Brown, 10, -, 15, 10, 140
Malcom McGill, 30, 20, 50, 10, 274
James M. Trant, 30, 50, 240, 10, 115
James E. Johnson, 35, _, -, 25, 265
E. R. Boon, 65, 25, 80, 45, 292
Daniel K. Trant, 16, -, -, 5, 90
Joseph Chapman, 20, 72, 300, 6, 225
William P. Johnson, 35, 319, 50, 6, 371
Asa Allums, 35, -, 45, 7, 120
Joel Doster, 100, 160, 1040, 300, 525
James W. Williams, 13, 67, 150, 5, 150
Caleb McKinney, 25, -, 40, 3, 150
James Majors, 25, 55, 250, 10, 175
George Messick, 20, 202, 50, 40, 127
A. H. Justice, 95, 125, 500, 50, 367
William J. Simmons, -, -, -, 10, 35
John Majors, 35, 20, 200, 50, 282
William Hatcher, -, -, -, 87, 393
William Hathorn, -, -, -, 3, 119
John N. Shire, -, -, -, 5, 30
Robert P. Culwell, -, -, -, 5, 20
William Shehean, -, -, -, 5, 70
A. H. Paulk, -, -, -, 10, 160
Hugh Mims, 25, -, 75, 5, 100
Hinton Vann, 25, -, 100, 22, 160
Stephen Wiggins, 12, _, 175, 35, 192
John Sketoe, 45, 80, 350, 200, 296
John C. Clark, 70, 40, 50, 80, 460
Needham Riley, 23, -, 170, 5, 70
Daniel Riley, 25, 20, 100, 25, 181
Edward Riley, 80, 80, 300, 55, 335
Mary Gay, 40, 120, 500, 10, 125
Moses Riley, 50, 40, 70, 45, 251
Josiah Ard, -, -, -, 5, 95
William R. Dean, 50, -, -, 1.0, 160
Needham Riley, 25, -, 300, 50, 294
Emanuel Riley, -, -, -, -, 100
James Brackin, 10, -, -, -, 258
William Pierce, 65, 100, 800, 135, 250
Ellis Infinger, -, -, -, 2, 35
Joshua Morriss, 20, 60, 160, 5, 35
Mary Metcalf, 40, 40, 110, 3, 305
Ira T. Cox, 95, 200, 1200, 55, 790
John G. Ward, 90, 180, 1000, 220, 532
Richard Ott, 20, -, 30, 5, 50
Henry Infinger, 20, _, 30, 5, 100
Jacob Brown, 15, -, 18, 12, 38
Jonathan Peacock, 10, -, 20, 5, 222
John Mitchell, 40, 120, 250, 4, 50

Henry Brown, 45, 45, 800, 50, 389
Mathew Grantham, 50, 15, 75, 50, 243
David R. McRae, 21, 21, 300, 85, 153
Abraham Riley, 30, -, 40, 15, 185
Shem Stuckey, 85, 155, 700, 85, 551
John Kent, 35, -, 45, 6, 165
Willis Brown, -, -, -, 5, 80
Lazarus Antley, 20, 20, 200, 50, 66
Alexander Chancey, 70, 250, 400, 15, 290
Dempsey Barefield, 80, 30, 100, 12, 365
David B. Halstead, 45, -, 55, 5, 25
Calvin Anderson, 60, 75, 500, 55, 389
William Brown, 25, -, 33, 11, 150
Richason Parish, 30, -, 37, 25, 153
Ambrose Meadows, 35, 25, 75, 5, 105
James Henderson, 12, -, 50, 20, 40
Daniel Myers, 60, 128, 400, 10, 325
George Waters, 35, -, 125, 8, 185
Amos Dubose, 50, -, 200, 10, 100
Stephen Whitley, 12, 35, 100, 5, 71
Leroy R. Sims, 40, 120, 800, 10, 141
Bright Watson, 30, -, 50, 10, 115
George Deal, 27, -, 125, 8, 206
Daniel Beasley, 45, -, 100, 30, 281
James V. Johnson, 25, -, 200, 5, 105
David J. Jenkins, 43, -, 100, 5, 192
P. Ezell, 80, 368, 600, 25, 250
Josiah Canaday, 1, -, 25, 5, 105
John Hinton, 30, -, 75, 5, 61
William C. Powell, 50, 350, 800, 40, 155
R. Campbell, 10, -, 150, 10, 170
John Westermyer, 20, -, 50, 5, 175
Simon N. Hathaway, 40, 40, 1000, 10, 115
John McEachern, 14, -, 75, 15, 190
Salomon J. Hath, 20, _, 130, 5, 285
Jonas Cravy, 30, -, 100, 10, 285
Thomas J. Winfield, 18, -, 100, 25, 150
Matthew M.Winfield, 10, -, 75, 5, 15
James H. Winfield, 20,-, 150, 10, 140
Thomas Dawsey, 40, 30, 200, 35, 310
John Shepherd, 25, -, 75, 30, 143
Simon Shepherd, 15, -, 50, 2, 74
Alexander Outlaw, 50, -, 50, 50, 214
Seaborn K. Halstead, 14, -, 100, 25, 124
Sydney S. Coleman, 25, -, 150, 100, 205
Alsa B. McCarty, 20, 50, 600, 500, 314
Philip McCarty, 220, 1010, 4500, 500, 1928
James B. Grant, 20, -, 75, 8, 110
James A. Gray, 15, -, 75, 8, 90
Littleberry Nix, 50, -, 40, 40, 172

Pages 16 & 17
Intentionally Left Blank

DALLAS COUNTY

Agricultural and Manufacturing Census for 1850 Microfilmed by the Alabama Department of Archives and History under a Grant from the National Science Foundation

1850 Schedule 4 Agricultural –Dale to Marengo Counties

Filmed for the University of North Carolina from Original Records in the Alabama Department of Archives and History

1. Owner
2. Acres of Improved Land
3. Acres of Unimproved Land
4. Cash Value of Farm
5. Value of Farm Implements and Machinery
13. Value of Livestock

The following symbol is used to maintain spacing: (-)

The following represents the sequence of the information from the above categories: 1, 2, 3, 4, 5, 13

Jas. D. Monk, 250, 330, 7540, 250, 800
Hon. W. R. King, 400, -, -, 500, 1927
Mrs. J. Korinegy, 450, 1690, 10000, 300, 1550
Wm. Rutledge, -, -, -, 50, 380
Lewis Johnson, 650, 950, 1600, 1000, 1675
Wm. Johnson, -, -, -, 100, 800
H. James (Manager), 1500, 8500, 30000, 1100, 4650
L. G. Weaver, -, -, -, 300, 1350
John Russel, 10, -, 100, 100, 275
Joseph Jones, 30, 90, 400, 50, 100
R. C. Jones, -, -, -, 20, 150
J. C. Halston, 19, 61, 350, 20, 106
J. H. Hayes, 150, 250, 2000, 100, 270
A. Scroggins, 800, 750, 15000, 600, 1500
R. Smith, 100, 300, 2000, 50, 300
J. L. Campbell, 40, 80, 500, 50, 200
L. Scoggin, 900, 1400, 11500, 300, 2400
S. Olas, 300, 150, 4400, 200, 1450
K. Harrison, 400, 1000, 7700, 266, 8800
E. Pool, 1210, 140, 1400, 50, 240
G. W. Halston, 1411, 123, 1000, 500, 800
T. J. Campbell, 10, 40, 250, 10, 12
A. M. Monter, 450, 750, 10000, 500, 1910
J. M. Lucas, -, -, -, 100, 650
T. Robins, 140, 100, 1000, 60, 650
John Thomas, 600, 360, 4800, 300, 1150
L. Milton, 60, 20, 400, 120, 280
Nick Gibson, 30, 86, 500, 25, 275
J. Carter, 50, 73, 600, 30, 220
Jesse Day, 400, 380, 4000, 10, 60
David Moore, 400, 380, 4600, 300, 1140

S. W. Frederick, 80, 194, 3000, 10, 200
W. J. Turner, -, -, -, 1, 100
L. Frederick, 220, 595, 3000, 300, 850
Cad Curry, 120, 60, 400, 50, 150
S. Carter, 120, 420, 3240, 100, 480
S. R. Jones, -, -, -, 10, 215
E. Smith, -, -, -, -, 100
Jas. Day, 80, 40, 600, 10, 120
John McKinnie, 100, 200, 1200, 100, 445
Adam McKinnie, -, -, -, 10, 125
John McKinnie Jr., -, -, -, -, 10, 10
Geo. Thomas, 300, 400, 350, 225, 500
John Kelly, 50, 30, 400, 10, 125
Geo. Timplin, 10, 30, 200, -, 15
H. Timplen, -, -, -, 10, 115
W. Hanly, 40, 100, 400, 10, 100
A. Pierce, 150, 280, 1724, 185, 515
J. Hanly, 70, 70, 540, 10, 170
W. C. Stewart, 120, 292, 1600, 35, 480
J. M. Gunn, 60, 1440, 3000, 250, 800
G. L. Stewart, 450, 759, 1863, 300, 2330
Martin Curry, -, -, -, 50, 210
Racheal (Free Woman), 20, 60, 160, 25, 135
Council McCullin, 60, 100, 800, 10, 430
H. Trann, 170, 670, 2520, 200, 600
R. L. Hanly, 150, 250, 800, 100, 230
J. H. Day, -, -, -, -, 145
Wm. Day, 300, 300, 1800, 90, 500
Littleton Edwards, 500, 800, 6500, 400, 2120
R. W. Hardy, 200, 250, 1500, 400, 620
Ben Day, 80, 80, 500, 20, 172
J. Moore, 40, 200, 720, 50, 150
S. H. Couny, 130, 310, 1760, 100, 395
David Smith, -, -, -, 5, 95
Francis Smith, 40, 40, 200, 5, 160
Lewis Smith, 400, 1100, 5000, 150, 842
Danl Smith, -, -, -, -, 190
A. J. Smoke, -, -, -, 50. 185
Thad Graham, 100, 60, 800, 200, 550
John Lipton, 60, 180, 1200, 70, 400
Charels Gorden (Mang), 800, 800, 16000, 600, 3770
Wm. Ford, 600, 387, 10000, 300, 1220
B. McKenzie, 100, 29, 145, 120, 450
N. Ellis, 110, 185, 932, 270, 400
G W. L. Ellis, -, -, -, -, 65
Mary Miles, 80, 138, 1000, 50, 457
Wiley Grumble, 60, 20, 300, 50, 160
Jas. Ellis, 50, 70, 400, 10, 255
J. Standfile, 200, 200, 1800, 150, 1000
Jesse Day, -, -, -, 20, 50
C. Daniels, 300, 500, 4000, 500, 1460
P. C. Boa, 170, 330, 2000, 320, 1000
E. Smith, 75, 50, 400, 50, 170
D. Smith, 40, 40, 210, 10, 140
R. J. Young, 80, 113, 800, 120, 560
J. S. Grumble, 20, 60, 200, 25, 91

L. M. McClamen, -, -, -, 10, 120
A. B. King, 100, 220, 960, 50, 337
E. Armor, -, -, -, 40, 167
J. H. Mathews, 100, 340, 1300, 10, 110
Jas. Armor, 20, 20, 160, 25, 257
A. E. Armor, 50, 70, 400, -, 45
M. O. Whatley, 200, 100, 1200, 100, 494
L. Youngblood, 25, 100, 360, 10, 311
M. T. Whatley (Man), 91, 300, 1200, 125, 360
Miles Hanley, 70, 99, 591, 100, 300
Williby, 80, 85, 660, 100, 320
Jas. Little, 150, 35, 1000, 150, 394
Jas. Walker, -, -, -, 100, 515
T. J. Webster, 300, 300, 3000, 300,1035
B. Gardner, 300, 220, 1800, 150, 500
J. Taylor, 64, 100, 250, 30, 190
W. W. Hardy Jr., 160, 330, 2450, 115, 543
M. Whally, 80, 120, 1200, 10, 327
C. T. Heardy, 140, 100, 1920, 100, 365
J. Hardy Sen., 450, 780, 9840, 275, 2008
Susan Lucker (could be Tucker), 90, 70, 800, 25, 230
E.A. Hayne, 70, 10, 320, 50, 325
M. A. Key, 100, 60, 700, 40, 128
L. Grumbles,11, 137, 00, 115, 135
John Lee, 200, 440, 2000, 170, 500
P. F. Boyd, 200, 200, 1500, 200, 750
M & J.M. Gorden, 500, 600, 3300, 200, 750
Thos. Riggs, 200, 120, 2500, 215, 755
Jas. Walker, 600, 896, 59/14, 270, 2345
A. Walker, -, -, -, 10, 318
M. D. Walker, -, -, -, 15, 405
John Busler, 110, 130, 1440, 140, 355
Margaret Ramsey, 150, 130, 2500, 440, 1095
S. R. Smily, 150, 210, 2500, 200, 500
L. B. Vasser, 1100, 800,15000, 850, 5650
A. J. DeBose, -, -, -, 75, 500
David Hanritton, 200, 350, 5500, 250, 1525
Gen. J. Brantly, 1500, 3500, 15000, 1000, 640
Thos. Goodin (Man), -, -, -, 1000, 4130
Robt. Minter, 250, 70, 2000, 260, 1480
J. Bunis (could be Burris), 100, 77, 2000, 150,520
Binager King, 245, 200, 4460, 425, 800
J. W. Clay, 300, 100, 2000, 500, 1500
J. Barret, 238, 125, 2620, 300, 1980
J. Neft, 170, 50, 2000, 165, 260
J. L. Clayton, 200, 200, 1500, 200, 510
M. C. Wiley, 200, 200, 2000, 200, 430
E.A. Mixon, 330, 300, 3000, 300, 800
Jane Conley, 120, 50, 875, 100, 250
Jobe Self, -, -, -, 100, 370
Mrs. J. E. Hull, 400, 120, 2600, 150, 650
Maria West, 200, 150, 1200, 250, 665
Est. B. Clay, 400, 300, 5000, 300, 885
J. E. Moss, 300, 483, 1500, 150, 895
_. C. G. Moss, 250, 315, 2260, 175, 742
H. W. Randall, -, -, -, 225, 1200

S. A. Sharp, 480, 100, 3500, 250, 1480
J. H. Burris, 320, 130, 3000, 300, 920
J. J. Rountree, 300, 210, 2300, 150, 770
H. Dunklen, 90, 70, 1600, 500, 1265
Sarah Hull, 160, 40, 1200, 225, 595
W. B. Hall, 270, 130, 2000, 150, 910
A. Andrews, 220, 460, 6003, 350, 965
Amy Campbell, -, -, 90, 40, 420
Lasy (Lary) Beddingfield, 100, 110, 1200, 60, 345
Robt. Porter, 170, 260, 4300, 100, 582
W. H. Whren, 100, 150, 312, 50, 170
Jas. Parker, 300, 260, 2240, 400, 660
J. Mixon, 600, 16, 11000, 700, 2570
Jesse Sea, 150, 150, 1202, 150, 1190
J. D. Rountree, 300, 740, 5200, 400, 1190
H. Hill, 300, 210, 1530, 150, 690
M. W. Cocheran, 75, 245, 1600, 40, 381
R. Roller, 60, 45, 1050, 150,660
J. E. Brown, 200, 380, 2000, 400, 1260
E.W. Saunders, 500, 650, 1500, 300, 1800
Asa Turner, 10, 45, 2500, 60, 85
A. Underwood, 100, 300, 400, 200, 575
John Moore, 200, 220, 2100, 320, 535
R. H. Bryan, 90, 150, 720, 50, 275
J.L. Goodin, 110, 50, 480, 115, 270
Jas. Davis, 40, -, 200, 10, 257
W. P. Townsend, -, -, -, 50, 165
Sarah Blaylock, 40, 16, 70, 10, 50
Green Underwood, 800, 800, 8000, 1000, 1025
H. Blaylock, 50, 30, 300, 6, 185
_. A. Leatherwood, -, -, -, 100, 645
Wm. Waid, 300, 580, 2640, 220, 640
W. L. Minter, 520, 1141, 8305, 700, 2650
Jas. Lipton, 50, 110, 480, 700, 2650
Dnl. Davis, -, 160, 800, 12, 600
N. Cox, 280, 700, 8900, 215, 786
Marry Chance, 50, 110, 900, 10, 50
H. Harrison (free), 25, 15, 100, 14, 146
Sasne Lee, 100, 140, 840, 50, 502
Wm. Ingram, 100, 140, 720, 110, 482
Henriette Billberry, 150, 60, 525, 25, 465
Bruant Bull, -, -, -, 10, 137
J. Gates (Mang), -, -, -, 150, 600
M. Parks, 750, 965, 13720, 700, 3475
S. & C. Smiley, 225, 1140, 5600, 200, 1500
Mrs. M. Kenedy, -, -, -, 50, 530
D. S. Smith, 440, 480, 4600, 450,2250
_. Ellison (Man), 100, 1500, 20000, 300, 2839
_. Griffin, 1000, 700, 5100, 500, 2000
_. Smith (free), 200, 200, 4500, 2000, 1015
_. Smith (free), 10, 40, 250, 30, 285
_andy Smith (free), 20, 25, 215, 15, 117
Sarah Smith (free), 40, 5, 225, 20, 132
Ann Smith (free), 45, -, 250, 10, 1800
_. T. Gardner, 950, 2800, 19000, 600, 4155
A. A. Minter, 549, 700, 7494, 250, 2000

R. A. Hichal, 70, 10, 240, 30, 187
M. R. Gardner, 300, 300, 1800, 450, 1367
_. H. Gardner, 910, 1020, 13524, 500, 1867
_. J. Smith, 1600, 3877, 43700, 1400, 1840
M. F. DeBose, 300, 400, 3500, 225, 8810
A. M. McIver, 70, 70, 800, 100, 650
L. W. Lide, 130, 350, 1440, 20, 980
P. S. H. Lee, 300, 600, 7000, 300, 910
W. C. Skinner, 100, 60, 700, 100, 315
B. M. Lide, 220, 220, 1760, 200, 1180
Dr. H. L Allison, 150, 310, 200, 200, 500
E. H. Lide, 700, 290, 6000, 440, 1014
J. L. Lide, -, -, -, 50, 517
Jas. Kinner, -, -, -, 150, 505
T. L. Bissette (free), 300, 740, 600, 300, 350
Francis J. Lee, 200, 240, 360, 100, 476
R. J. Christian, 200, 400, 6000, 70, 1230
B.F. Logan, 400, 480, 5200, 900, 2335
John Dudle, 600, 1000, 9600, 300, 1490
J. H. Smith, 225, 475, 3500, 250, 1010
Dr. J. M. Dill, 60, 160, 1200, 50, 200
E.Ely, 35, 125, 320, 35, 362
Jordan Ladd, 200, 500, 4200, 200, 750
Wm. Ladd, -, -, -, 25, 215
R. P. Lide, 756, 140, 1362, 255, 1213
F. A. Lee, -, 350, 2000, 250, 500
Saml Stewart, 20, 145, 320, 50, 167
Wm. McGraw, 29, 20, 150, 50, 277
Susan Skinner, 50, 100, 400, 5, 152
P. B. Cally, 60, 100, 650, 10, 195
Ed Houseman, 30, 408, 6000, 400, 1229
C. B. Watts, 350, 593, 5186, 760, 1140
Robt. Burt, -, -, -, 5, 10
M. B. Riger, 80, 320, 1500, 150, 535
G. B. Griffith, 24, 16, 604, 140, 60
John Dinnis, 130, 170, 1500, 100, 450
Saul Dennis, 200, 1820, 6000, 200, 1420
Presly Ladd, 100, 431, 344, 110, 475
Stephen Wadkins, -, -, -, 10, 65
J. L. Ladd, 50, 250, 500, 5, 140
L. Lawzer, -, -, -, 100, 400
H. Morgan, 70, 90, 600, 700, 308
L. L. Wiggins, 30, 50, 45, 50, 140
Mrs. E. Morgan, 45, 35, 520, 15, 170
Mortin Ladd, -, -, -, 5, 40
I. C. Jones, -, -, -, 15, 155
Hugh Ferguson, 550, 732, 25600, 500, 2640
Jas. A. Blair, 65, 95, 960, 100, 548
D. E. McNair, 400, 212, 6120, 400, 1021
E. D. Douglas, 500, 344, 800, 500, 1575
J. A. Norris, 450, 350, 10000, 300, 2200
Wm. J. Norris, 26, -, 6000, 100, 350
T. M. Mathews, 1500, 1000, 20000, 2000, 4340
J.M. Sorrell, 230, 120, 3500, 250, 1175
Geo. Bonie, 256, 230, 2915, 300, 11260
Saul Davis, 600, 3230, 30640, 650, 21800

F. B. Bibb, 1100, 1000, 15000, 250, 4250
K. J. Crochran, 300, 1700, 20000, 1000, 2176
A. Stroudenborough, 1400, 2180, 25000, 2084, 460
John Barlow, 240, 240, 2200, 350, 800
G. M. Maury, 350, 150, 3500, 266, 1360
A. M. Colima, 500, 800, 9100, 500, 1830
John Quim, 80, 160, 1800, 30, 887
J. E. Todd, 460, 617, 7119, 300, 1150
B. Gardner, 45, 50, 600, 20, 178
John Strahan, 150, 410, 2000, 200, 325
Martha Howard, 100, 240, 1170, 260, 474
J. M. Howard, 120, 80, 1200, 325, 600
J. P. Williams, 125, 250, 2100, 150, 425
Edwin Betten, 60, 20, 1000, 65, 321
Drug May, 8, 30, 380, 5, 35
J. W. Pattern, 50, 30, 400, 75, 750
J. A. Fountain, -, -, -, 50, 1120
Cute Ulmer, 200, 1500, 10000, 500, 2480
S. E. Craig, 75, 165, 960, 75, 440
J. Griffith, -, -, -, 200, 260
Platt Stone -, -, -, 8, 125
J. S. Allison, 30, 26, 1000, 251, 247
Mess C. Youngblood, 60, 100, 800, 40, 297
J. M. Lide, 150, 150, 1800, 300, 341
T. L. Besette (agt), 10, 295, 3000, -, 130
J. Mc T. Lee, 250, 350, 3800, 100, 530
J. M. Lee, 450, 575, 1300, 500, 2460
Y. B. Lee, 275, 315, 4000, 400, 9000
J. M. Cahoun, 1300, 1600, 17500, 2000, 4500
Wm. Rumph, 48, 80, 1000, 12, 200
J. D. Rumph, 850, 514, 5348, 500, 1400
M.B. Bink, -, -, -, 65, 480
L. E. Kerbin, 242, 458, 3000, 225, 935
L.B. Jones, 350, 2650, 24000, 3220, 1165
Nancy Capsheart, 80, 200, 600, 50, 765
E.E. Kerbin, 70, 90, 400, 75, 225
C. M. Luny, 800, 700, 7000, 230, 2017
Thos. Luny, 200, 305, 1763, 230, 1155
Randall Dutchman, 400, 900, 15600, 300, 1650
Mary Boykin, 1000, 2500, 22000, 920, 5320
R. D. Boykin, 450, 500, 12000, 125, 2300
H. B. Gooluw (ma), 600, 3400, -, 570, 1800
F. V. Goodlum, -, -, -, -, 342
N & H Bufser, 600, 2000, 18000, 800, 2808
Jus Boykin, 1200, 1800, 200, 800, 4165
Dr. G. Binner, 400, 720, 650, 400, 2720
Thos. Reeves, 900, 825, 11792, 400, 2620
Wm. Boykin, 840, 1550, 1400, 500, 3355
Aureni Magor, 40, 200, 60, 250, 339
Wm. Wood, 18, 2, 100, 5, 173
Danl Magors, 20, 60, 240, 5, 68
Abner Rollins, 40, 40, 240, 80, 275
T. S. Estes, -, -, -, 40, 395
W. C. Jones, 300, 660, 4600, 500, 1515
C.S. Jones, 60, 60, 720, 10, 245
Wm. Bissell, 150, 760, 4800, 300, 1710

W. W. Linz, 600, 1400, 10000, 470, 2640
Chancy Hall (Hull), 90, 55, 600, 600, 300
G. H. Oliver, 500, 850, 13000, 500, 2660
H. Mrs. E. Kinan, 700. 2900, 14400, 600, 2158
Mat Hunter, -, -, -, 200, 555
Jas. Bell, 475, 800, 6375, 300, 2135
Nickemran Crouch, -, -, -, 20, 56
I. H. Mays, 120, 160, 1260, 200, 56
Durant Westhood, 200, 494, 3465, 405, 930
Lewis Small, 100, 300, 1600, 100, 300
Francis Hill, 50, 150, 250, 50, 260
Emily Tindle, 9, 26, 100, 5, 52
Jas. Welch, 85, 93, 2000, 50, 180
S. R. Carbrough, -, -, -, 150, 82
W. J. Outlaw, 125, 103, 1300, 175, 445
A. W. Berry, 200, 200, 500, 200, 770
I. S. Haines, 130, 770, 800, 150, 327
W. Updike, 60, 20, 450, 45, 340
Logan Nitts, -, -, -, 210, 145
C. M. Cochran, 300, 940, 8000, 300, 700
F. Vaughn, 1800, 1300, 50500, 650, 3455
C. Fritz Jiles (Mang), 700, 400, -, 550, 2551
B. H. Mitcheal, 700, 600,-, 550, 2211
H. Young, 350, 300, 3000, 250, 775
Angus McKew, 250, 350, 3000, 250, 775
Dr. B. C. Cobb, 40, 35, 700, 40, 432
G. A. Fisher, 550, 958, 10620, 700, 1020
C.F. McMulles, -, -, -, 55, 537
L. W. McMuller, -, -, -, 110, 245
R. Lisle, 200, 400, 3000, 250, 547
R. Hernton, 200, 280, 4100, 135, 830
F. W. Vaughn, 400, 280, 6600, 750, 856
J. E. Ivey, -, -, -, 400, 800
Hadaway Young, 350, 450, 4000, 300,1250
J. P. Strother, 830, 646, 7380, 650, 3355
Archabald Glenn, 70, 291, 3600, 500, 549
Dicy Ruser, 150, 250, 4000, 300, 795
A. Weaver, 1200, 200, 14000, 700, 3300
John Dies (Mang), 500, 600, 11000, 300, 1400
A. C. Mobley, 250, 310, 2800, 400, 2430
Stith Haraway, 300, 102, 4020, 410, 984
Natt Riddle, 260, 100, 5500, 500, 1864
Jas. Chapman, 170, 150, 3000, 300, 1290
B. A. Taylor, 400, 440, 5400, 300, 1369
Mrs. P. Whatley, 34, 46, 640, 10, 130
Elisha Carnahan, 30, 10, 360, 70, 155
Lewis Hayse, 40, 200, 1200, 20, 135
Thos. Taylor, 120, 268, 3880, 105, 625
S. H. Taylor, -, 320, 2500, 80, 440
G.W. Bats, 150, 230, 2280, 350, 670
Nancy Worthington, 25, 12, 210, 10, 156
C. M. C. Walker, -, -, -, 120, 425
Jas. C. Smith, 75, 165, 1200, 170, 387
H. H. Hudgins, 60, 146, 1200, 300, 480
S. D. Waller, -,-, -, 200, 490
Rachael Gamble, 200, 212, 3296, 200, 425

S. J. Gamble, 100, 200, 3000, 80, 465
Anderson Thomas, 30, 250, 1120, 5, 290
J & EP Ellerbe, 340, 446, 3834, 420, 1190
Anderson Robinson, 90, 350, 4400, 200, 400
J.D. Summars, 50, 110, 1600, 10, 200
Jesse Holmes, 400, 400, 6400, 500, 1911
Wm. Homes, 70, 530, 6000, 200, 355
Many Norris, 40, 120, 1280, 25, 100
Alx. Harris, 65, 25, 1185, 150, 220
Ansel Talbert, 135, 250, 3850, 400, 860
G. J. Coleman, 500, 220, 10800, 350, 2470
Wm. Mathis, 100, 60, 2400, 200, 575
B. B. Butler, 100, 100, 2500, 125, 710
Thos. Reese, -, -, -, 100, 405
A. _. Perkins, 130, 30, 2000, 300, 660
Simeon Shepperd (Ma), 370, 530, 13200, 750, 3312
Ridly Norris, 75, 42, 930, 130, 450
W. W. Talbert, 130, 350, 6000, 150, 690
W. H. Richardson, 300, 480, 15000, 2500, 3994
D. Adams, 80, 80, 1600, 75, 326
Mrs. E. H. Peques, 750, 500, 12500, 400, 2307
John Adams, 800, 780, 7600, 1100, 3153
B.M. Parnell, -, -, -, 5, 85
Augustus Wilson, 35, 45, 500, -, 165
Thos. C. Creag, 25, 15, 250, 65, 608
Robt. Creag, 150, 167, 4755, 350, 1550
Jas. Gastin. -, -, -, 20, 294
Isaac Henderson, -, -, -, 150, 55
Josian T. Allen, 4, -, 100, 100, 150
Elijah J. Booth, 180, 100, 4200, 300, 1039
John A. Lee, 170, 244, 1200, 100, 794
Mary Campbell, 250, 163, 2000, 60, 414
D. M. Pinna, 610, 80, 2000, 200, 825
Hudson Powell, 346, 300, 10000, 700, 1600
Samuel Cheslnut, 150, 70, 220, 100, 431
C. R. Walker, 400, 300, 8400, 500, 1500
P. E. Walkins, 1400, 3332, 30000, 1000, 5032
Jas D. Creag, 600, 27000, 10000, 600, 1500
H. J. W. Walker, 400, 275, 6000, 300, 1340
Joseph Babcock, -, 80, 320, 250, 519
J.E. Moseley, -, 59, 150, 50, 150
Isaac M. Peques, 30, 50, 400, 50, 240
Saml Catcheone, 120, 680, 5000, 500, 512
A. W. Ellerbe, 250, 410, 7000, 1000, 860
R. G. English, 225, 415, 6000, 300, 1550
Est W. P. Durham, 400, 650, 12000, 600, 3587
W. L. Harrell, 320, 400, 10800, 1000,1218
Josiah Harrel, -, -, -, 1000, 1515
Wm. Johnson, 600, 3271, 16115, 1000, 3410
John Stedman, 140, 60, 2400, 300, 750
C.G. Edwards, 300, 1700, 15000, 100, 1045
Thos. Chislnut, 70, 40, 1100, 50, 640
C. H. Crocheron, 100, 900, 15000, 500, 2220
D. M. Lem (Mang), 800, 1400, 10,000, 500, -
E. E. Griffin, -, -, -, 125, 260
John Moseley, -, -, -, 10, 120

Eleaner Pernell, -, -, -, 5, 45
Frederick Cherseman, 8, -, 150, 25, 80
B.A. Fort, 300, 300, 7500, 500, 595
I. H. Harrell, 300, 200, 5500, 1000, 1155
Jas. M. Lenoir, 500, 1200, -, 10000, 1530
J. G. Lovete, 12, -, 200, 100, 382
E. B. Wilson, -, 40, 200, 80, 180
Dr. A. Saltmorsn, 1000, 4000, 25000, 1500, 4945
F. C. Flaker, 700, 700, 280, 400, 1800
B. M. Millard, 200, 120, 2500, 400, 902
C. M. Ridgeway, 35, 5, 200, 200, 413
G. R. Evans, 200, 400, 5000, 100, 665
K. R. Bell, -, -, -, 125, 425
John McIlvey, 130, 470, 3500, 400, 660
L. B. Moseley, 480, 2609, 15500, 465, 1400
Nilers Nimorelee, 260, 418, 5000, 600, 855
L. J. Moon, 170, 230, 4000, 300, 1200
A. Clifton, 300, 420, 3600, 500, 1300
M. Sprague, 800, 450, 12500, 1000, 2500
W. Spaight, -, -, -, 250, 1248
May Lake, -, -, -, 50, 490
John Michel, 600, 100, 19200, 40, 1280
Williams (Mang), 600, 1400, 8000, 250, 1420
D. King, 700, 7000, 20800, 60, 1800
P. J. Weaver, 650, 400, 10000, 250, 940
Jane Brown, -, -, -, 10, 182
Wm. A. Spears, 250, 610, 8600, 305, 1135
F. H. Jackson, 400, 300, 14000, 790, 2200
Thos Creag, 250, 620, 13050, 500, 1490
F.L. Millhouse, 300, 140, 1500, 400, 680
Joseph Deray, 165, 115, 2240, 2210, 680
John Hart, -, -, -, -, -
Mrs. E. J. Taylor, 120, 120, 2000, 300, 795
Mrs. E. McKinon, 50, 180, 2340, 200, 345
Charles Carr, 30, 120, 1500, 100, 215
John Johnson, 150, 350, 3000, 400, 725
John Caldwell, -, -, -, 80, 285
J. W. Hawkins(Man), 1100, 300, 21000, 1550, 3810
Wm. Cochran, 75, 241, 3160, 100, 430
Spatle Tootle, (Free M), 40, 256, 3600, 50, 776
Bing Moulton, -, -, -, 20, 215
Mrs. Nancy Enlow, -, -, -, 50, 445
Mrs. M. W. Cerr, -, -, -, 360, 730
Saml. Stewart, 60, 20, 2800, 150, 627
W. C. Moore, 140, 3600, 5000, 375, 1082
Allen Davis, 25, 55, 800, 40, 330
J.Y. Harrison, -, -, -, 35, 95
J.Ball, 30, 290, 1600, 15, 110
L.B. Dukes, -, -, -, 150, 355
Thos. Vinndislico, 15, 24, 200, 15, 117
N.M. Booth, 85, 185, 2700, 500, 465
J.H. Chambers, 130, 224, 3540, 300, 687
Martha Marshall, 40, 80, 1200, 150, 244
Robt. Moseley, -, -, -, 10, 85
Jesse Rework, 45, 75, 960, 25, 295
J.B. Jones, 160, 205, 3650, 25, 870

Eliza Bell, 130, 227, 17000, 2000, 1703
John Gabb, 150, 1250, 17000, 2000, 1703
L.Campbell, 701, 90, 1600, 100, 465
A. J. Thompson, 175, 22, 2955, 100, 1057
Charles King, 125, 58, -, 100, 850
J.B. George, 250, 200, 9000, 500, 1120
T. H. Booth (Mang), 450, 800, 2500, 220, 1617
L.D. Jones, 160, 280, 8800, 305, 1000
K. H. Jones, 800, 800, 32000, 575, 3755
L. Moseley (Mang), 358, 200, 9900, 300, 970
Cambell & Hester, 10, 210, 1000, 50, 720
S. C. Qualls, 400, 900, 1400, 370, 1640
G. W. Thrash, 300, 550, 13200, 365, 1460
J. A. Norwood, 400, 640, 8320, 300, 2100
U. B. Shields, 225, 335, 3600, 600, 875
Henry Haselitt, 30, -, 100, 60, 47
Elisha Cooglier, 15, 65, 400, 30, 915
Henry Averyt, 150, 800, 7940, 300, 925
J. West, 500, 156, 1600, 110, 1835
J. J. Davidson, 30, 90, 840, 40, 140
Jas. Smily, 150, 156, 1600, 110, 1835
Jas. Hatcher, 275, 325, 4500, 315, 1500
Mrs. M. White, 40, 40, 560, 70, 155
W. J. Morrison, 5, 35, 560, 300, 115
M. Bames, 200, 350, 3300, 235, 810
B. V. Jones, 100, 250, 3500, 300, 445
R. E. Moore, 275, 475, 5200, 280, 900
J. G. Walker, 300, 360, 3840, 470, 805
Jackson Flanigan, -, -, -, 20, 60
Catherine Kelly, 100, 200, 1500, 50, 218
Levi Hillman, 90, 100, 950, 40, 230
Alfort Averyt, 80, 400, 2400, 500, 796
J. W. Cary, 300, 800, 6600, 200, 930
Nancy Railes, -, -, -, 5, 180
J. W. Berry, -, -, -, -, 100
W. P. Taylor, 450, 700, 1000, 500, 1150
S. M. Jackson, 200, 800, 3000, 500, 495
E. Palmer, 300, 200, 8400, 500, 1460
Will Olds, 351, 400, 5000, 400, 1250
Hansom Rayford, 100, 180, 1400, 325, 400
W. C. Capps, 25, 42, 500, 25, 125
F. & J Ethridge, -, -, -, 25, 190
J. A. Hew, 160, 40, 2500, 406, 480
Nathan Pollard, -, -, -, 40, 105
Sam Chapman, 25, 55, 400, 60, 130
Wm. Curtis, 150, 490, 7660, 450, 1270
J. W. Gill, 1100, 4854, 57040, 450, 1270
Patrick Chism, 220, 80, 3000, 500, 1140
Laban Preses, 275, 365, 7480, 400, 1083
J. H. Rusev, -, -, -, 5, 215
W. H. Belville, 150, 70, 295, 300, 757
D. B. Mitchael, 180, 310, 5000, 100, 725
M. E. A. Mitchael, 120, 170, 2000, 100, 65
J. W. Riley, 200, 300, 2500, 200, 570
R. M. Thomas, 20, 60, 800, 50, 120
Milton Parish, 40, 120, 800, 50, 120

Jas. H. Coleman, 50, 270, 3000, 6, 205
Allen Coleman, 50, 270, 2500, 10, 880
Harriet E. Wade, 110, 215, 3500, 20, 505
Aretta Carson, 60, 100, 800, 7, 286
John G. Morrison, 1, -, 50, 85, -
Jas. Writ, 60, 200, 7000, 20, 425
Jemima Moreland, -, 160, 300, 1, 70
Elizabeth Leack, 80, 40, 500, 15, 370
J. M. Dennis, 30, 90,700, 5, 100
A.D. Bregeale, 230, 400, 5600, 170, 800
Drewy N. Bregeale, -, -, -, -, 75
Newton Bregeale, 425, 459, 3800, 80, 712
Est. F. Johnson, 220, 680, 7600, 70, 530
John G. Johnson, 300, 900, 7600, 25, 530
R. Hindes, -, -, -, 30, 470
Martha T. Johnson, 240, 520, 3700, 40, 347
John N. Molette, 600, -, 14800, 450, 2335
Isaac Saddle, -, -, -, -, 50
Sarah Mosely, -, -, -, -, 10
E. Ridgely, 350, 730, 10000, 200, 625
John G. Dabner, 125, 200, 2000, 350, 838
R.H. Whren, 300, 700, 5000, 450, 880
Elizabeth Hitte, 200, 200, 3000, 300, 294
Benj. F. Hitte, 2, -, 150, 10, 185
Elizabeth Sumer, 50, 120, 1000, 50, 460
W. P. Molette, 2140, 9574, 58511, 2750, 7700
Daniel Prator, -, -, -, -, 16
W. M.West, -, -, -, -, 1505
E. Day, 550, 700, 7200, 500, 1220
John M. Cargill, 110, 90, 1000, 65, 382
William Dennis, 150, 165, 1260, 45, 460
J. W. Durden, 50, 80, 500, 100, 25
Elizabeth Sader, 16, 27, 200, 20, 204
N. R. Ellis, 80, 260, 1500, 60, 400
E. Rogers, 35, 45, 300, 20, 170
G. Luckey, -, -, -, 4, 72
B. Sparrow, -, -, -, -, 17
Alexander Sham, 80, 110, 115, 100, 300
S. R. Sham, -, -, -, -, 172
Cyntha Robenson, 50, 110, 800, 50, 276
T. D. McElroy, -, -, -, -, 85
J. W. Smith, 20, 100, 600, 15, 180
Harriett Hogg, 60, 20, 400, 200, 100
John McGill, 200, 200, 3000, 420, 450
A. Alexander, 3, 26, 50, 3, 150
Wm. Smiley, 100, 300, 400, 50, 160
T. B. Hines, -, -, -, 28, 204
John Dennis, 60, 60, 600, 25, 243
John B. Mosely, 25, 95, 480, 5, 83
C. C. Chambers, 100, 140, 1200, 50, 283
Eliza Chambers, 17, 23, 250, 200, 234
Peter Sansome, -, -, -, -, 65
B. M. Rogers, 175, 245, 2100, 300, 557
Wm. Carroll, 100, 300, 1600, 20, 400
John B. Camel, 30, 90, 300, 5, 160
Wm. Berga,-, -, -, 5, 260

John McElroy, 250, 650, 7200, 700, 1350
T. Bitchy, -, -, -, 10, 48
T. S. Edmonson, 40, 20, 300, 100, 120
Thomas McGill, 10, 150, 800, 5,100
J. H. Chambers, 60, 45, 500, 25, 150
John Bucky, 10, 8, 100, 1, 75
M. Weisenger, 90, 120, 1000, 100, 275
John Duneell, -, -, -, -, 32
D. B. Holeman, 750, 380, 2700, 125, 4321
Wm. Averyt, 75, -, 71, 125, 266
Eliza Blonde, 400, 760, 5800, 500, 180
John Stedman, 100, 60, 800, 250, 340
Jas. Wooten, -, -, -, -, 77
T. G. Adams, 355, 465, 8000, 350, 1780
O. T. Wilson, 30, 50, 600, 10, 170
David Ellison, 40, 525, 2800, 100, 200
Nancy Ellison, 30, 577, 3500, 50, 205
Jacob Cumberlander, -, -, -, 10, 55
H. E. Smith, 300, 200, 5000, 400, 750
M. Walker, 25, 55, 400, 12, 135
C. Upchurch, -, -, -, 12, 200
M. Hoot, 140, 14, 2000, 50, 400
S. Derrick, 50, 130, 10800, 100, 170
G. C. Biddle, 160, 80, 2800, 450, 450
J. B. Ulmer, 50, 10, 2550, 325, 550
T. L. Woodall, 135, 219, 4000, 250, 4000
_. R. Ulmer, 275, 255, 60750, 300, 910
John S. Mays, -, -, -, -, 80
Albert G. Gee, -, -, -, 300, 650
Joab Hill, -, -, -, 60, 260
_. Gnrnn, 12, 98, 200, 60, 220
Jesse Rascol, 200, 120, 3000, 125, 530
Thomas Green, 45, 115, 200, 200, 500
I. Upchurch, -, -, -, 15, 75
John Austen, 50, 30, 1500, 75, 500
Est. T. B. Carson, 1000, 800, 27000, 300, 2500
W. T. Beall, 160, 320, 6000, 150, 600
Netherland Tate, 275, 45, 4800, 300, 1050
K. Morris, 80, 40, 1800, 100, 560
Fielding Thrush, -, -, -, 100, 330
Daniel Parnel, 90, 150, 3600, 130, 610
L. Long, 450, 400, 16000, 270, 1825
Robt. Long, -, -, -, 30, 306
Thos. Hood, 82, 15, 1510, 300, 665
R.M. & C. Tate, 550, 350, 13500, 350, 2490
I. N. Mullins, -, -, -, 70, 285
P.P. Coleman, 300, 340, 8000, 150, 1800
T. S. Fogg, -, -, -, 5, 150
John Davis, 80, 40, 1440, 50, 300
Obediah Ludlow, 225, 415, 8000, 240, 1600
_Camuel Stuart, 250, 1550, 9000, 200, 950
Stanton Dolals, 75, 45, 1200, 35, 400
J. H. Harrison, 160, 376, 3600, 600, 845
A. McKellough, 250, 370, 10000, 500, 1300
Thos. Averett, 60, 100, 2400, 70, 355
Silas Blann, 120, 157, 4000, 70, 700

D. Pence, 14, 26, 320, 5, 200
E. Bell, 140, 18207, 5000, 115, 500
Enoch Bell, 400, 2500, 15000, 500, 1225
K. B. Weisinger, 90, 150, 2400, 150, 610
R.D. & J. M. Studervand, 240, 90, 2500, 100, 1000
F. M. Bradly, 400, 1000, 13000, 700, 450
E. D. King, 120, 40, 2500, 100, 180
F. Jas. Beaty, 120, 120, 1000, 100, 280
Maria Clark, -, -, -, -, 150
Melison (Melisore), -, -, -, 100, 200
G. Garrett, 40, 40, 2100, 60, 225
D. Mims, -, -, 100, -,
C. Mood, -, -, 2500, 15, 600
John Johnson, 60, 20, 3500, 150, 200
J. W. Jones, 30, 10, 1000, 300 557
O. Brewer, 100, 180, 600, 120, 378
Sarah Walter, -, -, -, 20, 120
Elizbeth McGhee,80. 120, 300, 10, 300
R. B. Adams, -, -, -, 5, 80
C.N. Briggs, 50, 200, 200, 115,380
Elizabeth Neadleton, 70, 130, 800, 80, 460
John Ricks, 75, 115, 400, 110, 235
N. Alexander, 20, 130, 600, 400, 420
Ab McGough,, 10, -, 40, 75, 220
R. W. McQueen, 60, 100, 275, 25, 80
Ely Love, -, -, -, 50, 500
Wm. Shelby, 100, 140, 800, 80, 150
Mary Marrow, 75, 285, 100, 100, 500
John Liman, -, -, -, 50, 100
A. F. Lacy, -, -, -, 120, 200
T. F. Houston, 250, 390, 4000, 200, 900
Anna Strawbridge, -, -, -, 50, 100
S. Adams, 150, 94, 3000, 325, 880
Henry Martin, 450, 350, 8500, 70, 1000
B. T. Harrison, 220, 100, 400, 420, 800
T. R. Kellums, 800, 600, 10000,400, 1500
Issac Moore, 450, 290, 7000, 225, 1350
R.W. Tate, 300, 1500, 8000, 200. 1340
Henry Clark, 100, 60, 2000, 130, 600
W. T. Haynes, 100, 80, 1500, 130, 400
J. S. Phillips plantation, 420, 300, 14410, 350, 1775
Mrs. N. F. Watnous, 180, 56, 4770, 400, 345
M. F. Harris, -, -, -, -, 450
J. V. Walker, 400, 500, 18000, 400, 1630
D & A. Jones, 320, 240, 11200, 400, 1270
W. W. Daniels Manager, 200, 100, 6000, 200, 990
Mrs. J. Baron, 325, 55, 9600, 430, 1230
Mrs. M. A. Tarrants, 300, 100, 6000, 400, 1540
H. W. Warn, 300,420, 1800, 375, 1275
J.A. Booth (Goldsby), 760, 208, 19200, 4000, 1730
Wm. Booth Goldsby, 625, 400, 2500, 400, 1980
Obediah Cooley, 40, 460, 6250, 100, 550
R. Booth Golsby, plantation, 1200, 2000, 48000, 100, 4620
Jas. H. Camples, 100, 400, 500, 350, 660
Allen Stephens, 100, 116, 2160, 100, 305
Jane Gambles, 50, 110, 1600, 50, 450

S. R. Parrot, 75, 235, 1650, 125, 525
C. Fort, 500, 400, 9000, 350, 1587
J.M. Leach, 200, 370, 2850, 260, 8450
Jane Moore, 300, 300, 6000, 375, 1680
John Chustnut, 60, 140, 2000, 160, 500
Jas. Chism, 60, 180, 2240, 100, 547
Crawford Crocker, 35, 125, 800, 10, 405
L. Thomas, 40, 40, 400, 15, 217
Olin Taylor, 20, 60, 640, 75, 247
Hugh McIlwain, 500, 6000, 11100, 525, 2050
Jane B. Irwin, 973, 400, 6330, 200, 1310
J. N. Saggart, 150, 120, 3500, 550, 648
Wm. N. Mock, 20, 30, 500, 60, 300
J. R. Mirn, -, -, -, 7, 210
W. J. A. Bupsel, 300, 288, 6968, 250, 1100
Armor Fincher, 200, 185, 4620, 210, 1435
W. B. King, 400, 165, 5620, 400, 1330
Jonathan Woodland, 90, 70, 1600, 15, 160
Samuel Donaghey, 100, 140, 1500, 100, 407
Wm. Donaghey, 140, 100, 1800, 200, 445
J. N. Craig, 200, 120, 3200, 100, 292
Jas. Houston, 120, 150, 1350, 500, 450
Hugh Houston, 40, 120, 800, 50, 150
T. J. English, -, -, -, 300, 1880
H. J. King, 900, 6900, 78000, 200, 4280
F. B. King, 320, 1000, 15000, 700, 1590
Wm. Johnson, -, -, -, 520, 3110
J. B. Campbell, 130, 470, 2700, 325, 760
Green Gidson, -, -, -, 20, 125
Jasuah Alexander, 100, 180, 1200, 150, 640
Robt. Powell, 15, 65, 240, 60, 43
Jas. Bates, 20, 40, 350, 35, 315
N.Mire, 50, 30, 240, 15, 180
P.S. Fulfad, 150, 200, 1500, 350, 640
Alex. Porter, 120, 240, 1440, 150, 540
Wm. Campbell, 80, 80, 800, 85, 435
A. H. Sample, 55, 100, 800, 75, 600
S. A. Burgin, 175, 400, 2000, 500, 950
Mrs. E. Williams, 60, 140, 350,70,250
G. A. Oden, 300, 800, 5000, 500, 1400
Jas. Lacy, 80, 26, 445, 5, 159
B. W. Smith, 25, 95, 260, 75, 280
J.D.C. McCaba, 100, 360, 700, 75, 260
Robt. McCall, 75, 151, 627, 70, 325
Joseph Morrow, 120, 380, 2500, 400, 600
R.C. Morrison, 60, 100, 800, 80, 260
Wm. R. Lacy, 8, 152, 800, 75, 140
James Hall, -, -, -, 10, 100
J. S. Alexander, 120, 220, 1140, 300, 530
Wm. Morrow, 40, 120, 800, 15, 205
A. P. Mccurdy, 500, 2800, 1200, 400, 1500
W. S. Phillips, 450, 670, 17500, 675, 2100
Jas. Hall, 85, 140, 2250, 100, 530
Drury Fair, 13,-, 500, 50, 210
J. F. Conaly, -, 65,-, 50, 300
E. W. Marks, -, -, -, 50, 300

S. P. Ferguerson, 60, -, 1200, 75, 150
D. M. Riggs, 400, 673, 6900, 25, 190
A.M. Goodwin, 9, -, 1000, 10, 250
I. W. Lapsley, 140, 1845, 10000, 750, 1050
T. L. Craig, -, -, -, 10, 240
M. Waller, 70, 130, 1200, 75, 250
D. Weaver, -, -, -, 75, 100
G.F. Plant, 30, 32, 1000, 50, 290
W. H. Boyed, -, -, -, 50, 120
Fanny Worley, 40, 15, 3200, 10, 230
W. F. _. G. C. Provost, 100, 60, 1720, 150, 900
Wm. Waddell, 280, 200, 600, 275, 1150
W. H. Meredith, 50, 95, 1200, 75, 345
J. J. Strawbridge, 30, 130, 1600, 300, 1185
S. P. Pickens, 255, -, 500, 200, 1445
D. Pickens, 500, 3000, 12000, 250, 1450
Hugh Marshall, 650, 1180, 1200, 1200, 2000
M.L. Mop, 400, 304, 6000, 340, 1224
H. B. Phillips, 300, 249, 5790, 410, 1337
J. E. Morrison, 150, 70, 2200, 100, 698
Charles Lewis, 625, 508, 12000, 500, 2150
R. C. Morrison, 200, 290, 3000, 200, 600
J. A. Morrison, 100, 141, 1600, 100, 600
Noah Williams, 150, 170, 3200, 200, 625
David Rusel (Rupel), 120, 60, 1000, 60, 600
J. C. McNair, 85, 75, 1000, 40, 192
J. B. King, 150, 120, 1800, 100, 800
Jane McCary, 45, 131, 480, 10, 50
J.M. Morgan, 150, 110, 2240, 60, 185
Mrs. E. Morgan, -, -, -, 10, 170
Wm. M. Russel, 90, 50, 1120, 50, 455
Lewis, J. Moore, 600, 808, 14000, 300, 1885
Mrs. Sarah Quay, 250, 50, 3000, 350, 1000
O. Graham (Mang), 395, 105, 200, 200, 800
Rebecca Gilmore, 25, 55, 400, 5, 125
Sarah Burges, 40, 80, 1200, 55, 50
Henry Emerson, 167, 313, 3120, 195, 870
David R. Rogert, 20, 20, 300, 50, 350
Jas. Murph, -, -, -, 5, 120
Jas Drennan, 22, 58, 2200, 6, 75
John Hall, 80, 120, 1000, 100, 160
E. R. Childers, 330, 270, 9000, 300, 1000,
William Wilson, -, -, -, 60, 575
Elija Wilson, 470, 354, 8240, 800, 1680
H. M. Boyd, 70, 100, 2000, 10, 190
G. F. Adam, -, -, -, -, 75
Thomas Walker, 1400, 1800, 3200, 100, 5000
Melville Harris, 200, 230, 5300, 150, 910
Charles Harris, -, -, -, 5, 120
Jas. Daughtery, 25, 135, 800, 5100, 175
T. D. Craig, -, -, -, 100, 610
Mathw R. Russel, 40, 90, 650, 25, 212
J.T. Clay, 60, 160, 1000, 75, 200
Robt. Studervant, 300, 800, 27000, 1000, 2145
J. M. Craig, 100, 60, 1600, 200, 400
Est. L. Thomas, 650, -, 11200, 170, 1630

C. M. Pinson, 600, 500, 11000, 200, 1550
J. R. Parnell, 900, 1300, 20000, 450, 1857
I. I. Hutchinson, 200, 140, 2000, 200, 700
R. A. Baker, 500, 140, 5500, 150, 500
W. S. King (Ring), 400, 500, 7000, 300, 850
F. Childens, 700, 372, 1220, 450, 3760
G. Petebone, -, -, 3500, -, -,
I. G. Micholson,-, -, -, -, 100
John Manderson, -, -, -, -, 100
W. O. Plantor, -, -, -, -, 120
A. Montgomery, -, -, 300,-, 100
John Jackson, -, -, 2300, -, 300
H. I. Lom, -, -, 3600, -, 130
I. H. Thomason, -, -, 1800, -, 550
F. G. Ferguson, 12, 30, 2700, 40, 320
A. H. Mitchel, 70, 500, 2250, 125, 530
A. Nanee (Nance), 450, 450,1800, 500, 1800
H. B. Campbell, 200, 750, 5000, 200, 1150,
A. M. Boggs, 75, 125,2500, 200, 500
Mary Rupum (?), 100, -, 1000, 70, 475
R. D. Johnson, -, -, -, 5, 30
John Parnal, 225, 225, 7900, 350, 700
Sirous Billingsly, 600, 1350, 15000, 500, 2700
Wm. Gray, 35, 165, 1200, 100, 180
Allen Houston, 35, 165, 1200, 100, 375
S. D. Petty, 140, 100, 2400, 300, 970
Henry Scarbrough, 17, 23, 400, 30, 245
Thomas A. Walker, 600, 600, 15000, 450, 3078
Margaret Walker, 18, 9, 270, 5, 165
E. S. Jones, 720, 580, 13000, 490, 1650
Isaac Thomas, -, -, -, -, 125
Est. R. Harrison, 1000, 600, 16000, 640, 2580
J. G. Oneal, 160, 160, 3200, 85, 425
John Waugh, 90, 125, 1600, 100, 350
Joseph Benning, -, -, -, 80, 334
Wm. Waugh, 350, 915, 12680, 140, 1348
I. B. Clay, 28, 12, 400, 8, 80
J. A. Murph, 80, 20, 100, 1100, 300
H. S. Kirkland, 12, 28, 300, 10, 150
A. Honeycutt, 300, 358, 6580, 115, 500
John T. Qirrsley, -, -, -, 80, 500
B. W. Armstrong, 75, 85, 1280, 140, 226
Jas. Ulmore, Sen., 120, 180, 3000, 125, 400
Alferd Adams, 115, 125, 2500, 115, 400
B. M. Woolsey, 450, 180, 6230, 400, 1852
T. P. Martin, 300, 140, 1320, 50, 211
Mark Posy, -, -, -, 5, 50
R. A. Gilmore, 30, 40, 450, 40, 140
A. D. Jeffries, 345, 240, 6000, 600, 1300
Hugh Murphy, -, -, -, 4, 31
W. P. Smith, 1300, 756, 21000, 1100, 4025
Jas. Webb, 130, 187, 2500, 135, 565
Jane Linsy, 76, 90, 1280, 110, 320
Jas. Gilmore, Sr. 130, 30, 1280, 220, 500
Jenet Craitg 300, 220, 5200, 175, 580
S. H. Gilmore, 70, 90, 1280, 75, 350

K. E. Russel, 130, 270, 3000, 120, 700
P.O. Grim, 160, 160, 3200, 200, 3000
Leviner West, 80, 160, 1500, 80, 250
Sample Alexander, 40, 40, 400, 10, 208
Rubin Price, 75, 145, 1000, 50, 350
Josephus Sufford, 100, 100, 1000, 800, 580
Jas. Daughtery, 40, 160, 1000, 150, 200
Geo. Williams, 100, 100, 2000, 150, 550
J. A. Hunter, 180, 380, 240, 125, 775
Sims Wood, 75, 80, 620, 125, 320
Elizabeth Reed, 40, 70, 600, 10, 126
William Collins, 250, 350, 10000, 10, 126
N. C. McNair, -, -, -, 10, 140
B. Osburn, 300, 500, 4000, 250, 191
Mrs. Swift, 500, 500, 5000, 400, 1505
B. A. Glas, 350, 570, 7640, 500, 1775
G. C. Phillips, 550, 508, 10580, 700, 3000
Wm. Seawell, -, -, -, 155, 585
G. P. Blevins, 1500, 200, 43750, 700, 3727
Haryns, (Manager), 1450, 350, 1200, 250, 1900
Robinson, (Manager), -, -, -, 700, 4770
W. Plattenburg, 630, 460, 16350, 800, 3750
Mrs. M. Echols, 500, 800, 12000, 6000, 1885
Ben. Willingham, 600, 1000, 16000, 800, 1840
L. McNalab, 42, 45, 600, 100, 300
N.B. Mitchael, 300, 285, 8760, 500, 1015
C. G. & J. J. Peguese, 30, 200, 4000, 500, 1300
E.A. J. Been, 1200, 227, 35740, 1400, 5440
Est. L. Thomas, 500, 680, 11800, 500, 1925
John Thriptrine, 60, 740, 1200, 35, 225
Est. J. Peguese, 280, 160, 5000, 300, 1000
K. Matthews, 700, 1220, 1920, 500, 1800
J. E. Matthews, 2000, 2950, 30330, 3000, 10115

DEKALB COUNTY

Agricultural and Manufacturing Census for 1850 Microfilmed by the Alabama Department of Archives and History under a Grant from the National Science Foundation

1850 Schedule 4 Agricultural –Dale to Marengo Counties

Filmed for the University of North Carolina from Original Records in the Alabama Department of Archives and History

1. Owner
2. Acres of Improved Land
3. Acres of Unimproved Land
4. Cash Value of Farm
5. Value of Farm Implements and Machinery
13. Value of Livestock

The following symbol is used to maintain spacing: (-)

The following represents the sequence of the information from the above categories: 1, 2, 3, 4, 5, 13

M.C. Newman, 60, 142, 1800, 20, 200
Sen Worthington, 65, 144, 1000, 40, 260
E. C. Pitman, 40, 40, 300, 100, 530
Stephen Clemon, 2, -, 5, -, 113
W. H. Barnett, -, -, -, -, 28
John Ward, 20, 63, 2000, 20, 550
Isaac Brock, -, -, -, -, 65
Wm. B. Roden, 75, 285, 2000, 125, 310
Sherod Barksdale, 50, -, -, 585, 242
Thomas Bridger, -, -, -, -, 130
Nacy Riggins, -, -, -, -, 90
Wm. Fortune, -, -, -, -, 50
A. J. Bury, 80, 160, 2050, 100, 450
Wm. Capeheart, -, -, -, -, 45
James Chrisman, -, -, -, -, 125
B. R. Stearns, 18, 62, 300, 50, 90
Thomas McBroom, 70, 150, 1800, 200, 475
Mathew Small, 80, 140, 1200, 75, 1210
T. Landeroy, 30, 25, 100, 50, 362
James Malone, -, -, -, -, 64
John Paden, 65, 10, 600, -, 150
John Kirby,160, 250, 2500, 60, 590
Benjamin Reece, 40, 40,800, 55, 268
R. Chastain, 50, 58, 800, 70, 117
M. Reed, 25, 25, 400, 5, 152
R. C. Newman, 50, 68, 200, 35, 150
Henry Warren, 15, 15, 200, 10, 135
James Roberts, 15, 15, 200, 5, 101
Thos. Petty, 100, 140, 20000, 200, 585
G. W. Jorden, -, -, -, 10, 115
D. M. Pattison, -, -, -, -, 90
James Adair -, -, -, -, 45
John Brock, -, -, -, -, 30
M. Rook, 25, 15, 600, 80, 261

C. Bates, -, -, -, -, 16
R. Barnett, -, -, -, -, -
F. Brilland, -, -, -, -, 86
P. Shubust, -, -, -, -, -
M. Keener, 40, 160, 1000, 35, 252
Esekiel Chitover, -, -, -, -, 50
J. W. L. Smith, -, -, -, -, 110
Wesley S. Soral, 16, 5, 105, 28, 107
Jesse Gayton, 32, 28, 500, 20, 214
Henry Rook, 26, 14, 600, 7, 225
A. Gaylor, -, -, -, -, 220
John Mulom, 20, 35, 400, 12, 340
Bery F. Fosmore, 20, 30, 400, 3, 48
D. W. Keener, 19, 75, 200, 5, 127
Samuel Ward, 60, 130, 400, 90, 439
John C. Musgrove, -, -, -, 50, 120
Allen Buvis, 20, 20, 300, 5, 65
Wm. Esten, -, -, -, 50, 196
Stephen Reeves, -, -, -, -, 100
Nancy Reeves, -, -, -, -, 40
Saul McBreyer, 30, 50, 400, 10, 156
Thomas A. Patric, 90, 110, 2000, 75, 385
Wm. Hill, 40, 40, 200, 10, 185
W. C. Ramsey, -, -, -, -, 107
James Ramsey, -, -, -, -, 18
Wm. Reeves, -, -, -, -, 55
Sarah Ingle, -, -, -, 5, 122
E. S. Parker, -, -, -, -, .235
Dain Keener, 60, 101, 800, 5, 192
C. Francis, -, -, -, -, 105
Robt. Bullard, -, -, -, -, 118
H. Berry, 35, 35, 350, 5, 159
Luke Sanders, -, -, -, -, 27
John Lastton, -, -, -, -, 75
S.R. Stafford, -, -, -, -, 74
James Cooper, 75, 125, 1200, 86, 219
A. J. Cooper, -, -, -, -, 100
J. L. Funesson, -, -, -, -, 118
J. H. Morgan, -, -, -, -, 75
Plesant Stafford, 50, 150, 110, 10, 288
Elisha Panter, -, -, -, -, 606
Jacobt Panter, -, -, -, -, 53
J. C. Walker, 45, 35, 550, 50, 150
Jen Walker, 50, 130, 1000, 50, 315
James Forbus, -, -, -, -, 87
John Campbell, -, -, -, -, 154
James F. Rooper, 25, 15, 300, 90, 180
Thomas Mclure, 32, 18, 500, 5, 82
Jasper Yeargin, 18, 62, 400, 5, 83
John B. Yeargin, 175, 310, 2050, 125, 371
Rusel Barns, -, -, -, -, 65
Thomas Morgan, -, -, -, -, 88
James T. Crump, 55, 85, 800, 5, 105
John Tater, 25, 15, 300, 5, 140
Bethel Crump, 50, 250, 2000, 170, 329
John Highland, 25, 15, 100, -, 93

Wm. Cooper, -, -, -, -, 91
S. Bair, -, -, -, -, -
Jeptho Berry, -, -, -, -, 150
John Rodgers, 30, 130, 1200, 60, 190
Eli Couch, 40, 130, 1200, 60, 190
D. R. Carns, 25, 15, 80, 5, 179
James Cave, -, -, -, -, 450
Lewis Yancy, 50, 30, 800, 10, 278
Allen Barksdale, 35, -, -, 10, 125
G. Barksdale, 23, 0, -, 5, 145
James Smeyard, 80, 120, 1000, 70, 215
John Paden, 5, 35, 50, 45, 90
James Hogue, 100, 100, 4000, 100, 550
D. Snider, -, -, -, -, 65
A. B. Smith, 45, 95, 800, 85, 170
John Miller, 13, 20, 500, 5, 60
John D. Lawson, 18, 22, 200, 5, 139
David Brock, 25, 55, 500, 5, 170
Lilitho Smith, 50, 150, 1200, 5, 177
R. H. Brown, 20, -, 150, 5, 90
Berry Paden, 90, 50, 1500, 100, 355
Joseph Davidson, 120, 64, 1200, 100, 637
Sarah J. Smith, 75, 125, 1000, 5, 280
Wm. Driskill, 50, 50, 400, 75, 425
L. Driskill, 35, 50, 300, 15, 152
Abner McNaren, 20, 20, 250, 8, 128
R. McNarin, 30, 32, 350, 10, 129
James Simpson, 20, 15, 200, 10, 165
S. G. Liner, 80, 50, 1200, 100, 250
Jesse Wilder, 50, 50, 500, 40, 198
Isham Roberts, 16, 66, 250, 15, 272
F. Wright, -, -, -, -, 53
G. Willis Pleasy, 35, 25, 600, 50, 243
Thomas Huff, 18, 20, 200, 5, 97
Susannah Reed, 60, 60, 400, 10, 250
LaFayette Reed, -, -, -, -, 161
Silas Adams, 30, 10, 300, 50, 280
Nelson Salmans, -, -, -, -, 80
A. J. Bishop, -, -, -, 7, 36
Hiram Brock, 14, 33, 300, 7, 185
L. N. Appleton, 40, 80, 1000, 10, 210
J. N. Templeton, -, -, -, -, 90
John Russell, 50, 130, 1000, 50, 319
W. _. Maulding, -, -, -, -, 75
James Metheny, -, -, -, -, 30
Thomas Sineyard, 100, 200, 1500, 50, 472
Benjamin Wilson, -, -, -, -, 190
Josiah Brock, 30, 40, 525, 10, 241
James M. Mitchel, 75, 125, 1700, 150, 555
Van Hall, 75, 225, 1800, 145, 400
Salina Lackey, -, -, -, -, 115
Peter C. Tebo, -, -, -, -, 86
Bryant Hall, 54, 74, 700, 6, 256
H. P. Reece, 75, 80, 1000, 50, 275
Joseph Rayburn, Public Land, -, 5, 16
Pheba Ferguson, 30, 130, 1000, -, 109

Lindsey Hale, -, -, -, -, 95
Richard Roberts, 80, 72, 1500, 40, 653
Isaac Morgan, 15, -, 25, 7, 125
William Lackey, 75, 100, 1300, 150, 330
A. H. Mackey, 18, 31, 1000, 50, 145
R. W. Porter, 25, -, 250, 10, 121
Jams Ward, 35, 240, 2250, 50, 611
Isaac Counts, -, -, -, -, 100
Elizabeth Timms, -, -, -, -, 40
Hannah Kerr, -, -, -, -, 90
James G. Dobbs, -, -, -, -, 182
James Jack, 120, 330, 1800, 100, 530
Jabez Dobbs, -, -, -, -, 55
A. J. Ward, 150, 50, 2000, 15, 512
Thomas S. Edmonds, -, -, -, -, 124
Wesley Coggins, 15, -, 150, 7, 16
Thomas George, -, -, -, -, 165
William Rhodes, 40, 120, 600, -, 160
Ann Cannon, 60, 100, 800, -, 102
Burwell Lewis, 42, 38, 800, 10, 90
Elizabeth Dobbs, -, -, -, -, 45
C. D. George, 158, 442, 4200, 70, 1868
M. A. Barr, 18, -, 180, 100, 175
J. M. Bryant, -, -, -, -, 50
Enoch Hare, -, -, -, -, 55
Wesley Haghen, 15, 25, 200, 5, 60
Leroy Malone, -, -, -, -, 20
Sugar Jones, -, -, -, -, 75
W. L. Driskill, -, -, -, -, 80
D. L. Hibbs, 75, 106, 1000, 75, 264
Alford Collins, 115, 305, 3000, 75, 320
Mynate X. Collins, 300, 245, 4000, -, -,
C. G. Napper, -, -, -, -, 455
C. D. Fisher, -, -, -, -, 14
Franklin Childress, -, -, -, -, 190
Thomas B. Watts, 45, 115, 900, 10, 450
J. B. Chasteen, -, -, -, -, 97
B. D. Gilliland, 50, 30, 800, 10, 200
N. Morgan, 35, 10, 300, 5, 293
B. F. Morgan, 15, 25, 100, 5, 45
I. Fields, -, -, -, - , 105
John Adair, -, -, -, -, 14
J. L. Merrill, -, -, -, -, 32
R. Norton, 25, 15, 150, 5, 195
L. Robertson, -, -, -, -, 87
W. J. Nicholson, 60, 115, 575, 115, 493
E. Parker, - -, -, -, 188
Hamis Brock, 50, 55, 1000, 60, 218
Joseph Trappenstead, 50, 110, 1000, 100, 311
S. P. Hill, -, -, -, -, 140
John Morgan, 40, 120, 600, 60, 89
A. McElroy, -, -, -, -, 70
B. Bates, -, -, -, -, 50
John Morgan, 70, 50, 1000, 20, 490
James Nicholson, 100, 140, 1100, 10, 279
John Busby, 50, 70, 600, 10, 179

Martin Reese, -, -, -, -, 133
William Ryan, 145, 196, 3000, 100, 642
William French, 18, -, 180, 3, 92
Robert Lusk, 25, 55, 350, 10, 740
Sampson Clayton, -, -, -, -, 730
Jehue Hunt, 26, -, 130, 3, -
A. W. Majors, 150, 150, 2000, 250, 980
David Dobbs, 35, 39, 100, 5, 63
William Everett, -, -, -, -, 68
Margaret Works, 30, 50, 300, 5, 229
G. Graham, 20, 140, 200, -, 229
G. W. Malone, 75, 85, 1300, 12, 330
John McCampbell, 65, 95, 1200, 100, 387
Samuel D. Warren, 75, 85, 1300, 12, 330
Calvin Roberts, -, -, -, -, 100
Thomas Owens, -, -, -, -, 100
Hugh Owens, -, -, -, -, 65
Joseph Brown, 17, 23, 200, 4, 280
W. L. Jones, 23, 159, 1000, 40, 233
Yancy Hall, -, -, -, -, 47
Jones Evitt, -, -, -, -, 103
Grigsby Appleton, 8, 120, 1000, 240, 318
Elisha Freeman, -, -, -, -, 50
John J. Carter, 10, 30, 200, 5, 220
John Chaney, 30, 90, 350, 3, 250
John E. Gilbreath, 70, 60, 800, 70, 428
John Wallace, 60, 60, 700, 50, 205
A. M.Glarener, -, -, -, -, 85
Oliver Hays, -, -, -, -, 100
Walter Roden, 40, 120, 500, 5, 358
Thomas Hays, 100, 100, 1000, 80, 321
Levi Smith, 20, -, 100, 80, 82
William Harrison, 22, 18, 100, 5, 180
Caleb Greene, -, -, -, -, 120
B. H. Roden, 75, 25, 500, 10, 175
G. W. Jones, -, -, -, -, 48
Joshua Thompson, 16, -, 15, 5, 180
G. W. Muliver, -, -, -, -, 127
Jeremiah Roden, -, -, -, -, 153
J.B. Roden, 50, 15, 300, 70, 192
Nancy Penham, 20, 20, 200, 3, 232
Noah Dilbeck, 50, 70, 350, 5, 175
Hiram Nations, -, -, -, -, 160
B.S. Adams, -, -, -, -, 91
Burwell Pace, 18, 182, 300, 10, 97
Wm. Y. Chumbly, 50, 150, 800, 100, 404
Even Castle, 15, -, 75, 2, 208
Wm. McDaniel, 50, 110, 500, 40, 185
H. H. Dalrymple, 12, -, 120, 5, 50
Wm. B. Trout, 40, 40, 300, 1810, 237
Nobles Gillbreth, 100, 120, 1050, 65, 257
David Cowan, 35, 45, 250, 70, 105
Jeremiah Naylor, -, -, -, -, 102
Wm. C. Osburn, -, -, -, -, 35
Silas Smar, 20, -, 100, 5, 70
G. Gilbreeth, 40, 111, 600, 75, 445

Hays Burns, 50, 148, 1000, 40, 162
A. Jones, 42, 57, 550, 50, 190
Isaac Homan, -, -, -, -, 152
A. Fields, -, -, -, -, 170
J. W. Davis, 21, 19, 100, 3, 410
Arch. Whorton, 50, 125, 875, 45, 410
B. F. Wood, -, -, -, -, 150
C. Hood, -, -, -, -, 115----------(forgot to space and already indexed) G. C. Whorton, 16, -, 160, 6, 155
I. Edwards, 20, 28, 200, 5, 183
Stephen Penn, 30, 15, 250, 8, 275
M. Campbell, 20, 60, 500, 75, 191
Wm. Mullins, 40, 120, 1000, 75, 411
Wm. Penn, 45, 35, 500, 5, 130
James Penn, -, -, -, -, 177
Hannah Goggins, -, -, -, -, 61
Levi Stephens, 30, 140, 800, 6, 216
Larkin Williams, 15, 65, 650, 20, 215
Warrick Bristow, 75, 165, 700, 10, 387
Nancy Reed, 45, 115, 700, 5, 245
L. P. Ward, 50, 234, 2500, 5, 95
Joshua League, 35, 25, 100, 8, 350
Wm. Humphrey, -, -, -, -, 82
Obediah Huster, 20, 20, 150, 5, 210
Isaac League, 65, 135, 550, 60, 329
A. J. Reeves, 35, 85, 900, 75, 532
David Sibert, 120, 240, 2000 60, 650
James Smar -, -, -, -, 75
Jasper Sibert, -, -, -, -, 65
Jehue Couter, 70, 250, 1000, 60, 466
Robert Hood, -, -, - -, 67
M. C. Calloway, 15, 25, 150, 5, 137
Hardy Parker, -, -, -, -, 34
William Hood, -, -, -, -, 97
John Sibert, 60, 141, 2000, 50, 190
Eli Sullivan, 20, 1140, 650, 5, 90
P. C. Johnson, 30, 90, 600, 40, 282
Thomas Dalrumple, 12, 28, 300, 5, 100
P. C. Walker, -, -, -, -, 90
Fletcher Mays, -, -, -, -, 248
B. J. Word, -, -, -, -, 120
J. J. Davis,-, -, -, -, 400
A. J. Chany, 100, 95, 2000, 80, 400
Hiram Graves, 100, 160, 2000, 110, 440
Joab Hendricks, 30, 50, 600, 75, 377
James M. Rhodes, -, -, -, -, 94
J. W. Burnett, 46, 114, 1500, 60, 195
Jacob Padget, -, -, -, -, 290
William Scott, 45, 195, 1200, 100, 565
G. R. Stanfield, -, -, -, -, 100
J. L. Madra, 20, 20, 200, 60, 185
John Glazner, -, -, -, -, 207
Jeremiah Burns, -, -, -, -, 220
M. Hendricks, -, -, -, -, 190
Thomas Burns, -, -, -, -, 49
Stroter Flowers, -, -, -, -, 130
K. Johnson, -, -, -, -, 60

Alford Barksdale, -, -, -, -, 52
William Owens, 15, 35, 150, 40, 85
James Reed, 36, 200, 1000, 10, 284
W. C. Mynatt, 60, 40, 950, 80, 315
Elijah Sanders, -, -, -, -, 280
John Sloan, -, -, -, -, 175
S. B. Wammack, -, -, -, -, 153
W. R. Sammack, -, -, -, -, 65
Abner Minir, -, -, -, -, 230
William Houston, -, -, -, -, 325
James Houston, -, -, -, -, 83
James C. Clay, -, -, -, -, 110
Robert Rains, -, -, -, -, 117
Amos Stapler, -, -, -, -, 480
H. Berry, -, -, -, -, 237
F. Sanders, -, -, -, -, 330
William Janis, 40, -, 200, -, 625
W. G. Williams, -, -, -, -, 1798
Alex. Capshaw, -, -, -, -, 289
Joseph Matheny, 34, 6, 500, 5, 350
John Mullens, -, -, -, -, 119
William Matheny, 40, -, 500, 65, 795
A. R. Hatherly, -, -, -, -, 95
William Chaney, 50, 64, 800, 10, 114
Robert Paden, 35, 40, 150, 55, 165
James Copeland, 65, 17, 1000, 75, 161
W. C. Morgan, 40, 60, 500, 10, 168
C. Brazil, -, -, -, -, 34
John McCrackin, -, -, -, -, 97
Henry Norma, -, -, -, -, 112
Jesse Hammett, 50, 68, 700, 50, 290
R. Bolen, 18, 62, 300, 60, 220
Z. Roden, -, -, -, -, 104
S.M. White, 15, 25, 200, 10, 100
A. Wharton, 50, 80, 1000, 150, 577
Jeremiah Fields, 40, 80, 200, 10, 185
A. H. Mullens, 35, 45, 300, 5, 62
Samuel Smith, -, -, -, -, 62
William Gilbreath, 12, 28, 200, 58, 133
Thomas Capeheart, -, -, -, -, 175
C. Stowers, 40, 80, 400, 60, 230
T. G. Cox, 100, 180, 1000, 100, 375
K. Scott, -, -, -, -, 150
William C. Fletcher, 50, 70, 800, 10, 340
Washington King, 24, 16, 200, 85, 324
R. Johnson, 55, 105, 1000, 10, 363
David Shrum, 40, 160, 800, 85, -,
John O. DuPriest, 24, 136, 800, 5, 63
R. C. Reeves, -, -, -, -, 65
Samuel Waldrop, 50, 110, 750,. 200, 394
A. P. Williams, 20, 180, 200, 60, 880
William G. Reeves, 16, 41, 300, 5, 93
Larkin Ellenburgh, -, -, -, -, 45
L. M. Hammett, -, -, -, -, 113
Eli Cooper, 20, 20, Public Land, 5, 180
A. Rink, 75, 5, 325, 5, 195

S. James, 40, 80, 300, 75, 235
G. White, -, -, -, -, 164
H. Sybert, 40, 80, 400, 90, 393
John Graves, 100, 60, 1000, 60, 440
Joshua L. Smith,.-, -, -, -, 110
John Morgan, -, -, -, -, 133
Jesse Burgis, -, -, -, -, 275
Malone Stafford, 23, 103, 500, 2, 98
S. Naylor, -, -, -, -, 77
H. H. Dalrymple, 40, 135, 875, 110, 430
R. Owens, 18, -, 180, 5, 260
John Gilliland, 100, 120, 1200, 75, 383
M. N. Cooper, -, -, -, -, 60
Lemuel Lovins, 25, 55, 500, 10, 136
John Graves, -, -, -, -, 84
H. F. Callahan, 12, 108, 300, - ,126
William Beeson, -, -, -, -, 100
R. Crump, 40, 160, 400, 600, 400
G. W. Reeves, 90, 110, 1225, 100, 900
William R. Nicholson, 106, 214, 2000, 100, 1340
T. A. Capeheart, -, -, -, -, 35
William Griffin, 55, 145, 1500, 75, 721
E.L. Tackett, -, -, -, -, 175
William Lawrence, -, -, -, -, 70
Isahiah Johnson, -, -, -, -, 135
I. D. Wall, -, -, -, -, 170
J. B. H. Wall, -, -, -, -, 188
J. W. Rogers, 20, 20, 200, 70, 124
Elija A. Pendleton, -, -, -, -, 112
Jeremiah Taylor, 32, Public Land, 5,98
Elias Hooper, -, -, -, -, 24
J. C. Broyles, -, -, -, -, -
B. Hooper, 24, 16, 200, 60, 75
John T. Keener, 70, 320, 2000, 80, 272
Jesse Edwards, 95, 105, 2500, 200, 620
Samuel Sands, 35, 5, 250, 5, 93
James Flanigan, -, -, -, -, 10
Jere Halcomb, 75, 85, 1500, 50, 460
P. Boy, -, -, -, -, 197
J. M. Mays, 14, Public Land, 5, 43
H. P. McBryer, 18, 25, 130, 5, 86
Jacob Rink, -, -, -, -, 181
Andrew Sity, 40, 36, 220, 5, 110
John Rink, 15, 65, 400, 5, 130
John Barnett, 40, 75, 325, 10,167
P. Barnes, 27, 91, 400, 10, 174
Isham Sheffield, 80, 132, 1500, 75, 220
John M. Gray, -, -, -, -, 99
David McBreyer, 75, 125, 856, 5, 214
William Gray, -, -, -, -, 102
A. Shepard, 100, 143, 1100, 75, 175
William Burgis, -, -, -, -, 23
A. Elliot, -, -, -, -, 140
Sarah Bethoone, -, -, -, -,23
Alias Morgan, -, -, -, -, 50
W. J. Morgan, -, -, -, -, 70

John Reese, 65, 60, 1000, 200, 230
A. McBreyer, 25, 15, 100, 15, 158
Jehue Littlefield, 25, 15, 300, 10, 120
W. Henly, -, -, -, -, 125
Enoch Owens, -, -, -, -, 190
Wiley Gilliland, 30, 23, 250, 20, 136
Joseph McBreyer, 25, 55, 400, 10, 110
David Patton,-, -, -, -, 32
Edmund, Jordon, -, -, -, -, 67
David M. Gilliland, 90, 50, 1100, 5, 101
Joseph Johnson, 40, 240, 1000, 50, 218
Joseph B. Gray, -, -, -, -, 90
John Choate, 25, 135, 400, 10, 100
Washington Ramsey, -, -, -, -, 150
Allen Gray, -, -, -, -, 55
Jesse Gilliland, 25, 135, 1500, 5, 40
John Ramsey, 25, 165, 250, 10, 117
Andrew Ransey, 30, 10, 300, 5, 122
James M. Ramsey, -, -, -, -, 120
Lewis Rhea, 230, 170, 1200, 300, 1000
J. J. Barker, -, -, -, -, 93
Joel Barham, -, -, -, -, 67
Mary Ross, -, -, -, -, 85
John T. Morgan, -, -, -, -, 70
C.Isbell, 45, 35, 400, 50, 177
W. Reese, -, -, -, -, 93
Thomas McBreyer, 12, Public, Land, 5, 120
John Sity, 70, 10, 800, 10, 280
J. H. Sity, -, -, -, -, 90
Vachael Lankford, 30, 60, 100, 4, 180
Henry Ellis, -, -, -, -, 60
A. Sity, 15, 80, 200, 30, 105
J.Sity, -, -, -, -, 52
E. Wilson, -, -, -, -, 52
G.Ross, 25, -, 250, 5, 245
Jame Burgiss, 15, 65, 300, 5, 254
A. Burgiss, 40, 160, 1500, 5, 120
G. Bolin, -, -, -, -, 240
James Shrum, -, -, -, -, 127
N. Malone, 30, 130, 800, 10, 285
C. Burgiss, -, -, -, -, 26
H. Stafford, -, -, -, -, 84
Phillip Ingle, -, -, -, -, 85
Henry Ingle, -, -, -, -, 90
Jesse Edwards, 130, 110, 2000, 125, 500
C. Malone, -, -, -, -, 40
William Edwards, -, -, -, -, 82
Daniel Ingle, 55, 65, 800, 50, 200
Mary Ingle, -, -, -, -, 128
Nelson Works, -, -, -, -, 115
Reuben Hammett, -, -, -, -, 76
E. Sim, -, -, -, -, 83
James McClendon, 40, 80, 400, 30, 220
William T. White, 22, 18, 400, 5, 157
A. Keener, -, -, -, -, 55
James Scott, -, -, -, -, 130

Nolin Griffin, -, -, -, -, 130
Lawrence Scott, 30, 130, 500, 5, 180
David Bullard, 35, 80, 800, 5, 90
John Stockdale, 42, 38, 400, 5, 157
A. Gilliland, -, -, -, -, 165
W. Ellis, -, -, -, -, 38
G. Ramsey, 30, 50, 400, 35, 220
Thomas P. Morgan, 70, 50, 600, 15, 260
H. Sheperd, 30, 50, 150, 5, 200
William Noble, 45, 195, 500, 50, 550
Jesse Ross, 80, 150, 1200, 100, 540
A. Avery, 150, 194, 1500, 125, 361
Thomas Logan, 40, 240, 400, 40, 185
B. Smith, -, -, -, -, 30
John Webb, 30, Public, Land, 5, 165
William H. Webb, -, -, -, -, 30
W. Harrison, -, -, -, -, 60
Massy Ricks, -, -, -, -, 70
James Gilliland, 20, 100, 350, 5, 144
Littleton Smith, 16, 64, 200, 5, 105
L. S. Littleton, 12, 68,125, 4, 220
John Cox, 36, 84, 300, 15, 350
G. Seeth, 35, 65, 500, 15, 350
John Jack, -, -, -, -, 150
J. P. Elkins, -, -, -, -, 70
H. Griffin, 70, 10, 400, 5, 315
John L. Thompson, 24, 96, 500, 40, 245
John Baily, -, -, -, -, 80
William Morris, -, -, -, -, 28
Willie Bryant, 20, 20, 50, 5, 134
Sol Hall, -, -, -, -, 100
Aaron Hall, -, -, -, -, 710
C. Tiffin, 40, 120, 800, 70, 447
M. M. Nicholson, 135, 265, 4000, 125, 485
Wesley Tolbert, 20, 20, 100, 5, 228
John J. Humphreys, 100, 106, 1700, 125, 1200
Cane Killian, 66, -, 528, 20, 361
William R. Sutherland, 25, -, 300, 20, 92
Elias Killlian, 113, 196, 1850, 160, 785
Daniel Killian, -, -, -, 10, 105
Elizabeth Sims, 50, 64, 600, 15, 260
Edmon T. Goggin, 70, 22, 1500, 50, 342
George W. Crow, -, -, -, 10, 185
Frances Durton, 180, 78, 1800, 150, 615
James Tucker, 90, 130, 1800, 100, 1000
Alexander Bratton, -, -, -, -, 284
Hugh H. Brandon, 100, 68, 1125, 110, 384
Hiram, Newkirk, 80, 70, 750,20, 192
Henry N. Garrette, 80, 80, 1500, 20, 278
Jesse Garrette 45, 115, 800, 50, 160
James Newkirk, -, -, -, 5, 3
John Patterson, 95, 125, 1000, 112, 636
John Ward, 20, 20, 225, 12, 110
Thomas Garrette, 350, 100, 3000, 800, 2009
Phillip Brandon, 15, 25, 700, 5, 100
Thos. G. Smedley, 30, 90, 800, 15, 100

John Lyon, 150, 125, 1500, 60, 475
John J. Stewart, 80, 80, 800, 150, 1434
Casper Hunter, 25, 65, 500, 100, 390
John M. Lankford, 200, 260, 3000, 75, 620
Willis Baxter, 40, 90, 300, 250, 362
Samuel Slaton, 20, 20, 200, 10, 115
Thomas Pinkerton, 50, 30, 350, 15, 130
Samuel Haws, 20, 20, 127, 10, 90
James Field, 70, 125, 600, 15, 200
William Weaver, 35, -, 280, 75, 150
James Baxter, 100, 110, 900, 60, 200
Richard King, 27, 53, 200, 10, 195
Robert Murphy, 300, 200, 4000, 100, 800
Joseph C. Bogle, 130, 75, 1300, 80, 350
Isaac Mcfearson, 30, 50, 300, 60, 200
Thomas Beck, 70, 90, 800, 50, 460
William Chitwood, 18, -, 100, 10, 305
Willoughby Hammack, 60, 7, 500, 10, 150
James Garrette, 40, 40, 500, 30, 200
Daniel Killian, 40, 120, 500, 10, 275
Thomas Lyon, 34, -, 200, 10, 70
James Moore, 260, 155, 1200, 500, 550
Alexander Moore, 50, -, 500, 10, 320
Thomas Hammack, 140, 155, 2000, 600, 971
Francis Swader, 100, 172, 1500, 120, 435
Nathaniel L. Robertson, 12, 28, 100, 10, 200
Daniel Beck, 35, 55, 300, 60, 175
Jesse G. Beeson, 300, 240, 8000, 200, 1068
Granville Gibson, 30, -, 180, 100, 150
Benjamin Wheeler, 35, 45, 200, 10, 200
Jacob Spurgeon, 100, 140, 2250, 100, 650
Nancy Blackwell, 45, 75, 500, 45, 225
Thomas Swader, 40, 32, 300, 5, 80
Thomas K. McSpadden, 91, 44, 1000, 10, 241
Lorenza D. Wellborn, 24, 18, 170, 10, 130
Nathaniel Lomer, 80, 80, 1000, 75, 100
Letetia E. Macfarlane, 220, 20, 2500, 100, 1015
David Spring, 40, 40, 400, 50, 380
Hiram Allen, 250, 325, 4000, 100, 860
Mallon Stafford, 30, 50, 400, 10, 100
John McSpadden, 233, 259, 300, 100, 486
Samuel Stewart, 90, 150, 150, 70, 424
Jesse Featherston, 75, 85, 1200, 10, 160
Andrew Brock, 45, 115, 600, 5, 168
Alfred Davis, 45, 115, 650, 10, 150
James Cunningham, 50, 20, 300, 10, 25
Thomas Bradshaw, 25, - , 50, 8, 125
John Lewis, 75, 80, 775, 110, 452
William Cunningham, 30, 26, 160, 8, 85
Robert M. Hulgin, 30, 90, 450, 8, 85
Elijah Burt, 85, 115, 900, 60, 315
John Frazer, 40, -, 200, 10, 500
Prestley Bryant, 60, 90, 500, 10, 160
Stephen Mays, 40, -, 200, 10, 500
Reuben Estes, 130, 70, 2000, 50, 510
Robert Frazer, 25, 15, 200, 10, 150

Matthias Chitwood, 150, 356, 3050, 90, 793
Jane Collins, 50, 16, 500, 10, 300
John Davis, 45, 40, 550, 95, 400
Jesse Cunningham, 100, 133, 4400, 130, 625
Allen Jack, 100, 210, 3000, 85, 500
Jefferson Jack, 20, 40, 400, 10, 170
Reece Rogers, 100, 278, 1500, 150, 670
James Parker, 35, 45, 300, 10, 120
Thomas Little, 100, 140, 1500, 100, 955
Samuel S. Lackey, 65, 54, 650, 10, 190
Isaac Little, 40, 80, 800, 12, 220
James Tillman, 30, 10, 300, 4, 75
William Little, 30, 10, 350, 8, 150
Levi Little, 25, 25, 200, 10, 100
Washington Bacon, 55, 175, 1250, 150, 525
Joseph Tate, 21, 45, 400, 5, 100
Aaron Tate Sen., 75, 205, 800, 50, 300
Joseph Belcher, 12, 148, 900, 50, 300
Jonathan Gess, 40, 40, 300, 15, 225
Anthony Green, 300, 215, 5000, 150, 1500
Zachariah Belcher, 60, 20, 300, 50, 150
William F. Willis, 45, 35, 300, 10, 300
William Swader, 25, 35, 300, 10, 300
John Wellborn, 75, 125, 700, 90, 250
Robert Stewart, 35, 88, 450, 10, 70
Fielder Coleman, 22, 38, 150, 10, 120
Ambrose K. Lankford, 44, 36, 500, 14, 200
Jesse Gasaway, 55, 65, 800, 10, 290
William H. Poe, 20, 60, 250, 8, 100
James S. Green, 120, 80, 2500, 100, 500
Thomas Bradshaw, 18, 18, 150, 6, 175
Robert Lankford, 16, 24, 100, 8, 150
John Cunningham, 15, 25, 100, 8, 150
John C. French, 45, 35, 500, 30, 300
David Ward, 20, 60, 300, 10, 200
Samuel Welch, 60, 140, 1000, 20, 450
Rebecca Estes, 35, 45, 350, 10, 120
Rachel Mcfearson, 60, 170, 2000, 35, 465
William G. Davis, 65, 110, 700, 10, 210
Isaac Mcfearson, 20, -, 160, 8, 120
Jefferson Haws, 75, 85, 800, 10, 300
Samuel Weaver, 55, 25, 500, 10, 150
Gracey Musgrove, 20, 20, 175, 8, 125
Joberry Coons, 15, 25, 150, 10, 100
William H. Smith, 100, 140, 1500, 100, 675
Jacob W. Gibson, 40, 120, 700, 40, 200
Archibald Ashbury, 15, 25, 100, 8, 100
Jonathan Cunningham, 25, 15, 150, 10, 320
Walker Stewart, 16, 24, 150, 15, 85
David Cunningham, 22, 31, 175, 5, 80
Elijah McCurdy, 120, 274, 2500, 60, 35
Isaac M. Kelly, 36, -, 200, 175, 200
Jesse McCraw, 65, -, 75, 100, 400
Jesse Samp-y, 40, 40, 500, 200, 200
Stephen C. Stratton, 30, 23, 400, 2, 100
William McCloud, 17, -, 100, 10, 100

George Bunden, 30, -, 200, 10, 75
Lewis Collins, 60, 20, 500, 15, 250
John Kean, 65, 55, 800, 15, 200
Elisha Slaton, 10, 30, 150, 10, 60
Martha Privette, 75, 85, 800, 30, 300
Dewitt C. Benge, 70, 90, 500, 10, 200
Elisha F. Clark, 25, 15, 227, 10, 80
John White, 80, 100, 900, 80, 500
Isaac Venable, 80, 40, 800, 75, 250
William Slaton, 30, 35, 280, 5, 130
Vance C. Larmore, 300, 324, 6000, 500, 1465
Montraville Deavenport, 225, 75, 1500, 150, 910
Robert L. Todd, 36, 24, 300, 15, 300
James Deaton, 20, 20, 250, 25, 100
William Thornberry, 100, 90, 1500, 75, 400
Elizabeth Carson, 45, 35, 320, 10, 250
Zachariah Thomason, 75, 78, 850, 25, 665
John Thornberry, 35, 45, 500, 6, 225
William C. Hammons, 30, 43, 700, 90, 300
Thomas Slaton, 80, 22, 600, 10, 275
William Deaton, 40, -, 300, 10, 400
Teletha Murry, 15, 25, 200, 8, 25
George Blanchet, 30, 10, 100, 15, 300
John Parsons, 30, -, 250, 15, 80
John Deaton, 15, -, 100, 10, 65
John Hicks, 60, 100, 640, 20, 250
Samuel Biddle, 30, 50, 400, 10, 150
William Mahethy, 21, 160, 500, 30, 276
Phillip Harewood, 75, 85, 800, 10, 150
Elizabeth Gardner, 80, 120, 1000, 15, 500
James Long, 75, 165, 1000, 15, 413
Jacob Steel, 30, 10, 175, 8, 135
Alfred Long, 100, 485, 2200, 100, 640
Abner Phillips, 60, 60, 700, 10, 150
Jacob Been, 100, 100, 1800, 75, 530
Harvy Nichols, 15, 32, 150, 60, 125
Benjamin Smith, 20, 20, 150, 5, 75
Randolph Stoner, 20, 20, 150, 10, 75
Samuel A. Pucket, 60, 60, 400, 5, 300
Ganes A. Harris, 12, 18, 125, 4, 60
Enoch York, 45, 35, 400, 10, 200
James M. York, 80, 120, 1000, 60, 155
Abner Hughes, 100, 150, 1500, 75, 225
Henry Bryant 20, -, 150, 6, 155
Ellenan Russel, 40, 120, 400, 10,240
William Morgan, 50, 230, 550, 60, 255
Lewis Morgan, 20, 20, 150, 10, 250
John A. Morgan, 34, 130, 650, 5, 110
Mary Holland, 50, 75, 600, 15, 250
William H. Wright, 110, 90, 1500, 80, 670
Isabel R. Gilbreath, 35, 120, 800, 10, 190
William H. Hollowman, 75, 75, 1600, 100, 643
Belcorn L. Deavenport, 70, 90, 1200, 15, 500
David Reece, 25, 40, 100, 15, 150
John Allen, 60, 40, 1000, 10, 175
Edward H. Wade, 50, 10, 500, 25, 358

William Wallace, 60, 60, 600, 50, 115
Rudolphus R. Deavenport, 100, 20, 600, 75, 600
Andrew McDaniel, 40, 120, 400, 100, 300
Orville Deavenport, 200, 340, 5000, 50, 700
John Wheeler, 45, 115, 40, 75, 250
William Keith, 45, -, 200, 20, 100
Richmond Johnson, 32, 48, 400, 10, 200
John Taylor, 30, 50, 500, 10, 180
Samuel Thomas, 13, 27, 200, 10, 120
Mary Conwell, 85, 75, 800, 15, 590
Elijah Boulain, 120, 200, 1600, 150, 400
William Blanchet, 60, 140, 1500, 150, 1000
Preston Blanchet, 25, 95, 400, 10, 200
Samuel Laswell, 70, 190, 1400, 50, 375
James Painter, 50, 90, 1110, 140, 490
Adam Lourey, 60, 60, 800, 20, 300
Levi Lourey, 25, 40, 300, 10, 100
George C. White, 60, 65, 600, 100, 100
John S. White, 65, 100, 750, 150, 490
Paul Howell, 22, -, 100, 10, 110
Clement P. Sadder, 50, 50, 600, 60, 40
James Brown, 20, 20, 100, 40, 75
James Smith, 40, 40, 500, 12, 125
William W. Wilson, 44, 76, 250, 8, 182
Jonathan Blevens, 100, 160, 1000, 75, 230
Shadrach Cross, 60, 100, 600, 10, 150
Reuben Davis, 25, 15, 150, 10, 125
George Cagle, 60, 180, 800, 12, 262
Morris Adkins, 40, 160, 700, 10, 357
Daniel D. Burkhalter, 80, 360, 1500, 65, 257
Daniel Oyler, 40, 40, 150, 14, 200
Johnathan Blevens, 40, 55, 500, 15, 317
Benjamin Tinker, 50, 10, 250, 50, 300
Henry Blevens, 50, 60, 500, 15, 250
Richard Blevens, 150, 150, 600, 60, 1378
Gains Blevens, 100, 80, 1500, 100, 500
Henry Smith, 80, 80, 700, 20, 360
Seabird Cowen, 30, 90, 400, 10, 100
Joshua Hughes, 25, 135, 400, 10, 100
James G. Brown, 15, -, 100, 8, 100
Martin Ashburn, 60, 120, 800, 30, 200
John Hawkins, 60, 100, 1000, 20, 300
Jacob Putman, 35, 505, 1000, 100, 800
Benjamin Hawkins, 40, 60, 150, 10, 120
Joseph Jones, 22, -, 100, 10, 100
Benjamin F. Cook, 45, 115, 1000, 220, 120
Stephen Gatlin, 65, 95, 300, 100, 300
Alexander Hawkins, 30, 50, 350, 10, 175
Charles Middleton, 20, 20, 150, 8, 80
William Cooper, 50, 70, 300, 10, 150
John C. Spears, 20, 20, 150, 10, 75
William Reed, 23, 57, 325, 75, 85
Mary Reed, 9, -, 60, 10, 75
Raleigh Hawkins, 50, 110, 400, 12, 200
Henry Frost, 15, 72, 200, 10, 80
Hardy Painter, 50, 65, 650, 10, 300

James Ellis, 38, 162, 600, 5, 300
Josiah Lusk, 40, 130, 400, 50, 200
Richard Bunden, 30, 90, 300, 10, 200
James Bunden, 140, 180, 1800, 50, 325
Benjamin Lollace, 60, 100, 800, 12, 100
William Lea, 50, 70, 400, 55, 200
Benjamin F. Slaton, 50, 100, 1000, 150, 255
John F. Sizemore, 20, -, 100, 5, 200
Johue Barns, 65, 35, 1000, 15, 500
Burlington G. Hammons, 50, 70, 600, 100, 300
John Hammons, 15, 25, 250, 35, 30
William McCanlas, 25, 55, 250, 250, 35, 30
Gilbert Wright, 20, -, 100, 10, 40
James Wright, 20, 15, 200, 10, 150
Elizabeth Shankles, 75, 85, 500, 10, 400
Eli Bird, 60, 25, 500, 30, 400
Alfred Pemberton, -, -, -, -, 20
Ezekiel Venable, 20, 20, 100, 10, 56
Jane Kean, 35, 60, 500, 75, 400
Thomas J. Wallace, 25, 15, 200, 50, 132
James Drain, 25, 15, 150, 10, 130
John Drain, 20, -, 100, 6, 100
Richard Pemberton, 15, 25, 150, 10, 150
John R. Richards, 21, 19, 150, 10, 123
Daniel McClane, 25, -, 100, 10, 100
Dorah Crownover, 14, 26, 150, 11, 100
Andrew Wells, 24, 30, 150, 10, 100
John Baylers, 26, 54, 200, 10, 150
James Craise, 25, 15, 150, 8, 100
Allen Lea, 60, 140, 1000, 100, 400
William O. Winston, 200, 400, 4000, 1000, 1060
Isaac Hutcherson, 100, 140, 2000, 85, 300
John G. Winston, 90, 330, 1000, 200, 500
James Williams, 20, 20, 200, 10, 150
Jinkins Horton, 20, -, 150, 10, 100
Albert Mitchell, 20, -, 150, 10, 100
Humphrey B. Mitchell, 45, 35, 300, 10, 133
Andrew Chitwood, 70, 120, 1335, 60, 900
Preston Horton, 60, 23, 350, 10, 120
Jesse Horton, 16, -, 100, 8, 230
Samuel McCurdy, 15, -, 90, 10, 175
Nathaniel W. McCurdy, 19, -, 400, 10, 140
John Bynum, 100, 120, 1000, 65, 319
Jesse Bynum, 8, -, 50, 15, 400
William Bynum, 115, 250, 3000, 200, 1000
Aaron Johnson, 18, -, 100, 50, 110
Jeremiah Hickson, 38, -, 100, 10, 265
John M. Franklin, 50, 15, 200, 80, 500
Enos Mcfearson, 30, 10, 225, 50, 225
John Davis, 50, 25, 200, 15, 200
Samuel K. Reynolds, 20, -, 65, 12, 130
Stephen Armstrong, 34, -, 200, 60, 375
James Armstrong, 50, 30, 300, 25, 250
Thompson Abatte, 25, -, 100, 35, 300
Andrew J. Igan, 30, 40, 400, 15, 200
James Jemes, 30, 10, 225, 12, 200

Michael Gray, 15, -, 50, 12, 150
Peter Mason, 50, -, 100, 30, 250
Ryne B. Abatte, 25, -, 100, 15, 365
Peter M. Gilbreath, 40, -, 200, 50, 340
Robertson Raleigh, 25, -, 50, 10, 450
Faron Davidson, 20, -, 150, 10, 125
Alexander McComach, 75, -, 400, 85, 870
Shadrach Clark, 40, -, 50, 10, 120
Thomas Whited, 20, -, 100, 20, 80
Samuel Bun, 70, 130, 1000, 5, 220
Charles Coger, 25, 65, 200, 75, 400
Isaac Steel, 35, 45, 200, 10, 350
George D. Steel, 13, -, 100, 10, 100
James Oneal, 21, -, 130, 64, 400
Benjamin H. Howard, 22, -, 109, 5, 150
Daniel Tankersley, 23, -, 150, 8, 200
Newnan Countess, 29, 25, 100, 20, 280
Hughey Holland, 20, 20, 60, 20, 150
Notley M. Warren, 54, 66, 600, 60, 350

FAYETTE COUNTY

Agricultural and Manufacturing Census for 1850 Microfilmed by the Alabama Department of Archives and History under a Grant from the National Science Foundation

1850 Schedule 4 Agricultural –Dale to Marengo Counties

Filmed for the University of North Carolina from Original Records in the Alabama Department of Archives and History

These are the items represented and separated by a comma; for example John Doe, 20, 25, 10, 5,100
1. Owner
2. Acres of Improved Land
3. Acres of Unimproved Land
4. Cash Value of Farm
5. Value of Farm Implements and Machinery
13. Value of Livestock

The following symbol is used to maintain spacing: (-)

Thos. Walstenholms, -, 240, 300, 6000, 236
B. W. Wilson, 75, 105, 700, 100, 700
Francis Ross, -, -, 150, -, 14
Ezekiel Powell, 20, 60, 250, 50, 250
Joel Rushing, 70, 20, 400, 10, 300
_. G. Kirkland, -, 160, 250, 25, 250
John Freeman, 25, 135, 70, 5, 154
L. J. Tarell, 40, -, 250, 10, 100
R. A. Smith, -, -, -, 50, 125
A. M. Runnels, -, -, -, -, 100
John S. Jones, 22, 18, 200, 10, 373
Thomas G. Boucher, -, 160, 200, 25, 200
J. C. Kirkland, 45, 355, 900, 25, 3457
Spencer Bobo,50, 70, 500, 10, 112
Livingston Bobo, 130, 150, 1800, 135, 565
John C. Moore, -, -, -, -, 180
W. _. Phillips, 75, 165, 800, 125, 260
John C. Robertson, 100, 75, 650, 70, 200
Richard Nickols, -, -, -, 5, 160
Thos. Hollingsworth, 40, 70, 350, 100,500
Jno. H. Ashcroft, 20, 60, 175, 15, 140
Lamb Watters, 5, -, 25, 5, 240
Howell Gillam, 60, 70, 175, 3, -
Willis Pryan (Bryan), 60, 26, 500, 65, 25
Joseph B. Nunn, 100, 20, 300, 60, 300
Francis Ogden, 100, 280, 800, 50, 755
Thomas Wimbuly, 40, 25, 200, 50, 200
F. P. Moore, -, -, -, 10, 20
James Killingsworth, 160, 435, 3000, 75, 575
Jeam Aldridge, 75, 225, 800, 5, 100
Daniel Fowler, 70, 130, 100, 80, 500
Newman McCollum, 150, 150, 650, 150, 600

Jeptha White, 90, 420, 700, 112, 425
William McCollum, 60, 100, 600, 90, 375
Price Johnson, 50, 30, 150, 40, 400
Josiato Cole, 30, 40, 150, 100, 325
Andrew McCaleb, 45, 75, 300, 30, 359
Elizabeth McCaleb, 60, 150, 400, 100, 438
Charles Cock, -, -, 150, 20, 183
John White, 30, 80, 450, 75, 394
Reuben Johnson, 13, 56, 50, 5, 175
Isaac Johnson, 20, 58, 150, 1, 130
John Jeffries, 32, 66, 100, 30, 205
F. Lemons, 50, 30, 300, 50, 190
William Peeh, 50, 178, 325, 50, 190
L. D. Blankenship, 35, 205, 600, 50, 231
Cullen Blankenship, 35, 20, 200, 10, 161
James A. Freeman, 100, 200, 6000, 100, 410
W. L. Harvey, 40, 172, 500, 10, 200
Nicholas Freeman, 30, 40, 400, 10, 150
Jesse Freeman, 40, 40, 500, 15, 200
John Strong, 30, 170, 250, 10, 213
W. _. Glazer (sp?) -, -, -, 2, 13
J. W. McHorse, 24, -, 100, 10, 140
W. J. Blankenship, 15, 25, 130, 75, 135
Jesse Foreman, 50, 110, 200, 20, 220
John Fondren, 15, -, 125, 8, 176
Daria M. Stanley, 26, 56, 400, 10, 190
Alexander Land, 45, 80, 250, 50, 300
Barner Moore, 15, 25, 100, -, 10
William Moore, 150, 220, 800, 40, 591
G.D. Beasley, 22, -, 200, 20, 157
Willie Tipper, 20, -, 100, 10, 50
B.L. Bishop, 35, 20, 200, 100, 235
Troy Griffin, 106, 266, 500, 300, 235
C. B. Willingham, 30, 130, 250, 20, 170
Robert Jones, 50, 30, 150, 30, 80
Richd Davis, 75, 140, 600, 24, 400
Noah A. Fenland, 15, 110, 120, 8, 200
Thompson Perry, 75, 465, 2000, 85, 1000
James A. Page, 50, 150, 250, 6, 207
L. T. Myrick, -, -, 60, -, 190
Thos. Thompson, 30, 128, 500, 55, 668
G. W. Julian, 2, 118, 200, 56, 145
E. Palmer, 35, 75, 550, 75, 301
Augustus Blackburn, 31, 129, 550, 45, 394
William West, 3, -, 30, 15, 40
Doc Patton, -, -, -, -, 250
David Berry, 45, 195, 300, 75, 407
Bailey Trawick, 30, -, 65, 5, 10
James Fargulias, 50, 90, 300, 50, 327
Archibald McCoy, 10, -, 50, 5, 76
Benjamin Dennis, 40, -, 150, 20, 200
William Dennis, -, -, -, -, 18
Jesse Gardner, 50, 78, 150, 21, 123
Wm. C. Berry, 50, 67, 250, 10, 169
Jacob Cook, 38, 25, 50, 25, 150
Wm. H. Berry, 3, -, 40, 10, 141

William Nelson, 1, -, 50, 5, 50
George R. Berry, -, -, 30, 6, 60
Anthony Dell, 60, 60, 400, 277, 680
Edmon Hopkins, 40, 113, 200, 20, 151
G. R. Robinson, 75, 290, 1000, 100, 60
Elihu Melton, 75, 300, 1600, 200, 266
G. W. Freshour, -, -, -, 5, -
George Freshour, 25, 175, 300, 50, 165
John Spears, 18, 100, 100, 6, 79
W. J. Caraway, 50, 110, 600, 125, 115
William Townsend, 13, 85, 250, 60, 125
W. W. Montgomery, 40, -, 200, 25, 365
G. W. Shelton, 30, 120, 400, 30, 426
James W. Wright, 13, 47, 75, 75, 137
James Rice, 65, 175, 700, 60, 425
Spencer Trawick, 22, 138, 600, 10, 299
John Cato, 21, -, 21, 20, 200
William Hogg, 30, 20, 125, 30, 208
H. W. Barton (Harton, Horton), 25, 205, 500, 73, 275
Mary Harton, 40, 200, 100, -, 126
Thomas Davis, 50, 70, 350, 15, 227
Dickson Falkner, 40, 10, 150, 16, 286
Elihu Willingham, 16, -, 40, 5, 72
John Sparks, 150, 659, 1000, 100, 771
Anderson Morris, -, -, -, 10, 95
L. J. Pattison, 90, 280, 465, 102, 845
Richard Winston, 12, -, 25, 8, 83
Samuel Winston, 33, 22, 150, 50, 283
Robert Summerland, 16, -, 50, 10, 88
James McCoy, 21, -, 40, 10, 43
James Jenkins, 20, -, 100, 10, 150
E. Marshall -, -, -, 75, 115
John B. Runnels, 25, -, 150, 20, 186
James A. Roberts, 25, 15, 125, 10, 156
William Casle, 75, 45, 600, 65, 378
W. _. Harvey, 35, 125, 500, 50, 240
Henry Hass, 2, -, 13, 20, 30
Lewis Gifford, 30, 10, 150, 10, 173
Marry Mattel, -, -, 18, -, -,
William L. West, 75, 255, 800, 300, 587
Jacob Crossner, 25, 55, 200, 200, 95
Cummins Gilreath, 20. 79, 200, 10, 109
Aaron Harkins, 30, 100, 400, 15, 205
Elijah Strong, 35, 85, 150, 25, 193
John J. Welch, 65, 145, 300, 100, 250
Lemuel Barton, -, -, -, 5, 65
William Cook, 50, 85, 150, 60, 200
James Ray, -, -, 50, 10, 97
Jesse Right, 25, 15, 100, 25, 100
James Walden, -, -, -, 25, 173
Abraham Howton, 27, -, 80, 8, 164
John Perkins, 30, -, 50, 50, 109
Henry Summerland, 25, 55, 200, 10, 50
M. H. Boon, -, -, -, 60, 140
C. H. Moore (Moons), 14, 66, 250, 70, 210
Henry Berry, 150, 400, 2245, 140, 906

Mary Blad, -, -, 10, -, 40
Matt__ Benjamin, 30, 250, 400, 150, 549
John Kelly, 20, -, 70, 20, 144
John H. Williams, 75, 385, 1500, 5, 490
Joseph Williams -, -, -, -,235
Joseph C. Winstead, 6, -, 30, 5, 64
Mary Marshal, 6, -, 25, -, 10
Amy Bernard, 4, -, 200, 50, 90
James Richards, 30, 170, 200, 20, 140
Joel Baker, 60, 140, 200, 125, 480
Ezekiel Rice, 40, 80, 300, 50, 240
Nicholas Baker, 40, 80, 600, 90, 387
Elijah Howell, 100, 200, 900, 50, 704
Joseph Simons, -, -, -,-, 40
Isaac Willingham, 150, 850, 1250, 125, 900
David A. Collins, 40, 20, 700, 180, 388
Nancy Willingham, 25, 55, 300, 10, 80
Wm. C. Tyner, 20, -, 75, 25, 62
Jackson Glu___, 20, 60, 300, 15, 89
Lin Taylor, 40, -, 100, 70, 200
Wm. M. Davis, 25, -, 500, 50, 250
James M. Taylor, 22, 8, 125, 5, 55
Green M. Jordan, 40, 122, 200, 75, 180
Leroy P. Pappason, 20, 65, 200, 10, 86
Walter Pappason, 30, 30, 200, 70, 85
John Wilson, -, -, -, 6, 178
Jeptha Rice, 30, 200, 900, 79, 376
John Black, 55, 173, 1000, 75, 425
Robert Black, 6, 5, 40, 5, 100
James Brasir, 60, 180, 1000, 100, 460
Littleton Harton, 45, 2450, 1000, 145, 306
Anderson Farquhar, 200, 3600, 3004, 270, 455
Hugh McCoy, -, -, -, 6, 150
Jason Gu____, 4, 40, 200, 25, 297
James J. Payne. 35, 30, 175, 15, 115
Daniel Gaines, -, -, -, -, 36
John Walden, 20, 3, 150, 10, 105
Elijah Ray, -, -, -, 10, 42
John McCool, 20, -, 60, 10, 121
William Freeman, 70, 80, 300, 60, 298
Richard Rainwater, 30, 10, 150, 8, 142
James Howton, 20, 5, 150, 10, 119
R. Gray, 180, 480, 1000, 300, 732
Robert Shepherd, -, 120, 200, 25, 120
John Stickland, 30, 50, 300, 6, 124
Simon Poe (Pov), 35, 15, 250, 50, 185
W. J. Williams, 20, -, 20, 10, 120
G. D. McFarland, 140, 220, 1050, 400, 667
Thomas Lucas, 90, 70, 400, 80, 390
Benjamin McCool, 60, 140, 500, 216, 298
Griffin Trull, 50, 208, 640, 150, 235
G. W. Castles, -, -, 250, -, 240
Calvin Poe (Pov), 25, 50, 300, 100, 320
Robert Traweck, -, -, 90, -, 38
George Traweck, 80, 80, 760, 1, 100
Thomas Poe (Pov), 25, 55, 1000, 100, 240

Barberry Holliman, 45, 55, 200, 200, 217
Richard Griffin, 25, 30, 150, 15, 107
Page R. Bugler, 35, 71, 300, 8, 199
John A Williams, 60, 25, 150, 25, 180
Vincent Cord___, 50, 150, 550, 100, 385
W. G. Ray, 60, 100, 500, 100, 310
B.   A. Oneal, 20, 60, 150, 10, 165
Thomas Blakely, 125, 248, 1500, 125, 594
William Blakley, -, -, -, -, 88
J. G. Williams, 40, 50, 150, 90, 238
Jacob Shepherd, 40, 112, 450, 75, 241
Isaac Shepherd, 40, 128, 700, 50, 309
John Savage, 120, 120, 1000, 130, 569
Andrew McCool, 60, -, 450, 50, 298
Umon Poe (Pov), 120, 600, 1440, 175, 570
William Shepherd, 20, 60, 250, 125, 213
Morgan Rice, 25, 100, 400, 50, 260
William Collins, 22, -, 70, 10, 65
James Beavis, -, -, -, 5, 114
W. F. Ball (Bull), 27, -, 75, 10, 145
Michael Shepherd, 35, 35, 260, 15, 214
Elisha Waller, -, -, -, -, 25
Nathan Wall, 200, 380, 1000, 300, 625
Burrel Parker, -, -, -, -, -
Elcany Ward, 90, 70, 500, 140, 260
Thomas Page, 18, 22, 150, 6, 125
John J. Reynolds, 80, 180, 600, 200, 316
Benj. Reynolds, 55, 145, 500, 45, 299
William McCool, 20, -, 120, 40, 270
W. F. Gray, 65, 135, 500, 150, 492
Lafayette McCool, 30, -,150, 10, 132
Christopher Lowery, 50, 150, 800, 50, 500
Henry Stickland, -, -, -, -, 20
B. C. McCool. 40, 40, 200, 25, 235
Mary Pane, 15, -, 40, 10, 30
Thomas McCool, 12, -, 165, 10, 166
Moses Livingston, 40, 80, 250, 50, 265
Adly Harris, 40, 180, 1000, 100, 435
_. B. Smith, -, -, -, -, 150
William Jeffrers, 90, 110, 800, 100, 437
Right Gardner, 26, 18, 100, 100, 241
Thomas W. Bondlove, 12, -, 60, 15, 124
John Conly, 22, 32, 120, 10, 119
Robert Fullerton, 59, -, 100, 40, 268
Green M. Richards, 75, 370, 800, 250, 624
Alfred Peters, 10, -, 80, 8, 77
E. I. Jackson, -, -, -, -, 56
George Kelly, 25, 35, 200, 30, 218
James M. Kelly, 30, 40, 250, 30, 218
Alfred Lovett, 25, -, 50, 50, 90
Edmund Kelly, 50, 190, 300, 5, 116
William Franklin, 4, -, 20, 5, 109
Allen Banister, 20, -, 85, 10, 137
M. J. Whatley, 50, 140, 800, 50, 395
Beverly Willingham, 30, 190, 1600, 511, 164
Auston Woodward, 100, 190, 800, 155, 614

Madekiah Franklin, -, -, -, 10, -
James W. Roberts, 75, 25, 400, 25, 490
John Freeman, 100, 300, 1000, 200, 560
Robert F. Rickman, 60, 20, 200, 75, 258
John V. Robertson, 35, -, 150, 50, 212
John J. Moore (Moon), 5, -, 10,8,160
Reuben Hendrix, 27, -, 100, 10, 65
George Johnson, 130, 70, 1600, 80, 1000
Elisha Fergason, 20, -, 200, 8, 140
George W. Rice, 75, 45, 700, 12, 325
David Maglathey, 35, -, 150, 10, 145
Robert Perry, 571, 110, 400, 100, 419
Miles Chapel, 40, 80, 1000, 75, 628
Samuel Whitson, 20, -, 150, 75, 620
W. J. Whitson, 30, 52, 300, 50, 205
Benjamin Jones, 115, 315, 1000, 100, 533
Amos Biody, -, -, -, -, -
Thomas Penland, -, -, -, -, 55
Elizabeth Carleton, 20, 20, 150, 5, 85
Jacob Wilson, 20, 20, 300, 10, 152
William Wilcut, 4, -, 20, -, 15
Malinda Hiram, 4,-, 20, 5, 15
Abraham Elemmer, 20, -, 100, 20, 65
Matthew Harbin, 20, -, 150, 10, 215
Henderson Fulerton, 20, -, 100, 5, 112
Young S. Mason, 25, -, 125, 88, 410
Lewis Wilcut, 40, -, 200, 10, 152
Robert Watson, 30, -, 106, 10, 160
Jacob Payland (Paylord), 20, -, 150, 10, 20
John Wallis, 10, -, 40, 5, -,
Isa McMilliam, 35, 5, 150, 30, 315
John W. Hompkins, 10, -, 50, 6, 78
William Turner, 12, -, 110, 5, 120
Burrell Earnest, 15, -, 120, 15, 180
George Handly, 25, -, 100, 10, 160,
William Jones, 12, -, 120, 55, 215
Peggn Smallwood, -, -, -, 10, 150
Hirma Evans, 3, -, 20, 5, 85
James Pov, (Poe, Poo), 50, 100, 400, 12, 226
James Poo, 12, -, 40, 30, 140
Buckner Kimbrell, 35, 24, 500, 12, 170
Reubin Penoliy, 30, 90, 400, 10, 230
W. R. Hiram, 20, -, 200, 50, 275
Lamely, Hiram, 30, 110, 300, 0, 190
Robert Jones, -, -, -, 5, 105
William G. Prillian, -, -, -, 8, 130
Richard Cole, 250, 430, 2000, 400, 847
W. M. Anderson, -, -, -, 100, 420
James R. Switser, -, -, -, 10, 200
William Freeman, 100, 120, 800, 65, 570
Littleton Cele, 152, 350, 2000, 150, 1298
John W. Whitson, 30, 170, 600, 15, 185
Thomas Whitson, 60, 365, 2500, 200, 572
Thomas Willingham, 125, 315, 1500, 125, 845
James C. Harrisn -, -, -, -, 15
John Price, 75, 35, 200, 5, 120

Thomas _. West, 15, -, 50, 8, 55
John Barker, 23, -, 50, 25, 130
James Caller, 4, -, 30, 10, 60
Cyntha Cotton, 20, -, 150, 5, 245
Jefferson Isbel, 40, 100, 550, 150, 375
Lewis W. Jenkins, 40, 180, 800, 50, 185
Lewis B. Harbin, 20, -, 100, 15, 370
Tanitha Cole, 150, 400, 1500, 150, 704
William L. Moore, 4, -, 20, 5, 83
William Edmunds, 20, -, 75, 10, 115
William Brown, 20, 20, 500, 5, 50
Samuel M. Stephenson, 30, 55, 250, 12, 274
John Jones, 50, 30, 200, 60, 102
Silas Biddy, -, -, -, 2,-
Joseph Fondren,15, -, 125, 10, 90
Bennet Pendley, 18, -, 200, 5, 75
Z_oikiah Sims, 85,20, 100, 15, 488
Gilbus Baker, 12, -, 50, 15, 166
Abner Baker, 50, -, 200, 60, 450
Silvester Baker, 10, -, 80, 5, 111
Elihu Barnet, 5, -, 50, 5, 267
 Francis Lollar, 6, -, 15, 4, 61
Merreth Philps, 45, -, 350, 10, 115
John Lowrimon, 50, 80, 1000, 300, 403
William Gillum, 12, -, 47, 5, 125
David Castleberry, 12, -, 120, 5, 70
Walter Hammer, 12, -, 100, 5, 70
Samuel Splin, 40, -, 100, 5, 95
William G. Vanzant, 18, 25, 150, 10, 127
James Pippel, 25, -, 200, 25, 15
Simon Randolph, -, -, 20, 5, 90
Jeptha Billingsly, 40, 10, 300, 40, 490
Calvin Panter, 45, 115, 450, 15, 265
James Wright, 8, 32, 150, 5, 75
Jody Wright, -, -, -, -, 30
William Berry, 140, 280, 1500, 125, 470
Sarah R. Johnson, 50, 70, 500, 160, 710
William Baker, 100, 260, 1100, 150, 620
Lewis Jenkins, -, 280, 500, 140, 425
William Tune, 30, -, 100, 20, 150
James Ellis, 10, -, 100, 20, 150
Jas. L. Herring, -, -, -, -, -
James Wright, 20, -, 40, 10, 128
D. M. Foro, 20, 100, 300, 10, 110
George Runnils, -, 40, 50, 10, 54
James McCabb, 45, 25, 400, 15, 325
Wadehampton Wallis, -, -, -, 2, 55
Balson Merk, 30, 90, 200, 30, 415
Valentine Vanhoose, 20, 60, 40, 60, 185
S. B. Collins, 30, 80, 200, 5, 32
Jonathan Howton, -, -, -, 15, 119
P. P. Pecun (Peden), 6, -, 30, 6, 52
James Landerdale, 250, -, 50, 10, 260
Thomas Landerdale, 140, 60, 800, 150, 410
Edwin Harris, 35, 40, 350, 100, 650
James. _. Gregory, 41, 79, 300, 75, 540

James Boruls, 50, -, 150, 15, 245
Jonas Webb, 30, -, 150, 5, 120
Martin Fowler, 20, 20, 350, 10, 150
Richard Fowler, 30, -, 250, 10, 190
David P_nce, 30, -, 50, 70, 412
John Fowler, 5, -, 15, 85
Harris Brasil, -, -, -, 5, 90
John Dobbs, 30, -, 125, 50, 100
George W. Brasil, 12, -, 65, 6, 75
Benjamin Fowler, 30, -, 100, 5, 65
James Lemons, -, -, -, -, 40
Moses Williams 13, -, 50, 20, 85
Charles McClain, 45, 150, 500, 65, 504
William Appleton, -, -, -, -, -
Elihu Randolph, 60, 20, 250, 20, 130
Levi Taylor, 70, 130, 500, 200, 756
John W. Woodward, 30, 90, 350, 20, 148
William Jeffreys, 4, 36, 200, 4, 55
Mary Biggin, 20, 310, 250, 10, 125
David Studdard, 20, 20, 150, 10, 215
Sherwood Davis, 45, 35, 200, 55, 412
William McFerland, -, -, -, -, 20
Thomas Spureon, 30, -, 115, 100, 410
Thomas M. Goddard, 30, 50, 250, 15, 215
Richard Thornton, 35, -, 25, 40, 200
Sarah Herring, 9, -, 40, -, 80
George W. Goddard, 12, -, 70, 10, 110
Samuel Studdard, 15, -, 50, 10, 100
James Studdard, 35, 45, 200, 10, 260
George W. Smith, 9, 151, 150, 30, 125
Jesse Filer, 20, 20, 150, 10, 254
William Hall, 15, -, 70, 10, 150
Robert Mouny, 20, 20, 200, 12, 300
Thomas H. Lay, 5, -, 30, 5, 85
Thomas H. Lay, 40, 40, 200, 30, 173
James Huse, 18, -, 200, 15, 120
James Besson, 3 -, 20, 5, 70
Samuel Kirk, 20, -, 80, 10, 46
Joseph Allen, 15, 25, 150, 20, 85
Lorenso Bailey, 2, -, 15, -, 56
James Sperse, 18, -, 80, 8, 108
Danil Michel, 40, 180, 150, 25, 345
John Birdwell, 30, 60, 150, 15, 142
Jobo Johnson, 12, 28, 250, 20, 360
John P. Phillips, 60, 100, 700, 100, 302
William Grant, 40, -, 100, 10, 145
Ashley Aldridge, -, -, -, 120, 244
Pleasant Johnson, 10, -, 75, 20, 50
George Hallmark, 30, 90, 300, 65, 380
Isaac Alriad, 20, -, 50, 20, 234
James Pickle, 7, 113, 800, 5, 277
Robert Brown, 14, 164, 400, 200, 286
Preston B. Phillips, 50, 170, 625, 150, 400
David Thornton, 80, 1420, 1500, 250, 635
Levi Marshall, 40, 75, 300, 100, 302
Sarah Dunning, -, -, -, 10. 80

Joseph McCollum, 10, 30, 200, 150, 253
Danil Smith, 50, 30, 500, 200, 524
Limon Tucker, 30, 10, 200, 10, 140
John Tidwell, 15, 11, 40, 5, 135
Calvin Tidwell, 40, 30, 50, 6, 114
Benjamin Dyer, 15, -, 40, 3, 80
William Blackburn, 20, -, 40, 60, 175
Jesse Webb, -, -, -, 25, 115
William Erwin, 26, 62, 100, 12, 290
James M. Hallmark, 4, 36, 150, 30, 144
John D. Crow, 28, 52, 200, 45, 154
W. H. Halmark, 20, 20, 200, 60, 210
Lewis Wimberly, -, 40, 100, 5, 20
George Lusk, -, 4, 25, 6, 60
A. W. Wimberly, -, -, -, 12, 75
George White, 50, 250, 550, 20, 165
Martin Aldridge, 20, -, 50, 75, 165
Acy Wilkes, 40, -, 50, 10, 332
Martin Aldridge, 1, -, 20, 10, 110
Barsilla Dobbs, 50, 20, 50, 8, 120
Russell Sparks, 26, 54, 300, 8, 290
William Sparks, 75, 150, 500, 25, 278
John Hollingsworth, 130, 4000, 1900, 300, 780
Danil Faro, 35, 95, 600, 50, 265
Abner Coats, 45, 115, 600, 100, 370
James Faro, 30, 300, 900, 15, 263
Moses Waters, 25, 145, 600, 15, 255
Danil Coggin, -, -, -, 5, 755
W. R. Smith, 125, 115, 1000, 30, 340
P. M. Hall, 30, 53, 200, 15, 91
Elisabeth Hunt, -, -, -, -, -
Levi Linosry, 30, 9, 500, 50, 182
James B. Morton, 40, 266, 600, 300, 805
Esekiel Mace, -, -, -, 12, 155
William Nickols, -, -, -, 35, 186
Newton Braton, -, -, -, 10, 40
H. J. Wiss, -, -, -, 3,-
Jonas Whitley, 50, 160, 500, 50, 254
William Burnam, -, -, -, 3, 80
James Ward, 25, -, 40, 10, 188
Robert Logan, 75, 125, 250, 395, 747
Milton Gage, 20, -, 85, 8, 85
Ferguson Kelly, 8, -, 35, 5, 23
William Kokesl, 40, -, 125, 8, 212
Joseph Smith, 80, 70, 1000, 8, 168
William P. Murray, 20, 60, 600, 10, 100
James Pov (Poe, Poc), -, -, -, -, -
Simpson Alley, 30, 130, 250, 50, 155
E. P. Jones, 100, 220, 500, -, 130
W. T. Whitly, 30, 70, 250, 20, 156
Susan Caple, -, -, -, 3, 15
William Nickols, 75, 205, 700, 300, 330
George Ward, 20, -, 75, 10, 116
Mary Jones, 40, 32, 300, 50, 154
Darcas Howton, 160, 560, 1800, 125, 518
Samuel McCraw,55, 117, 600, 50, 327

Thos. B. Thorntry, 53, 395, 2000, 75, 368
Jacinth Bryan, 50, 160, 1000, 50, 347
James M. Cochran, 115, 85, 600, 100, 472
Mark Russell, 40, 100, 400, 150, 300
M. C. Knighter, 28, 46, 200, 7, 124
J. S. Clifton, 27, 25, 270, 7, 124
Gabella Murt__, 40, 120, 150, 10, 572
A. Davis, 100, 140, 1250, 100, 465
W. H. Whitley, 17, 70, 200, 15, 283
Richd Dickerson, -, -, - ,5, -
W. Rogers, -, -, -, 5, 40
Thomas N. Faslan, 70, 210, 1000, 50, 329
S. M. Prewit, 200, 600, 1200, 300, 1525
C. S. Stewart, 70, 230, 1000, 275, 443
W. T. Austin, -, -, -, 10, 105
Joseph McClure, 55, 40, 600, 150, 415
G. W. Mclane, 12, 68, 600, 80, 220
George M. Hubbert, 170, 660, 2000, 100, 615
James M. Morrow, 100, 140, 1000, 125, 606
John Clois___, 150, 120, 570, 150, 231
Jas. P. Haletrn, -, -, -, 10, 208
R. G. Mims, 50, 110, 1000, 250, 440
Mary Mims, 80, 550, 2000, 20, 200
Stu Pearsin, 55, 48, 400, 125, 328
G. W. Thompson, 50, 120, 400, 20, 208
John _. Davis, 60, 170, 300, 208, 265
James A. West, 30, 40, 200, 12, 109
James M. Montgomery, 90, 190, 1500, 150, 890
H. D. Roycraft, 2, 40, 100, 150, 107
William Thrombro, 200, 140, 2000, 75, 369
Walter Haskins (Harkins), 50, 260, 400, 100, 354
Charles Haskins (Harkins), 15, 105, 480, 5, 280
James Stephens, 5, -, 50, 8, 102
Moses Moen, 50, 150, 500, 70, 225
Robt. Henson, -, -, -, 5, 18
Lewis C. Jones, 25, 175, 400, 5, 80
Jesse Jones, 23, 77, 90, 100, 437
Larkin Stewart, 43, 177, 50, 75, 420
Andrew Hatbert (Hathert), 30, -, 100, 10, 337
Jas. K. McCollum, -, -, -, 500, 883
James Randolph, 20, 34, 150, 95, 363
L. D. Randolph, 4, 40, 100, 5, 165
Thos. Fernton, 35, 205, 500, 60, 207
John McCabb, 30, -, 100, 10, 57
Newmion McCollum, 25, -, 130, 25, 225
William Wimberly, 20, 50, 100, -, 60
L. D. Walker, 80, 48, 350, 75, 312
Henry Tidwell, 20, 20, 40, -, -
William Hatbert (Hathert), 20, 20, 100, 5, 28
Wilson White, 50, -, 150, 50, 150
J. D. Hartsook, 60, 550, 700, 50, 210
Josiah South, 30, 660, 600, 40, 142
J. J. Stewart, 70, 40, 400, 125, 365
Robt. Austen, -, -, -, 5, 50
Mary Stewart, 75,625, 2000, 155, 1052
Wesley Musgrov, -, -, -, 5, 105

Steto Roberts, 30, 50, 100, 15, 300
William Horn, 70, 310, 900, 100, 531
Francis Porter, 1, -, 30, 8, 36
G. W. Strawman, 30, 150, 200, 25, 70
Richmond Gilpero (Gilferd), 80, 200, 1000, 100, 775
Spras Foam, 20, 88, 280, 50, 196
W. B. Campbell, 5, -, -, 5, 45
Run___ Jones, 60, 80, 400, 10, 288
Thos. L. Davis, 20, 20, 150, 10, 133
Thomas McGill, 55, 70, 500, 50, 340
W. C. Moon, 40, 200, 600, 100, 420
John Crawford, 3, -, 25, 3, 31
Liles Box, 60, 265, 800, 100, 595
Joseph Henn__, 6, -, 75, 40, 174
James Farquhar, 40, 30, 200, 9, 204
Michael Wright, 70, 270, 700, 80, 385
Cowin Wallis, -, -, -, -, 18
George Berry, 30, 70, 300, 15, 200
Susan Berry, 15, 55, 150, 10, -
Elisabeth Moon, 35, 335, 600, 75, 313
Margaret Henry, 20, 80, 200, 5, 128
Robt Johnson, -, -, -, 10, 125
Indy Lindsey, 30, -, 200, 12, 230
Robt. Ward, 30, 60, 300, 15, 214
Sarah Perkins, 60, 20, 250, 20, 205
W. O. Strickland, 40, 40, 300, 75, 195
C. C. Stewart, 150, 50, 1000, 500, 797
William Stewart, 20, 20, 50, -, 205
Buckner Moseley, 25, -, 100, 10, 135
Samil Perkins, 50, 20, 250, 20, 132
Mehail Shipton, 150, 600, 2600, 500, 470
Legrand Shipton, 35, 100, 300, 500, 320
Isaac Norman, 40, 40, 400, 100, 306
John Basil, 70, 40, 200, 110, 275
Many Bradshaw, -, -, -, 8, 100
John Sanders, 3, -, 30, 10, 46
Thomas Porter, 20, 110, 100, 5, 168
John Porter, -, -, -, 5, 32
Jesse Porter, 30, 50, 200, 15, 165
Eli Loury, 50, 30, 200, 15, 138
W. Morrison, 8, -, 30, 10, 70
Matthew Davis, 45, -, 200, 25, 603
James Holliman, -, -, -, 5, 25
John McKee, 4, -, 75, 70, 117
William Howtton, -, -, -, 10, 60
E. G. Haris, -, -, -, 5, 180
Quincy Gardner, 25, -, 100, 6, 60
Cader Guin, 25, -, 100, 25, 227
William Holly, -, -, -, 8, 90
John O. Hartin (Martin), 70, 250, 1200, 80, 502
Danil Sheffield, 20, -, 50, 10, 160
William Clifton, 75, 45, 400, 100, 256
Elijah Baker, 20, -, 25, 5, 75
David Druman, 20, 180, 400, 70, 160
Lindy Gray, 40, 40, 20, 3, 80
Richd Walden, 8, -, 25, 5, 85

William Ward, 25, 175, 350, 50, 160
Pushy Miles, -, -, -, 60, 90
Thomas Stilmore, 12, 28, 150, 10, 100
Sego Ward, 25, 15, 75, 20, 95
John Culberson, 9, -, 40, 20, 120
Robt. Nuckols, 60, 360, 1000, 330, 358
Stachey Johnson, 16, 26, 700, 10, 271
Lewis Crow, 60, 100, 400, 100, 530
Aurburn Mekols, 25, 36, 125, 45, 15
Franklin Ward, 9, -, 50, 1, 91
W. A. Wright, 35, 75, 300, 327, 289
Maron Box, 40, 95, 400, 50, 324
W. Farquhar, 40, 25, 300, 125, 259
Polly Perkins, -, -, 10, -, 18
Gyr H. Moon, -, -, -, -, 75
W. C. Dags, 50, 100, 300, 100, 770
Moses Riker, 30, -, 50, 25, 115
Jack Petty, 35, 20, 125, 35, 376
Benjamin Penington, 60, 300, 600, 40, 335
James Petty, 30, 20, 125, 30, 200
William Penington, 40, 40, 250, 60, 217
C. M. Marlow, 65, 55, 300, 95, 254
Michim Corder, 25, 30, 200, 3, 104
Martin Penington, 40, 200, 500, 75, 227
Henery Penington, 35, 45, 300, 55, 187
Thomas Johnston, 50, -, 50, 45, 90
Salomon Penington, 50, 100, 300, 20, 250
Jesse Penington, 50, 44, 250, 25, 320
Isaac Wilson, 26, -, 50, 6, 70
Jesse Taylor, 50, 80, 400, 25, 147
Lemuel Smith, 25, 55, 200, 40, 331
Joseph Stone, 25, 40, 200, 75, 182
Robert D. Givins, 30, 190, 500, 65, 153
James Y. Butcher, 20, 28, 200, 5, 127
Samuel E. Givings, 15, 25, 250, 4, 99
Henery A. Fergison, 16, 25, 150, 5, 114
Alexander Young, -, -, -, 75, 199
James A. Givings, 30, 170, 800, 15, 104
Charles T. P. Palmore, 60, 60, 400, 80, 321
Michel Williams, 20, -, 60, 5, 45
John A. Thompson, 15, -, 701 8, 150
Daniel Marchant, 30, -, 80, 15, 120
James Herries, 70, 10, 150, 65, 203
George L. Burns, 60, 100, 300, 40, 300
Jacob _. Williams, 25, -, 100, 10, 97
Joseph Strawbrigg, 100, 60, 500, 70, 425
Robert Strawbridge, 35, -, 30, 50, 88
Allen Jordan, 225, 115, 1200, 200, 840
James W. Clearman, 55, 185, 700, 75, 345
Nathaniel McAdams, 30, 50, 200, 5, 194
Thomas Thompson, 100, 500, 1000, 50, 344
William Thompson, 18, 120, 240, 5, 128
William C. Montgomery, 35, -, 70, 5, 60
William D. Clearman, 65, -, 100, 5, 135
John _. Clearman, 16, 17, 300, 35, 270
Benjamin Savage, 30, 90, 240, 5, 334

Robert Turner, 95, 195, 625, 85, 830
John G. Nall, 20, -, 85, 15, 103
Ransom E. Still, 50, 20, 100, 10, 53
William Murphey, 20, -, 40, 7, 50
William W. Walker, 45, 115, 700, 15, 155
Stephen Smyth, 35, 30, 125, 10, 171
William Ayers, 20, -, 75, 7, 89
William Penington Jun., 50, 290, 460, 30, 368
Robt. Beasly, 45, 115, 500, 15, 169
Joseph Penington, 50, 90, 300, 40, 172
John Gilmore, 30, 160, 500, 3, 602
Joseph Cotton, 20, -, 50, 9, 82
Arther Ayres, 100, 200, 300, 50, 409
Uriah M. Laine, 30, 20, 80, 5, 130
Benjamine Jones, 35, 24, 70, 8, 145
Richards Hankins, 40, 35, 150, 30, 238
John M. Hankins, 80, 120, 200, 10, 528
Thomas W. Springfield, 30, 130, 200, 10, 176
John McGill, 40, 160, 175, 8, 134
Stephen Hankeny, 100, 130, 500, 350, 895
Elizabeth Oaks, 100, 60, 600, 50, 230
Jeramiah Restor, 40, -, 200, 20, 400
Jack Smith, 200, 500, 1943, 225, 900
James Fowler, 100, 150, 600, 60, 565
Jams H. Wilson, 20, -, 55, 5, 260
Mary Powel, 30, 90, 180, 5, 244
Richard Duke, 45, 115, 220, 73, 794
John B. Esterwood, 25, 15, 150, 15, 121
Amos Smith, 300, 500, 1000, 65, 422
George Collins, 100, 600, 300, 70, 725
George W. Collins, 25, -, 100, 10, 138
Aubritton McDaniel, 40, 300, 700, 55, 383
Cullin McDaniel, 20, -, 50, 5, 116
Bradford McDaniel, 16, -, 100, 5, 119
John C. Johnston, 40, -, 200, 100, 249
A. B. Shurfield, 70, 125, 1000, 10, 270
George W. Smith, 48, 160, 500, 75, 397
Marsheal James, 21, 65, 500, 10, 134
William W. Johnston, 24, -, 30, 5, 100
Jacob H. Cline, 25, 35, 160, 5, 174
Tilis M. Rainwater, 15, -, 25, 5, 111
Morris Gwin (Givins) 45, 66, 40, 100, 237
William Guin, (Gain), 12, -, 50, 5, 150
James A. Scott, 100, 460, 1000, 300, 451
William A. Scott, 14, -, 100, 10, 126
Tittle G. Faytor, 75, 45, 900, 35, 253
Thomas Rodgers, 25, 55, 200, 8, 120
Luis Bobo, 30, 200, 650, 125, 400
Willliam Bobo, 30, 40, 100, 5, 76
Edward Bobo, 20, 70, 225, 5, 128
Steven Yarbrough, 40, 50, 675, 125, 292
John Anthony, 13, -, 30, 5, 80
Robert McMin, 65, -, 200, 75, 274
Willis Yarbrough , 30, -, 150, 10, 169
Hiram Smith, 100, 200, 1000, 324, 575
George Edwards, 20, -, 50, 5, 121

Absalem Bobo, 70, 170, 600, 60, 252
Spencer Weathers, 16, -, 85, 5, 130
Joseph Springer, 35, 55, 500, 40, 97
William M. Waldrep, 12, -, 35, 10, 80
David J. Cropley, 16, -, 100, 5, 95
Samuel Hindman, 35, -, 200, 10, 320
Miles Rainwater, 14, -, 75, 5, 95
John Newman, 20, -, 50, 5, 45
Penum R. McDanide, 16, -, 35, 7, 115
Andrew Johnston, 18, -, 75, 8, 46
Francis L. Winter, 35, -, 100, 25, 591
Isaac Hancock, 40, 120, 200, 100, 188
David Loptice, 62, 200, 700, 286, 362
Peter Gillum, 42, 78, 150, 15, 265
Benjamin Davis, 19, -, 65, 6, 145
John Sims, 40, 240, 550, 7, 168
Lemuel Moseley, 20, -, 100, 16, 143
Isaac H. Sanders, 40, -, 100, 8, 132
Sidney C. Hopkins, 30, -, 100, 12, 185
Thomas Taylor, 80, 80, 600, 112, 392
Pinkney Lanford, 20, -, 75, 41, 169
James M. Collins, 25, 25, 150, 66, 267
James Brock Jones, 60, 100, 800, 60, 515
Bartley J. Gevin, 30, -, 120, 40, 287
Nathaniel Brandon, 67, 120, 600, 190, 1241
Josheph Shaw, 100, 20, 150, 115, 177
William Oats, 75, -, 170, 12, 10
George W. Reeves, 20, -, 75, 38, 84
William B. Matox, 20, 20, 150, 40, 290
Gilbert _. Gewin, 50, 30, 250, 6, 195
Eli Welsh, 60, 25, 150, 12, 420
E. B. Threate, 40, -, 150, 10, 190
Levi Gewin (Gervin), 30, 20, 200, 50, 224
John Bell, 30, 90, 300, 7, 145
Thomas K. Aliles, 30, -, 260, 6, 95
Benjamin Marshel, 15, -, 75, 6, 75
Richard R. Porter, 16, -, 50, 5, 137
Green B. Taylor, 75, 10, 150, 700, 390
Joseph L. Crawford, 12, -, 40, 6, 50
Janes Robison, 20, -, 100, 5, 154
Peter C. Wheeler, 25, 55, 150, 7, 219
Andrew J. Wheeler, 120, 280, 800, 20, 325
Burrel Milikel, 16, -, 24, 8, 40
Richard C. Livingston, 27, 33, 350, 10, 245
Isaac T. Brooks, 25, 15, 150, 2, 92
Daniel Molloy, 16, 64, 160, 10, 75
Samuel Sirratt, 30, 30, 150, 15, 200
James Reddus, 50, 470, 1200, 160, 481
William Carder, 55, 145, 800, 85, 230
John Deal, 35, 45, 300, 45, 202
Moses H. Demman, 25, 55, 200, 50, 205
Daniel Molloy Sen., 45, 75, 500, 40, 237
William A. Williams, 60, 100, 500, 195, 645
Benjamin F. Boswell, 12, 28, 125, 6, 40
Pherobe McManis, 15, 25, 200, 12, 170
James W. Wilson, 18, -, 100, 4, 80

Benjamin Penington, 20, 90, 300, 70, 317
James M. Penington, 35, 45, 400, 15, 185
William Penington, 15, 25, 150, 7, 108
Ransom Mansom, 30, 50, 450, 27, 172
Charles F. Bets, 150, 550, 3000, 70, 1020
Arthur Young, 30, 500, 400, 20, 164
Evard Dowsing, 100, 260, 2000, 100, 294
John M. Kirk, 120, 200, 4000, 150, 505
Charles Janegon, 30, 50, 400, 40, 305
Alford E. Williams, 20, 170, 400, 60, 298
Willilam N. Givings, 20, 20, 125, 25, 230
Elias Moreland, 20, 80, 400, 10, 124
Brackston W. Smith, 34, 225, 800, 40, 260
Robert W. Montgomery, 17, 23, 300, 40, 157
John Cockerham, 50, 120, 650, 70, 225
Jacob D. Williams, 24, 96, 300, 12, 180
William M. Greer, 30, 90, 420, 75, 267
Peter B. Montgomery, 100, 200, 1330, 555, 661
George D. Brown, 30, 250, 700, 125, 236
Bartholoemu Laurence 67, 127, 500, 70, 404
Robert Shaw, 40, 320, 1000, 100, 284
James Smith, 14, -, 50, 10, 126
Lockhard Lampkins, 50, 310, 100, 16, 355
Andrew J. Hays, 18, -, 40, 10, 155
John Hays, 140, 740, 1600, 260, 861
James Elis, 60, 20, 200, 200, 160
Robert H. Brown, 23, 35, 75, 5, 129
Elijah Cockerham, 50, 160, 500, 115, 355
James Brown, 55, 30, 300, 40, 178
Ambers Buckhannon, 25, 15, 150, 5, 88
John Bohannon, 15, -, 50, 5, 100
James W. Wettars, 20, 20, 100, 35, 274
William F. Maloy, 15, 65, 200, 12, 114
Henry Wilcox, 15, -, -, 5, 115
Thomas Maloy, 30, 91, 500, 6, 150
William M. Merchan, 40, -, 150, 40, 276
Green B. Dobbins, 16-, -, 40, 8, 65
William H. Smith, 50, 50, 200, 60, 236
Stephen Cash, 40, 49, 150, 100, 145
Henery Cash, 19, -, 47, 7, 170
Jesse Weathers, Sen., 30, 170, 600, 45, 167
Renoly G. Smith, 40, 100, 600, 590, 221
Robert Wr_ery, 60, 50, 500, 8, 125
William J. Johnston, 17, -, 75, 3, 97
William Johnston, 35, -, 150, 70, 225
Joseph A. Dobbins, 75, 300, 1000, 250, 965
John Wilson, 16, -, 50, 12, 118
Gram Neal, 40, 120, 300, 40, 195
Jesse Weathers, 35, 70, 30, 20, 200
Andrew Dame, 60, 100, 400, 100, 214
A. B. Barnett, 14, -, 20, 12, 115
William Bowin, 18, -, 70, 5, 12
William Dunn, 20, 70, 300, 7, 28
John H. Brewer, 45, -, 150, 25, 125
Benjamin Griffin, 20, -, 50, 8, 130
Andrew J. Fowler, 20, -, 100, 10, 111

Ferdinand Odom, 40, 120, 200, 10, 115
Alford Poe, 95, 185, 1200, 100, 589
Benjamin S. Smith, 25, -, -, 8, 127
William W. Smith, 20, 20, 150, 75, 160
Welter Holiloot, 25, 20, 50, 75, 160
Oliver P. Poe, 45, 159, 600, 70, 176
Joab Watson, 20, -, 100, 10, 90
William D. Jackson, 35, 65, 300, 45, 27
James W. Smith, 40, 160, 500, 6, 50
Jeptha Seay, 30, -, 100, 30, 208
William P. Rusk, 100, 200, 1000, 300, 775
Alford Debora, 20, -, 60, 5, 144
Robert M. Beard, 20, 35, 50, 18, 95
Jesse Waddle, 70, 900, 1000, 25, 280
Andrew J. York, 38, 2, 60, 30, 163
Samuel J. Mordice, 23, 210, 250, 50, 382
James H. Pritchet, 20, -, 50, 20, 77
William A. Cash, 18, -, 30, 7, 226
William Dunn Jun., 15, -, 75, 2, 37
Jane Fergison, 30, 50, 200, 5, 312
Henery Pritchet, 15, -, 100, 5, 224
Strawder Matox, 20, 60, 125, 5, 117
Jonathan Neal, 25, -, 40, 10, 96
James Barron, 35, -, 70, 100, 275
Martin Laurence, 16, -, 130, 15, 257
Jeramah F. Shaw, 23, -, 80, 8, 133
Jesse J. Weder, 17, 35, 250, 5, 248
Duncan S. Murray, 150, 60, 760, 220, 388
Miles G. Rigs, 25, 295, 500, 10, 56
William J. Holmger, 15, 35, 150, 5, 40
Christofer Fist, 20, 300, 400, 6, 111
Michel Ray, 18, 22, 150, 6, 89
Thomas Miles, 18, 22, 150, 6, 136
Mary Todd, 17, 23, 150, 5, 138
Edward J. Kamp, 50, 10, 150, 100, 348
John Wright, 25, 20, 100, 60, 279
Oliver W. Ship, 80, 665, 2000, 200, 950
Asberry W. Arnold, 25, -, 200, 60, 195
William J. Keleham, 15, -, 20, 50, 90
William Wilsom, 40, 80, 300, 60, 343
William L. Mosley, 60, 220, 800, 6, 135
John J. Scott, 45, 75, 300, 15, 262
Richard I. Murry, 150, 351, 1800, 150, 594
Jesse Taylor, 30, -, 150, 20, 255
Wiley Miles, 45, -, 150, 20, 223
Jesse Horn, 70, 50, 300, 40, 342
Jackaners Hester, 30, 50, 150, 7, 264
Lewalin Moore, 70, 480, 700, 125, 596
Elijah Moore, 40, 120, 800, 125, 262
David J. Self, 22, -, 75, 5, 84
Enoch Dodsin, 125, 395, 1300, 90, 480
Weslley C. Cornelius, 30, 70, 300, 6, 192
John McClaur, 140, 100, 600, 120, 590
Philip Woods, 30, -, 125, 60, 330
Richard Collins, 22, -, 100, 20, 174
David L. Hawkins, 35, -, 100, 10, 150

Samuel E. Webster, 40, 80, 150, 5, 125
N. M. McCraw, 30, 25, 100, 6, 218
Edward Barns, 30, 20, 110, 25, 279
Burrell Brown, 25, -, 100, 6, 250
Hurbert Sugs, 50, -, 200, 75, 434
Jaccob Linley, 30, -, 100, 6, 254
William Welsh, 36, 64, 200, 40, 313
William Turner, 33, -, 50, 5, 20
James Midelton, 40, 80, 300, 6, 508
Niveah Halaman, 12, -, 90, 56, 250
John Stewart, 100, 80, 500, 70, 572
Ezekiel Powel, 55, 50, 350, 35, 410
John Roberts, 35, -, 150, 16, 215
Wesley Dodson, 60, 30, 300, 10, 304
David G. W. Hester, 25, 40, 200, 46, 232
John S. Brock, 75, 125, 275, 100, 389
James Yearly, 35, 25, 200, 10, 122
Aaron Yearly, 12, 68, 400, 5, 172
Alford Brock, 65, 30, 300, 90, 850
Jethro Barns, 50, 100, 300, 75, 1093
Eli Northam, 40, -, 200, 20, 327
William Kennedy, 30, 10, 175, 5, 66
E. L. Hughey, 30, 77, 250, 60, 299
John W. Collins, 60, 120, 400, 365, 344
James M. Dodson, 15, 45, 150, 60, 112
William Willis, 50, 30, 300, 80, 360
Alexander M. C. Collins, 40, 50, 300, 60, 243
Decater Hides, 25, 55, 200, 10, 80
Susana Stone, 26, 120, 400, 10, 41
John E. Stone, 13, -, 39, 5, 109
Littleton Capels, 30, -, 175, 40, 294
Jowel Edwards, 15, -, 30, 5, 90
Eley Reeds, 100, 60, 500, 20, 60
Samuel H. Porter, 18, -, 100, 40, 123
Reuben A. M. Powel, 40, 40, 350, 8, 240
Sarah Powel, 45, 35, 300, 40, 260
Haywood Lanston, 100, -, 400, 80, 260
Samuel R. Porter, 25, -, 85, 6, 174
Jesse Langston, 85, 35, 500, 175, 670
L. M. Claring, 35, -, 150, 7, 385
William C. Thomas, 15, -, 50, 6, 147
William A, McCloung, 35, -, 150, 7, 95
James Brock Sen., 100, 700, 100, 250, 722
Ezekiel A. South, 35, 55, 200, 55, 227
John B. Lanston, 20, -, 20, 45, 184
James Neil, 18, -, 70 3, 120
James McCloung, 60, 80, 300, 65, 752
Nimrod Dodson, 70, 200, 600, 75, 214
Horace Dodson, 37, 32, 200, 200, 355
Milton Dodson, 18, -, 40, 5, 109
Bolinger W. Street, 40, -, 200, 50, 190
Penulepa, Langston, 30, 50, 200, 38, 267
Willisom Watson, 20, 60, 250, 10, 112
John M. Thompson, 30, 210, 300, 100, 249
Hiram Edwards, 35, 125, 250, 80, 180
Mathew Edwards, 40, 120, 300, 10, 116

Mathew W. Edwards, 25, -, 75, 10, 125
Henderson Edwards, 16, -, 75, 10, 182
Juh Northarn, 85, -, -, 60, 200
Henery Moore, 200, 260, 1000, 100, 806
Hezakiah Ingram, 25, -, -, 10, 387
Treet Newman, 28, 58, 250, 5, 50
Martin Cooper, 67, 390, 1200, 85, 490
Henderson Ekes, 15, -, 60, 3, 166
John B. Herras, 45, 35, 300, 100, 387
Joshua Jenings, 20, -, 100, 5, 96
John H. Gee, 50, 110, 500, 100, 231
Samuel McColough, 100, 250, 800, 300, 646
William J. Downes, 30, -, 200, 10, 160
William Smith, 18, -, 70, 8, 120
Jeferson McColough, 20, -, 30, 10, 71
Gilbert D. Clifton, 18, 22, 150, 60, 155
John A. Smith, 60, 100, 400, 65, 270
Robert Hunter, 40, 120, 400, 65, 305
James McAdams, 20, 32, 100, 2, 97
Robert Elis, 14, 106, 250, 10, 90
Samuel J. Picket, 20, -, 70, 25, 87
Seth Byers, 30, 50, 200, 30, 118
Elijah J. Clour, 50, 150, 550, 200, 269
Jackson Dumas, 100, 480, 1000, 100, 575
William P. Pulliam, 150, 160, 260, 40, 88
Jeremiah D. Gee, 11, -, 100, 4, 71
William F. Coble, 20, 20, 200, 5, 120
James A. Braugan, 100, 280, 650, 75, 440
Alexander Waddle, 35, 125, 500, 5, 1609
John Abrim , 10, -, 50, 5, 67
Resold Flock, 48, 55, 200, 30, 350
George B. Coble, 30, 10, 250, 4, 97
John B. Cooper, 50, 150, 500, 6, 264
Joseph W. G__den, 27, -, 75, 5, 113
John Murret Sen., 45, -, 100, , 185
Timothy Ekes, 35, 5, 100, 150, 314
Alford Ekes, 75, 125, 235, 52, 305
E. B. M. Dumas, 22, 74, 350, 15, 159
James Carter, 15, -, 75, 10, 70
Michel Ot__, 75, 85, 300, 100, 446
Green T. Martin, 70, 123, 550, 50, 455
John _. Clifton, 25, -, 100, 5, 185
Edward L. (S.) Phileps, 24, -, 70, 5, 152
Agustaves Bowls, 30, -, 150, 30,40
Moses __kins, 75, 125, 350, 75, 650
Rubin Casone, 150, 290, 1000, 20, 797
John Wa_ tkins, 20, 8, 30, 5, 150
Jesse Smith, -, -, -, -, 125
Henery Orr, 50, 34, 150, 5, 221
James J. Sanders (Landers), 40, 330, 800, 80, 305
George J. Hamby, 30, 50, 200, 6, 129
Thomas K. Johnston, 100, 40, 250, 100, 415
Lemuel Johnston, 25, 30, 150, 80, 395
Nathan C. Watkins, 50, 55, 180, 8, 700
John Johnston, 100, 140, 400, 50, 3400
Isaac Mayfield, 12, -, 80, 6, 184

Sidney Ekes, 12, -, 50, 5, 45
William Cooper, 25, -, 75, 10, 180
Hirim Pillgrim, 25, -, 50, 5, 85
Hari_ Wilson, 120, 100, 500, 200, 747
Isham Cooper, 50, 100, 325, 10, 167
John _ulum, 15, -, 75, 10, 95
James H. Fine, 25, 20, 125, 5, 116
John Smith, 20, -, 50, 5, 189
James Goldin, 50, -, 125, 5, 254
David L. Tomblin, 20, -, 55, 5, 76
Joel Bennett, 25, -, 80, 5, 121
Thomas Ashcraft, 75, 125, 400, 59, 318
James A. Wilson, 250, 400, 1200, 350, 1315
Samuel Hamby, 75, 100, 200, 100, 200
John Speirs, 18, -, 155, 5, 52
Felix W. Stokes, 35, 55, 600, 75, 315
John Jinings, 25, -, 100, 6, 120
Thompson Thomason, 40, 20, 100, 75, 410
John Tomason, 50, 300, 1000, 6, 525
Henery H. Smith, 20, -, 150, 5, 136
John Cook, 20, -, 100, 5, 136
James M. Smith, 26, 6, 150, 5, 50
Neal McNeil, 20, -, 100, 5, 64
John Hendirson, 20, -, 125, 5, 118
Stpehen Mardin, 20, 10, 125, 5, 281
Lindsey J. Smith, 14, -, 100, 5, 49
Iredale Cunningham, 8, -, 65, 40, 277
James Papkin, 30, 10, 200, 40, 64
Gastin Sulivin, 24, 176, 200, 5, 100
Andrew J. Colemon, 40, 40, 400, 74, 278
James Smith, 30, 50, 500, 50, 395
John M. Smith, 16, -, 35, 5, 64
Anderson Coner, 25, 135, 300, 50, 265
Thomas Cook, 40, 40, 200, 100, 140
John M. Cook, Cra, pen, 100, 176
James M.C. Thompson, 25, 95, 480, 5, 216
Robert Sherly, 100, 280, 800, 75, 310
Joseph Coleman, 20, -, 150, 50, 200
Murey Richardson, 45, 25, 200, 5, 216
Grace G. Coble, 100, 160, 800, 50, 310
William Herris, 175, 250, 1000, 300, 670
William Bobit, 80, 160, 1000, 75, 520
Agustus M. Herris, 28, -, 50, 5, 70
Alime Bobit, 17, 63, 200, 5, 92
Stephen Herrison, 20, 20, 100, 5, 150
Martha D. Cobb. 30, 50, 250, 5, 160
Malehia Wilis, 30, 50, 200, 5, 76
Nancy Tarr, 75, 200, 800, 400, 450
Michal G. Tarr, 21, 59, 250, 5, 145
David S. Brayer, 60, 159, 800, 100, 300
Lucaundo D. Sherly, 70, 70, 300, 60, 300
William Walker, 115, 350, 1300, 60, 515
John McAdams, 85, 125, 800, 195, 349
William Story, 20, -, 100, 6, 114
Thomas T. Hardin, 15, -, 125, 5, 71
David Prapes, 34, 126, 455, 48, 203

William B.F. Yandle, 20, 20, 200, 50, 169
Samuel McAdams, 20, -, 100, 5, 110
Luis Brasure, 50, -, 100, 40, 120
Elijah Breasure, 25, 15, 100, 5, 127
Thompson Breasure, 20, -, 100, 5, 154
Joseph Devinport, 23, -, 100, 20, 133
Mary C. Adkins, 40, 640, 800, 90, 249
John B. Walker, 22, 78, 400, 5, 300
Anderson Man, 36, 90, 500, 5, 108
Thomas V. Lyles, 80, 15, 600, 600, 1356
Newton N. Naremore, 150, 350, 1500, 100, 382
William P. Bruten, 120, 190, 1000, 100, 312
Henery Apelbery, 40, 40, 250, 40, 198
Lemuel Cook, 100, 200, 800, 100 609
William B. Fields, 10, -, 50, 5, 74
Nathaniel B. Fields, 40, 40, 100, 20, 162
John F. Taggart, 35, 45, 250, 55, 218
John G. Coldwell, 40, 46, 400, 110, 72
William Burmore, 20, 130, 800, 120, 366
Robert Coleman, 20, 20, 80, 10, 94
George M. Spruel, 20, 194, 820, 10, 98
James Lacy, 60, 100, 400, 5, 370
John D. Bruton, 25, 55, 200, 400, 160
William Hull, 27, 133, 400, 15, 189
George L. Moshot, 9, -, 100, 5, 60
James M. Hull, 40, 40, 500, 50, 261
John G. Moshot, 30, 120, 300, 185, 161
Nathan Spears, 80, 160, 300, 255, 515
Littleton B. Spears, 65, 55, 150, 115, 645
Martha W. Fort, 400, 1500, 7000, 200, 905
Joshua Shirley, 250, 250, 2000, 200, 905
Gebreal Shirley, 55, 125, 800, -, 95
James C. Barrow, 18, -, 30, 5, 198
John G. Vaughn, 30, 40, 150, 5, 118
John G. Armstrong, 40, 160, 600, 8, 190
Lewalen George, 130, 190, 400, 100, 270
John Fields, 30, 50, 200, 45, 200
Joel Fields, 20, -, 150, 5, 60
William Boswell, 50, 150, 600, 95, 223
Alin W. Jackson, 35, 125, 500, 25, 263
Elisint H. Keamp, 35, -, 150, 10, 190
Simson Belk, 16, 64, 300, 5, 68
Gustavez Boswell, 250, 1500, 1500, 200, 385
Jane Barron, 20, 20, 300, 5, 95
Thomas O. Sampson, 200, 400, 1500, 300, 350
Elisha E. Trull, -, -, -, 10, 196
John A. Trull Jun., 70, 10, 200, 10, 47
William B. Marshal, 20, 20, 150, 5, 62
John M. Baremore, 75, 25. 400, 95, 240
John Mordeca_, 30, 90, 400, 45, 333
Macklem Ponder, 30, 70, 200, 75. 201
William W. Weast, 50, 150, 500, 100, 450
Benjamin F. Weast, 22, 58, 300, 5, 209
Samuel Stillman, 45, 115, 600, 57, 224
Madison D. Lofti_, 80, 80, 800, 235, 430
Elihu C. Belk, -, -, -, -, 100

John E. Reynolds, 20, 60, 400, 65, 211
Andrew G. Foster, 30, 50, 400, 40, 201
William Boyd, 25, 95, 300, 5, 132
Levi Boyd, 50, 134, 500, 40, 255
Robert Boyd, 20, 18, 100, 10, 109
Thomas H. Pyron, 75, 139, 400, 10, 379
Elijah Ponder, 20, -, 150, 10, 114
John Brewar, 75, 225, 1200, 300, 503
William Brewar, 50, 230, 1000, 80, 350
William R. Howard, 30, 170, 400, 10, 142
Warnot J. Howard, 20, 20, 125, 15, 133
Jesse C. Beasley 55, 145, 1000, 45, 344
Pleasant A. Loftin, 25, 37, 200, 40, 132
James Tapley, 27, 53, 150, 75, 163
Thomas Holbark, 40, 40, 275, 210, 169
Sarah Brewer, 40, 360, 500, 200, 280
Makiagah, Brewer, 25, 79, 250, 45, 242
William E. Marsh, 50, 150, 300, 40, 178
Charles Shaw, 50, 70, 400, 45, 270
Henery L. Ransey, 75, 45, 500, 100, 373
David W. Hardin, 45, 115, 400, 20, 338
James Howard, 28, 162, 400, 40, 287
Thomas G. Howard, 15, 25, 150, 10, 115
John Howard, 60, 140, 500, 20, 162
John McIntyre, 30, 170, 400, 60, 225
John R. Kirkland, 80, 260, 1000, 20, 305
Killian S. Haikeny, 75, 140, 800, 75, 658
John Griggs, 40, 40, 500, 40, 231
Potter Porter, 65, 15, 100, 100, 413
John A. Trull Sen., 90, 190, 1000, 250, 341
Martin Adkins, 20, 20, 100, 50, 415
Joel Adkins, 35, -, 85, 5, 105
Isaac Green, 35, 85, 400, 50, 250
William Brownlee, 55, 65, 450, 10, 234
John Beard, 30, 190, 800, 10, 170

FRANKLIN COUNTY

Agricultural and Manufacturing Census for 1850 Microfilmed by the Alabama Department of Archives and History under a Grant from the National Science Foundation

1850 Schedule 4 Agricultural –Dale to Marengo Counties

Filmed for the University of North Carolina from Original Records in the Alabama Department of Archives and History

These are the items represented and separated by a comma; for example John Doe, 20, 25, 10, 5,100
1. Owner
2. Acres of Improved Land
3. Acres of Unimproved Land
4. Cash Value of Farm
5. Value of Farm Implements and Machinery
13. Value of Livestock

The following symbol is used to maintain spacing: (-)

NOTE: In some instances where the first few letters of the first name or initials are missing and indicated with _, the microfilming did not pick up parts of the left margin for Franklin Co. for it was too close to the binding and could not be flattened enough. It is my understanding that the sheets once filled out were then bound. My guess is that the Alabama Department of Archives and History would not allow the books to be taken apart and had to be filmed as is. Thus, some parts of first names or initials are not visible on the film.

Those names underlined are my ancestors.

James Mcgahee, 30, 130, 400, 75, 125
Andrew Ja. Willis, 75, 85, 200, 25, 350
Julius Helimns, -, -, -, 6, 50
Grenberry Mcafee, -, -, -, 15, 120
Howard, Walker, 50, 180, 450, 150, 375
Joab Kirklin, 30, 30, 160, 7, 60
Samuel Sale, -, -, -, 10, 200
Hiram Souzends, 80, 220, 500, 75, 400
William Croswhite, 35, 45, 250, 15, 125
William Boin, 17, 10, 1600, 12, 150
James Nance, 250, 230, 4000, 170, 730
Samuel B. White, -, 200, 300, 100, 650
Josiah Hardin, 8, 32, 250,50, 150
Ammor Harris, 9, 28, 250, 500, 75
Moses Roberson, 90, 220, 1200, 140, 700
John E. Seal, 30,98, 500, 75, 350
Charles Divrnney, 500, 517, 6000, 500, 925
William Reed, 50, 100, 40, 100, 200
Alehder Mclemore, -, -, -, 60, 100
Chilion E. Hill, 80, 180, 1000, 100, 500
Goldmon Kimbro, 30, 10, 250, 12, 150
Starling B. Williamson, -, 40, 100, 15, 150
William Sugg, 150, 300, 1800. 200, 1000
William Hudson, 75, 125, 800, 100, 450
Benjamin Hudson, -, -, -, 15, 100

Joseph Sheffield, -, -, -, 157, 1000
Partin Burgess, -, -, -, 40, 170
Dudley Gadd, 25, 95, 500, 5, 170
William M. Badget, 20, 40, 50, 15, 100
Mary Badget, 30, 10, 100, 12, 125
Clark Bobo, 65, 40, 300, 250, 400
Bryce Wilson, 700, 5760, 25000, 500, 2280
William W. Lucy, 300, 300, 6000, 600, 2000
William C. Smith, 800, 1360, 10000, 200, 465
John L. Sherrill, 50, 110, 250, 10, 300
Henry Hargete, 45, 125, 500, 100, 125
John Hargete, 25, 25, 200, 10, 100
Samuel Swan, 125, 110, 1500, 100, 425
Elizabeth Moore, 30, 50, 100, 10, 100
William Moore, -, -, -, 10, 75
S. W. L. McCleskley, 15, 150, 300, 10, 543
James Murphey, 200, 760, 5000, 600, 1000
William P. Murphey, -, -, -, 75, 175
Sarah Vinson, 25, 55, 500, 12, 100
Samuel Skinner, 40, 60, 100, 10, 100
George Conwell, 20, 140, 150, 12, 75
James Woolbright, 60, 100, 150, 15, 124
Energy Vinson, 45, 256, 500, 15, 150
Josiah Martin, 80, 80, 800, 80, 200
John Norman, 55, 285, 800, 120, 200
Manuel M. Martin, -, -, -, 10, 50
Josiah Botts, 35, 135, 350, 12, 200
Bridges Arnold, 33, 125, 400, 12, 200
Simon Roddy, 60, 100, 600, 100, 150
George Sanders, 60, 280, 800, 75, 500
John Sanders, -, -, -, 5, 125
Isaac Wright, 25, 135, 150, 12, 100
Robert Huse, 100, 260, 1500, 20, 250
Joel Parish, 20, 140, 150, 15, 125
John D. Lowery, -, -, -, 10, 120
Smith Taylor, -, 160, 100, 12, 100
Vinson Stanfield, 20, 100, 180, 50, 350
Pamprey Standfield, 60, 300, 500, 15, 400
William Cook, 1, -, -, 15, 50
James Stanfield, 48, 202, 500, 202, 250
Wm. B. Stanfield, -, -, -, 12, 250
Charles Warren, 180, 868, 2500, 125, 1058
Joseph Jackson, 20, 140, 150, 10, 125
B. R. Garland, 250, 4950, 12000, 10, 1000
Zarah Sartin, 40, 40, 200, 75, 300
Thomas Burgess, 50, 150, 1000, 20, 175
Henry Godby 80, 120, 290, 25, 250
William N. Johnson, -, -, -, 10, 120
Calvin Godby, -, -, -, 15, 150
Absalm, Taylor, 12, 30, 100, 10, 85
Richard Irvin, 20, 20, 125, 15, 90
William James, -, 150, 250, 100, 150
Benjamin James, 25, 115, 500, 100, 300
Benjamin Bendall, -, -, -, 10, 75
G. Calvin Quillin, 20, 100, 100, 12, 125
Collin Roy, -, -, -, 15, 100

Elisha Allison, 8, 152, 150, 200, 150
George G. Williams, 10, 150, 150, 25, 35
Uriah Dill, 30, 130, 300, 100, 150
Robert Hester, 36, 228, 450, 250, 315
William Stuart, 30, 130, 250, 75, 125
Richard L. Williams, -, -, -, 65, 100
James M. Taylor, 25, 55, 125, 125, 150
George Williams, 13, 22, 200, 60, 100
John F. Taylor, 10, 22310, 150, 250, 500
Pleasant Taylor, 60, 260, 1500, 250, 500
Joshua W. Bird, 20, 140, 150, 50, 100
Giilfared Burnes, -, -, -, 80, 200
Mary Ann Ellis, 35, 105, 300, 5, 30
John B. Burns, -, -, -, 100, 135
William Richards, 30, 224, 400, 300, 500
George W. Hinley, 160, -, 1500, 800, 1000
Jesseey Richardson, 50, 100, 1000, 300, 400
Joseph Britnell, 200, 20, 1800, 525, 700
James Warhurst, 60, 20, 150, 125, 150
George Warhurst, -, -, -, 5, 75
<u>Robert Matlock, -, -, -, 12, 75</u>
William T. Gray, -, -, -, 25, 100
Watson Michel, 100, 205, 400, 25, 200
John Whorton, -, -, -, 6, 75
Elijah Smith, 120, 100, 1000, 25, 800
Napoleon Nesbitt, -, -, -, 10, 200
William Chambers, -, -, -, 10, 180
<u>John Tharp, 65, 500, 800, 225, 252</u>—son of Hezekiah Tharp
John Jones, 6, 34, 75, 250, 300
John Hurst, -, -, -, 10, 75
Robert Thompson, 80, 160, 800, 300, 300
<u>James Saint, 20, 60, 150, 75, 125</u>—married Mary Crittenden
Susan McCoy, -, -, -, 5, 75
Washington Brown, 30, 30, 250, 100, 130
John Shinalt, -, -, -, 10, 75
Martin H. Wood, 60, 100, 500, 350, 300
Thomas Wood, 80, 110, 600, 400, 600
William Mullin, 180, 281, 3000, 650, 350
John Freemen, 90, 70, 700, 278, 358
William H. Hester, 25, 207, 300, 100, 150
<u>William Hulsey, -, -, - , 5, 75</u>
Jane M. Freeman, 160, 160, 1500, 300, 425
James t. Kirk, 65, 135, 650, 230, 230
Travice Boles, -, -, -, 15, 125
William W. Kimbro, 20, 20, 200, 35, 100
Richard C. Kimbro, 14, 26, 50, 75, 100
Gidion Biggs, -, -, -, 50, 100
James Henley, -, -, -, 15, 185
William Mullin, 410, 670, 5000, 1000, 1300
Thomas Mullin, 175, 245, 2000, 450, 600
John Tacket, 10, 70, 150, 60, 100
Moses Ellage, -, -, -, 250, 200
Joseph Jennings, -, -, -, 75, 100
Francis G. Chiles, 40, 120, 500, 100, 150
John S. Chiles, -, -, -, 25,50
William J. Myrick, 30, 50, 150, 100, 135

James N. Hooker, 45, 165, 400, 200, 600
John P. Stahl, 47, 73, 400, 100, 150
Joshua W. Morris, 18, 32, 150, 6, 100
Thomas E. Fore, 30, 110, 250, 100, 200
Charles W. Brandfoot, 60, -, -, 60, 100
James McCleskey, 100, 200, 600, 200, 200
William Crittendon, -, -, -, 7, 100—served in Confederate Army, died after 1900 in Memphis
Riley Crittendon, -, -, -, 50, 75—buried in Old Mt. Moriah Cemetery near Spring Valley Colbert Co.
William P. Buler (Butler), 4, 6, 20, 125, 75
William Holliman, -, -, -, 40, 75
Guinn Steveson, 50, 200, 4000, 200, 225
Sarah Kent, 40, 40, 300, 75, 125—husband was Smith Kent, from VA
John Landers, 28, 32, 100, 200, 200
David Jackson, 38, 45, 500, 250, 380
James S. Kent, -, -, -, 65, 100—mother Sarah—he was killed in War Between States
Robert Kent, 50, 30, 300, 300, 300—mother Sarah—older brother of James S.
William H. Alsbrooks, 20, 60, 300, 85, 240
Thomas English, 35, 85, 150, 200, 150
Andrew Harris, 60, 60, 450, 150, 250
Daniel Morris, 15, 105, 150, 50, 200
Isam Guinn, -, -, -, 50, 100
Waddy Thompson, -, -, -, 40, 125
Reubin Hardin, 16, 64, 275, 200, 180
Jackson B. Smith, 20, 40, 200, 250, 480
A. C. Levingston, 170, 130, 800, 400, 460
Daniel Benson, 10, 150, 200, 25, 100
James Smith, 300, 140, 4000, 1000, 600
John Roger, -, -, -, 25, 160
Jame H. Smith, -, -, -, 40, 300
Frederich Wilson, -, -, -, 15, 125
Milton C. Boice, 40, 38, 400, 10, 150
William H. Clement, 23, 17, 500, 12, 100
Thomas Chiles, 100, 100, 800, 100, 300
Jacob J. Howel, -, -, -, 12, 50
Jacob J. Duboice, 15, 5, 50, 10, 125
Joh___ Yocum, -, 80, 100, 25, 75
James Yocum, 80, 80, 500, 100, 125
Jesse Yocum, 100, 140, 300, 200, 300
William Yocum, -, -, -, 20, 100
Washington Yocum, -, -, -, 60, 125
John W. Allen, 44, 75, 600, 30, 400
Richard Yocum, 30, 10, 300, 12, 150
Mathias Yocum, 30, 10, 300, 130. 150
James McClelland, 30, 10, 500, 50, 175
Benjamin Horton, 4, 36, 50, 90, 200
Joseph Williams, 40, 40, 300, 350, 250
Reace Horton, 20, 20, 200, 100, 150
James S. Reynolds, 150, 170, 2500, 300, 500
Josiah Askey, 43, 50, 200, 50, 200
Volentine Gates, 100, 100, 1000, 300, 500
John Sampton, 15, 145, 150, 125, 170
Elizabeth Striclin, 10, 40, 100, 25, 50
David Long, 15, 25, 100, 75, 60
Thomas Thorn, 150, 550, 1800, 500, 450
Andrew Hall, 30, 50, 150, 12, 200
Squire Marcm, 10, 150, 200, 40, 125

John Witt, 6, 34, 75, 5, 100
William H. Botts, -, -, -, 20, 100
William Botts, -, 160, 100, 10, 60
Busel Harris, 30, 280, 600, 65, 250
Nathaniel Lookinbrill, 10, 50, 150, 50, 175
__atsworth Vinson, 40, 440, 1200, 100, 300
Henry Miller, 10, -, -, 10, 75
William Armorburg, 40, 120, 400, 50, 100
Anderson Lowery, 20, 140, 325, 15, 200
John D. Carver, 30, 290, 600, 100, 300
Hiram McCollum, -, -, -, 5, 60
Jackson Cleveland, 20, 140, 200, 25, 75
Johnson Williams, 20, 60, 150, 10, 25
Edward Holland, 100, 100, 1200, 80, 200
Washington Fretwell, 40, 160, 400, 5, 150
Doctor Gain, 10, 150, 150, 12, 80
William Buckhanan, 26, 284, 130, 100, 100
Gilbert Prince, -, -, -, 5, 75
James Buckhanon, -, -, -, 5, 50
Thomas Cleveland, 20, 30, 200, 2, 100
Elizabeth Holland, 25, 45, 250, 10, 140
Edward Ware, 20, 140, 150, 12, 100
Isaac W. Holland, -, -, -, 5, 75
Andrew Parker, 40, 440, 500, 25, 230
Osburne White, -, -, -, 3, 50
James W. Hampton, -, -, -, 5, 40
Howell Green, 35, 285, 300, 40, 300
James R. Moses, 30, 130, 500, 15, 200
Jesse Osalt, -, -, - ,6, 75
Joshua Sperman, 40, 244, 400, 5, 75
Thomas Christian, -, -, -, 5, 150
Franklin Wright, 35, 125, 500, 50, 245
Jackson Evins, -, -, -, 5, 40
William P. Murphy, 50, 270, 800, 40 375
William Spearman, 45, 115, 500, 200, 200
William Goin, 40, 98, 200, 5, 80
David Ashley, -, -, -, 10, 100
George Murphrey, -, -,-, 5, 75
John W. Rodgers, 17, 103, 500, 35, 125
William S. Rodgers, 12, 58, 165, 16, 75
George W. Rodgers, 18, 60, 175, 10, 75
Susan Jackson, 12, 168, 300, 15, 75
Joseph Jones, 10, 150, 200, 20, 100
David Riggs, 16, 166, 125, 10, 75
Carril Thorn, 12, 158, 100, 25, 125
George W. Thorn, -, 40, 200, 50, 125
James Sullinger, 40, 180, 400, 17, 200
Benjamin Brazil, 15, 145, 160, 10, 150
Henry Johnson, 10, 140, 200, 50, 100
Richard Hall, 15, 305, 300, 10, 100
James H. Lewis, 15, 65, 150, 75, 100
James M. Quillin, 50, 130, 200, 180, 250
William Guillin, -, -, -, 75, 150
James G. Quillin, -, -, -, 75, 100
Elizabeth McWilliams, 20, 140, 200, 75, 125
Ambers Pearce, -, -, -, 25, 50

Samuel Williams, 40, 80, 200, 150, 200
Amelia Caden, -, -, -, 30, 75
Charles May, -, 80, 100, 30, 200
David Taylor, 75, 285, 500, 125, 200
Lemuel Huse, 15, 65, 175, 15, 250
John P. Malone, 15, -, 25, 10, 150
William Owen, 15, 25, 100, 40, 100
Daniel Malone, 15, 25, 1080, 50, 100
James Mills, 20, 20, 150, 75, 150
John Taylor, 15, 25, 40, 25, 50
Jeremiah Warren, 15, 25, 100, 80, 125
James T. Chisum, 50, 30, 600, 200, 200
Robert Flake, 10, 30, 75, 40, 200
L. G. W. Flake, 30, 130, 300, 100, 300
Caswell Green, 18, 147, 250, 200, 300
William E. Gren, -, -, -, 75, 125
Ranson Gaunt, 15, 145, 200, 75, 165
Elijah Sanderson, 18,142, 160, 100, 125
Lewis M. Sanderson, 30, 130, 200, 65, 100
William Sanderson, 20, 140, 200, 40, 100
Jacob P. Smelser, 100, 60, 1000, 200, 300
Martin Taylor, 20, 140, 275, 50, 100
Daniel Morgan, 8, 72, 200, 50, 75
G. W. Swigley, 8, 72, 200, 50, 70
Johnathan Chambers, 15, 145, 150, 75, 200
J. H. Horton, 15, 55, 150, 10, 150
Jesse Green, 50, 279, 800, 200, 250
Jackson Warrington, -, -, -, 5, 50
Abner Overton, 60, 220, 500, 15, 200
James Stuart, 2, 158, 100, 50, 80
Moses M. Sherrill, 40, 600, 700, 125, 200
Isaac Burnes, -, -, -, -, 25
John Sherrill, 60, 140, 600, 175, 300
Samuel W. Taylor, -, -, -, 40, 40
Nancy Taylor, 35, 125, 400, 40, 100
Jesse Jones, 160, 960, 1850, 465, 870
Tilmon Moses,20, 140, 250, 12, 80
David Hood, -, -, -, 5, 75
John C. Sparks, 40, 120, 225, 5, 75
James Hodge, -, 80, 100, 5, 125
Arthur Hodge, 60, 340, 650, 15, 100
Joshea Lewis, 4, 180, 400, 10, 200
Wilson Watley, -, 176, 100, 10, 75
William H. Thorn, 15, 145, 50, 10, 80
Pleasant G. H. Cort, 20, 620, 300, 50, 300
George M. Tayler, 10, 150, 110, 12, 100
William M. Strong, 40, 280, 500, 28, 200
Adolphus A. Huse, 80, 400, 1500, 1200, 600
James Huse, 70, 400, 1500, 15, 120
William H. Hall, 12, 148, 150, 10, 100
George M. Scott, -, -, -, 7, 200
Harrison Wil___, -, -, -, 10, 175
Riley G. Clemint, -, -, -, 5, 200
Squire Hall, 40, 120, 200, 5, 150
James Witt, 25, 80, 100, 10, 150
William R. Hodge, 70, 410, 750, 100, 450

Nathaniel Stuedon, 50, 427, 1200, 100, 500
John Fuller, -, -, -, 75, 200
Tilmon Silf, -, 80, 75, 5, 150
John Holland, 60, 500, 700, 75, 200
Thomas C. H. Thorn, -, -, -, 10, 200
Dickson Armstrong, -, -, -, 10, 150
James Williams, 40, 120, 125, 5, 125
R. H. H. Burke, 20, 18, 150, 10, 165
William King, 20, 20, 150, 75, 125
George Vineryard, 50, 30, 240, 30, 400
James Gillispie, 50, 30, 150, 40, 425
Joseph Barnet, 25, 15, 150, 20, 150
<u>Robert Tharp, 20, 80, 500, 13, 200—served in Confederate Army</u>
<u>Phebe Matlock, 15, 25, 150, 18, 100, maiden name was Tharp</u>
<u>Mary Hulsey, 20, 20, 100, 7, 100—maiden name was Tharp</u>
John Wetherford, 200, 120, 1500, 300, 600
James M. Wilson, -, 40, 50, 10, 200
Johnathan Witson, 25, 95, 300, 25, 200
Littleberry Bolton, 50, 500, 850, 60, 300
Simeon Waits, 50, 300, 800, 75, 250
John Hesler, 45, 155, 800, 75, 500
Dickson Hardee, -, -, -, -, 10
James McKnight, -, -, -, -, 10
Christopher Tompkins, 60, 340, 800, 70, 300
Burton Malone, -, -, -, -, 150
Daniel Harmon, -, -, -, -, 18
Marian Tompkins, 25, 70, 250, 10, 200
Edwin Vinson, 60, 200, 800, 70, 450
F. B. Malone, 30, 40, 100, 10, 150
Nancy Burgess, 200, 150, 500, 50, 500
William Sparks, 70, 360, 800, 50, 400
David Middleton, -, -, -, 5, 80
Riley Sparks, 10, 200, 500, 100, 800
Willis Sparks, -, -, -, 40, 150
Dennis Lindsey, 30, 80, 200, 10, 125
Robert Lindsey, 40, 50, 300, 10, 100
Joseph Ramsey, -, -, -, 10, 100
Nelley Dickson, -, -, -, 5, 40
Haddis Malone, -, -, -, 10, 100
Isaac Woodruff, -, -, -, 200, 70
Jams Malone, 150, 145, 1000, 150, 800
Absalom Taylor Sen., 50, 150, 300, 10, 200
Pamphra Malone, -, -, -, 16, 200
John Autry, 40, 150, 300, 25, 250
John Ramsey, 55, 40, 200, 10, 300
William Rikard, 80, 100, 200, 10, 200
Robert Sherrill, -, 160 200, 8, 100
Elizabeth Tompkins, 100, 100, 250, 30, 350
Michael Tacket, -, -, -, 5, 75
Williams Willliams, 100, 260, 800, 500, 500
Meirel McRight, -, -, -, 10, 75
T. P. Mcright, 45, 115, 200, 15, 175
Joseph Bel, -, -, -, 5, 150
N. T. Underwood, 7, 22, 225, 70, 245
John Richardson, 130, 90, 700, 200, 550
Archibald Hiles, 9, 131, 55, 15, 75

James P. Warrington, -, -, -, 5, 100
William Baker, 40, 120, 300, 100, 300
Joseph Burrow, 15, 145, 200, 10, 150
Robert Powers, -, -, -, 10, 75
Wiliam J. Powers, -, -, -, 10, 65
Higgins Williamson, 25, 50, 150, 80, 75
Anderson Burrow, 50, -, 100, 3, 75
John H. Ray, 40, 440, 300, 12, 65
Andrew M. Hamilton, -, -, -, 15, 50
James M. Hamilton, -, -, -, 5, 200
Joseph Skidmore, 30, 50, 125, 10, 400
Isaac Walker, 75, 477, 1000, 100, 350
Joseph Phileps, 60, 40, 500, 75, 125
Asa Golf, 25, 15, 150, 20, 100
Hesakiah Whitlock, -, -, -, 15, 125
John Willis, 100, 430, 1000, 100, 500
John Brown -, -, -, 15, 100
Martha A. Ramsey, 50, 250, 1000, 50, 250
Benjamin Hancock, 60, 100, 400, 50, 400
J. N. Flagagin, -, -, -, 20, 140
Blount Ausbrooks, -, 50, 75, 15, 75
Edmund Little, 175, 850, 1600, 400, 1000
Charles Butler, -, -, -, 12, 250
Abraham Johnson, 200, 130, 3000, 300, 700
William R. Hurst, 90, 70, 800, 40, 300
Luther Hovarter, 30, 10, 150, 50, 125
William Farned, 70, 10, 450, 100, 400
N. R. Ladd, 50, 220, 300, 100, 400
Reice Hamilton, 70, 100, 1100, 100, 380
Reuben Copeland, 100, 25, 500, 500, 150
William Norman, 75, 125, 700, 100, 400
Andrew B. Rea, 80, 97, 2000, 100, 400
Jeremiah Bobo, 125, 200, 1600, 100, 400
Green Williams, 70, 340, 500, 50, 400
Luke Williams, 35, 150, 500, 12, 200
Matthew Mullman, 30, 250, 500, 20, 150
William Jackson, -, -, -, 10, 150
Jacob Grissom 25, 125, 200, 70, 120
Thomas Bullin, 60, 200, 1000, 120, 250
Jeremiah Prestridge, -, -, -, 10, 120
Collins Bolin, 15, 145, 125, 10, 50
Marvil Epps, 110, 450, 400, 75, 450
Eli Epps, 44, 331, 500, 100, 400
Edward Tiffin, 75, 515, 800, 100, 150
Green Crowel, 40, 150, 500, 30, 150
Ephraim Butler, 50, 500, 900, 50, 100
_. K. Pucket, -, -, -, 12, 45
Thomas Bragg, 40, 120, 200, 100, 150
Joseph Butler, -, -, -, 18, 50
Alexander Gurge, 100, 700, 2000, 100, 300
Thos. Cothrum, 40, 120, 1000, 25, 300
George Rainey, -, -, -, 5, 100
_. M. Downs, -, -, -, 6, 150
David Dikes, 12, 148, 125, 6, 100
John Burlison, 40, 280, 500, 25, 250
_. E. W. Ren, -, -, -, 5, 100

Z. I. Perry, -, -, -, 20, 160
William J. Ren, -, -, -, 10, 100
Sarah B. Reed, -, -, -, 50, 200
Stephel Ellitt, 75, 245, 1200, 150, 350
James Massey, -, -, -, 10, 200
Johnson McKiny, 75, 125, 2000, 20, 500
Walter Glenn, 45, 100, 300, 40, 250
William W. Bolin, -, -, -, 5, 100
Benjamin F. Nelson, 75, 400, 1200, 100, 500
Enoch Sparks, 30, 290, 300, 5, 120
Samuel Sparks, -, -, -, 18, 150
Johnson Sparks, -, -, -, 15, 50
Hugh Nelson, 25, 135, 200, 15, 200
John Graham, -, -, -, 10, 75
James Bolding, 30, 50, 150, 10, 200
Lemuel Nelson, 50, 301, 1000, 200, 300
Littleton Swett, 8, 132, 100, 10, 150
William Hale, 30, 70, 150, 10, 225
Elliott J. Baker, 20, 60, 150, 10, 130
Kinchen Boggs, -, -, -, 12, 250
Reece Williams, -, 160, 100, 5, 200
Jesse Stanford, -, -, -, 75, 300
Robert Duncane, -, -, -, 40, 400
John Turner, 50, 110, 400, 100, 300
James Oliver, 25, 135, 100, 35, 100
Joseph Scott, 22, 38, 100, 3, 350
Reuben Wade, 15, 150, 150, 35, 125
Bradford Scott, 40, 135, 200, 45, 250
Larken Tindol, 10, 21, 100, 40, 150
Robert Patterson, 40, 280, 950, 70, 500
James Gasaway, -, -, -, 12, 80
James Bolding, -, -, -, 9, 100
J. T. Wren, -, -, -, 17, 60
James Patterson, 12, 60, 125, 52, 100
H.H. Campbell, -, -, -, 10. 50
John McKnight, 40, 40, 150, 10, 75
John Moore, 20, 140, 100, 75, 150
Peter Patterson, 20, 80, 500, 5, 250
A.   B. Bolding, 40, 120, 300, 35, 335
Joseph Bolding, 60, 10, 500, 15, 73
Harrison Bolding, 8, 142, 150, 5, 75
Moses Wetherby, 40, 130, 500, 40, 500
J.T.Bentley, -, -, -, 25, 75
Henderson Bates, 40, 100, 250, 10, 100
Elijah Bates, 24, 250, 400, 45, 80
Miller Isbel, -, -, -, 25, 280
John Lee, -, -, -, 10, 60
Allen Rodgers, -, -, -, 15, 300
Balis McKinney, -, -, -, 6, 100
Thomas Sartin, 35, 165, 300, 50, 150
Charles Wilkins, -, -, -, 14, 60
Archibald McKinny, 12, 68, 150, 12, 100
William McKinny, 25, 135, 200. 13, 45
William F. Martin, -, -, -, 7, 50
Joseph H. Bolding, 30, 120, 500, 10, 100
Jesse Martin, 60, 270, 300, 100, 500

Sarah Sparks, 30, 110, 600, 15, 150
Joseph McMurray, 30, 125, 250, 5, 150
J. H. Glenn, -, -, -, 5, 40
Anderson Orr, 45, 150, 400, 100, 500
Charles Hucheson, 45, 100, 300, 13, 60
M. L. Hucheson, 12, 100, 200, 70, 150
Elijah Shannon, 60, 200, 100, 80, 300
James G. George, 40, 300, 600, 25, 350
John C. Moore, 25, 55, 150, 8, 100
Wofford Gilly, -, -, -, 150, 50
P. Pucket, 15, 60, 200, 3, 50
John W. Taylor, 22, 60, 200, 15, 85
M. L. Rodgers, 9, 25, 90, 12, 100
_. C. Hucison, 18, 300, 300, 60, 150
Henry Callender, 40, 60, 300, 250, 200
Rpuhus F. Landers, 70, 90, 500, 320, 270
James Landers, 120, 340, 1000, 140, 230
Doter Cromines, 10, 30, 90, 70, 100
Mary McWilliams, 44, 40, 250. 75, 100
Francis C. Spraggins, 65, 262, 1500, 450, 400
Johnathan Rid__n, -, -, -, 75, 100
James Priest, 50, 150, 440, 300, 400
Dewit Arnold, 150, 150, 1500, 300,500
James Gocher, 60, 100, 400, 100, 175
James J. Carragin, 35, 5, 200, 150, 150
Thomas B. Calicoat, 53, 101, 700, 10, 200
Thomas Moss, -, -, -, 100, 500
Thomas Milwee, 75, 85, 600, 75, 520
Elizabeth Sibley, 65, 95, 1400, 100, 445
John Callicoat, -, -, -, 10, 60
George Patterson, 20, 60, 200, 12, 115
William T. Patterson, 50, -, 140, 75, 300
Wm. N. Hooker, -, -, -, 15, 140
Jacin Barnet, -, -, -, 12, 100
James Jeffreys, -, -, -, 15, 150, son of William Jeffreys, grandson of John Jackson Jeffreys Sr.
Stephen Clements, 4, 36, 40, 12, 40
Joseph McCuller, 40, 120, 500, 50, 150
Margaret Barton, 60, 110, 400, 50, 400
Aaron R. Patton, 100, 260, 1000, 100, 525
Francis E. Sherrill, 40, 20, 300, 10, 125
John T. Seward, 50, 30, 400, 75, 250
Lewis M. Kirk, 50, 30, 500, 80, 300
Joseph B. Landers, 100, 90, 800, 120, 525
Mahala Richeson, 100, 60, 500, 21, 220
Ede Richeson, 80, -, 200, 20, 170
Alexander Michel, 100, 120, 1500, 80, 425
Asberry Michel, -, -, -, 10, 75
William Long, 50, 77, 300, 65, 260
Richard Waldie, 80, 120, 800, 30, 483
James Coin, 120, 200, 1000, 125, 500
John L. Gray, -, -, -, 350, 250
Thomas Sugg, 210, 170, 2500, 150, 583
William Drake, 300, 260, 4000, 300, 700
Elijah McCuller, 600, 800, 6000, 400, 1000
Thomas East, 600, 408, 8000, 800, 1615
James T. Armon, 60, 100, 600, 200, 885

James M. Kirk, 300, 200, 4000, 500, 1310
Oran Sargant, 382, 678, 7000, 175, 565
Susan Golson, 136, 184, 2000, 500, 700
John White, 66, 160, 500, 100, 240
Jacob Humble, 150, 180, 1650, 300, 700
William Sugg, 310, 310, 5000. 500, 1400
William T. Jones, 800, 615, 7075, 525, 2290
William S. Jones Jun.. 60, 100, 550, 112, 510
Bluford Dikes, -, -, -, 12,1 00
Samuel Durham, 40, 110, 800, 15, 150
Margaret Roy (Ray), 50, 110, 800, 15, 200
Edmond J. Walden, -, -, -, 10, 50
John Terrill, 50, 190, 1000, 30, 200
Ora Hollingsworth, 150, 150, 1200, 150, 550
Frederick H. Anderson, 88, 80, 1000, 150, 700
Jacob Shaver, 75, 85, 1000, 65, 200
Isaac Ray, 80, 120, 2000, 100, 250
Henry Hurst, 12, 28, 100, 25, 130
John Hargett, -, -, -, 10, 125
Robert East, 60, 140, 1000, 150, 693
John Hamilton, 100, 48, 2000, 100, 463
Leroy Rea, -, -, -, 45, 230
Thomas Ray, -, -, -, 12, 80
Ellis Isbel, 300, 340, 5000, 500, 1100
William Walker, -, -, -, 12, 120
John Keeland, 275, 145, 4000, 500, 1126
Joseph Cooper, 20, 60, 321, 10, 100
James M. Quinn, 40, 80, 500, 75, 285
John Quinn, 20, 10, 200, 12, 75
Joseph W. Pounders, -, -, -, 10, 30
Thomas Hooker, 100, 140, 1200, 60, 210
William Hamilton, -, -, -, 10, 100
William Covening, -, -, -, 15, 75
Clemuel Reed, 200, 460, 3000, 200, 1000
Allen Hooker, 140, 180, 2500, 150, 350
Willis Runum, -, -, -, 7, 100
Sampson Dikes, -, -, -, 6, 100
John M. Keenum, -, -, -, 60, 100
Hardin Chambers, -, -, -, 60, 200
Ambers McCollum, 225, 55, 250, 10, 200
John Waltrip, 25, 135, 2000, 100, 300
Thomas Heathcock, 35, 125, 150, 14, 200
William Fuller, 15, 205, 400, 10, 150
Richard Armstrong, 35, 65, 300, 20, 400
H. M. Fuller, 40, 120, 300, 75, 400
Reubin Rollins, 15, 80, 100, 5, 250
Reuben Sholts, 20, 140, 100, 5, 200
John B. Cort, 15, 145, 175, 5, 150
Riley Clement, -, -, -, 7, 225
_. T. McCinney, 20, 140, 150, 5, 175
Jeremiah Moody, -, -, -, 5, 75
Joel Moody, 30, 290, 200, 77. 100
Joseph Moody, -, -, -, 4, 80
John Clement, 27, 171, 200, 50, 200
Jacob Kirkendall, 25, 135, 200, 10, 200
Wm. J. Ledbetter, -, -, -, 8, 100

George Randolph, 48, 120, 200, 55, 275
John Times, 12, 78, 200, 55, 275
Wm. Clement, 1, 79, 40, 7, 100
Benjamin Clements, 10, 150, 150, 10, 200
Peter Clement, 7, 130, 150, 5, 250
Wesley Willilams, -, -, -, 18, 100
William Glassup, 30, 90, 175, 4, 75
Isom Davis, -, -, -, 7, 80
Magmss (?) Davis, 30, 290, 300, 14, 200
R. R. McCurley, 10, 210, 150, 5, 125
Isaac Summers, 4, 134, 125, 3, 175
Caswell Lindsey, 60, 580, 600, 20, 200
Killey Wirrsit, -, -, -, 7, 60
James Sparks, 5, 47, 50, 5, 40
Johnson Rollins, -, -, -, 7, 280
Reuben Flagagin, 70, 260, 500, 50, 300
John Osbern, 60, 260, 600, 50, 425
Hesakiah Massey, 50, 100, 250, 6, 145
John Dotson, 30, 170, 200, 4, 300
H. B. Wallis, 13, 268, 100, 10, 125
Kinnith Carpenter, 45, 195, 1000, 70, 150
John Hoad, -, -, -, 7, 40
Clark M. Tompkins, 40, 120, 1000, 150, 350
Benjamin Harris, 1000, 2540, 21000, 1080, 3120
Dalany Stout, -, -, -, 80. 250
Malcolm McCollum, 100, 280, 2500, 150, 560
Ambers McCollum, -, -, -, 20, 235
Thomas Evins, -, -, -, 85, 475
L. G. Keenum, -, -, -, 12, 100
John Corhorn, 22, 38, 225, 90, 275
Robert C. Sibley, 20, 20, 225, 15, 291
Joseph Ray, 60, 80, 500, 60, 400
James Edgar, -, -, -, 10, 125
William Mooss, 80, 80, 1500, 125, 800
J. C. Moss, 200, 300, 2000, 300, 725
Leroy Nelson, 35, 159, 200, 10, 50
H. Barksdale, 40, 300, 200, 38, 150
Robert Daniel, 15, 130, 250, 10, 200
William Burgess, 70, 700, 1500, 100, 300
John Daniel, 15, 70, 150, 15, 100
John W. Miller, 15, 145, 100, 5, 152
William McKinny, 30, 50, 150, 50, 225
Briant Massey, 40, 120, 150, 10, 200
Ephraim Bolton, 30, 210, 200, 35, 140
_. W. Burgess, -, -, -, 65, 150
Benjamine Burgess, 120, 1025, 6000, 90, 359
W. W. Burgess,12, 148, 300, 75, 125
William Britton, 85, 255, 600, 75, 275
Calvin Britton, -, -, -, 15, 230
James Hill, 30, 90, 150, 65, 250
David Benson, 18, 148, 150, 5, 150
John Benson, 40, 120, 1000, 10, 250
Thomas Hall, 40, 120, 270, 10, 100
David Langley, 25, 135, 500, 50, 180
W. W. Britton, -, -, -, 10, 90
Joseph Wofford, 40, 120, 300, 25, 300

James McCinny, 40, 426, 800, 10, 250
Sugar Tacket, 20, 140, 150, 6, 100
Coffee Tacket, 70, 410, 400, 8, 100
Philip Tacket, -, -, -, 8, 100
_iddy Skinner, 25, 285, 300, 10, 200
H. J. Bonds, 120, 600, 1000, 200, 300
Samuel Moore, 28, 300, 200, 10, 200
George Moore, 40, 150, 250, 20, 150
Hugh R. Krinnrs, 50, 140, 400, 60, 300
J. R. M. Allison, 20, 300, 300, 6, 125
Benjamin Hdson, 100, 200, 1800, 400, 500
Wm. T. Hudson, -, -, -, 10, 50
Eli Tilmon, 60, 260, 2000, 200, 820
David M. Barnhill, 70, 330, 800, 125, 300
Salem W. Blacklidge, 40, 150, 150, 15, 125
William Tell, -, -, -, 10, 50
Daniel Baker, 20, 140, 150, 5, 120
David Gregory, -, -, -, 10, 50
James Hamilton, 40, 120, 300, 15, 300
James Blacklidge, 15, 150, 150, 7, 50
Sidney Mccall, -, -, -, 10, 100
J. J. Ramsey, 40, 280, 200, 5, 150
Robert Allison, 25, 135, 150, 75, 250
Martin Bishop, -, -, -, 12, 100
William C. Ramsey, 20, 140, 200, 5, 100
Hiram Wetherby, 22, 158, 150, 30, 50
John S. Ramsey, 10, 30, 50, 30, 50
Moses Bonner, -, -, -, 12, 865
Benjamin Wofford, 15, 145, 200, 20, 250
Henderson Bolton, 20, 160, 300, 10, 140
George Nelson, -, -, -, 10, 50
John Guinn, 75, 405, (not legible), 200, 300
William Guinn, 30, 130, 350, 20, 150
Joseph Hadley, 35, 135, 350, 20, 150
Elhock Nelson, 16, 74, 100, 20, 100
Marion Wood, -, -, -, 9, 70
James Daniel, 28, 441, 200, 10, 100
Philip Carpenter, 50, 200, 500, 100, 300
Jacob Tate, 30, 300, 1000, 15, 100
Henry Tate, -, -, -, 5, 100
William A. Letherwood, -, -, -, 8, 125
William Tate, 25, 135, 150, 45, 120
James Herald, -, -, -, 5, 100
_. L. Rodgers, 15, 180, 100, 60, 70
Joel Pruett, 30, 130, 200, 30, 175
William Riggs, 10, 150, 250, 5, 100
Joseph Jones, 10, 150, 125, 25, 150
Charles Bennet, 40, 124, 500, 55, 250
John Ray, 25, 135, 800, 15, 250
William Corble, -, -,-, 75, 100
David McClelland, 30, 50, 400, 25, 200
William Lee, -, -, -, 15, 100
Bluford Crosswhite, -, -, -, 10, 100
Jacob Howels, -, -, -, 12, 25
Moses Reed, 30, 50, 500, 20, 400
William Evits, 30, 50, 400, 50, 300

John Robeson, 40, 40, 500, 50, 300
John B. Hudson, 35, 45, 600, 50, 100
Joseph South, -, -, -, 15, 150
George Clair, 250, 340, 3400, 650, 800
William Whorton, 12, 39, 200, 25, 150
David Jiner, -, -, -, 12, 30
William Little, 25, 15, 400, 25, 200
Howard Henley, 35, -, 300, 25, 200
William Denton, 60, 30, 800, 250, 300
Jesse Hurley, 300, 160, 3500, 400, 700
John Noland, 100, 60, 200, 50, 250
Henry Noland, 50, 110, 200, 100, 150
<u>William Webb, 20, 20, 100, 100, 125</u>
<u>George Webb, 12, 30, 75, 50, 100</u>
Thomas Chiles, 17, 23, 100, 50, 50
Washington Green, 20, 60, 400, 15, 200
John Robinson, 50, 30, 500, 200, 250
Eli Moore, 10, 30, 200, 75, 100
<u>Alfred McCarver, 20, 20, 75, 50, 85</u>
<u>Samuel McClelland, 20, 20, 160, 75, 100</u>
Thomas G. Chiles, 45, 75, 1000, 200, 250
Jesse James, -, -, -, 12, 75
William McDaniel, 90, 50, 800, 250, 500
John C. McDaniel, 37, 70, 400, 25, 275
William Henley, 30, 50, 500, 23, 250
Tillmon Gadd, 30, 70, 700, 20, 225
David Speck, 40, 40, 400, 25, 300
Edmon Bradford, -, -, -, 10, 50
James Mulwee, 60, 60, 1000, 30, 400
John Barker, 75, 105, 1400, 40, 500
Aaron Hurley, 85, 55, 700, 400, 600
John McClung, 40, 40, 400, 20, 400
Wesley M. Smith, 200, 400, 7000, 75, 865
William Ray, -, -, -, 10, 100
Goodin Bott, 35, 85, 500, 15, 275
Bony Burton, 40, 150, 300, 20, 265
Mark Ellage, 40, -, 106, 10, 150
John Cook, 50, 40, 1000, 100, 200
William Grenn, 30, 70, 300, 6, 125
James C. Gile, -, -, -, 12, 200
Andy Freeman, -, -, -, 20, 175
Hardy Collinsworth, 120, 35, 1100, 150, 685
John K. Fike, 10, 30, 100, 15, 100
William Grissom, 50, 30, 300, 125, 200
John Hurst, 40, 80, 600, 75, 200
George W. Harget, 30, 170, 500, 75, 200
Emily P. Sadler, 100, 96, 1200, 150, 700
Richard S. Watkins, 50, 30, 1800, 100, 500
Isaac James, 70, 150, 400, 100, 300
Lindsey Allen, 200, 200, 8000, 400, 1150
John Snow, -, -, -, 12, 320
H.P. Webb, -, -, -, 15, 50
Robert Hester, 16, 64, 500, 15, 150
Thomas Sibley, 30, 210, 1500, 75, 750
James A. Venible, 45, 85, 500, 15, 225
Jesse Stanford (lined through entire line)

John W. Harris, 200, 252, 2500, 200, 700
Patilla Woodbruff, -, -,-, 10, 20
Addis Tubbs, -, -, -, 10, 100
Joel Tubbs, -, -, -, 12, 125
Gaven Payne, 200, 80, 2000, 150, 500
Samuel Tillet, -, -, -, 75, 150
Thomas Moody, -, -, -, 6, 200
Washon Johnson, -, -, -, 10, 100
Lemuel Cook, 100, 300, 1250, 100, 225
Lion Michel, 125, 225, 1000, 40, 400
Julius Williamson, 100, 318, 1200, 30, 300
Martha Garland, 40, 120, 600, 10, 150
Nedan Tungate, 20, 60, 500, 25, 150
Zacariah Tungate, 30, 35, 256, 10, 125
Zadock Long, -, 40, 50, 75, 50
Oliver Tungate, 3, 37, 160, 25, 75
Enoch Reed, -, -, -, 10, 180
Reuben A. Michel, 210, 780, 4000, 150, 400
John Morrison, -, -, -, 100, 75
__risa Nicholson, 40, 130, 350, 10, 170
W. R. Alexander, -, -, - , 100, 770
Jacob V. Johnston, 450, 1311, 25000, 1050, 22000
James Finely, 80, 700, 1500, 600, 775
F. W. Thompson, 50, 110, 1000, 60, 650
Jno. H. Hearer, 250, 160, 3000, 200, 750
A. Waldrop, -, -, -, 200, 300
_. Thomasser, 20, 140, 210, 210, 75, 120
Jno, Vinegar, 40, 120, 200, 10, 150
Wm. Burnsides, 44, 440, 800, 50, 250
James Bell, 40, 120, 200, 10, 150
James Gist, 10, 150, 300, 5, 75
Joshua Gist, 70, 570, 1000, 50, 250
Thos. Gist, 20, 140, 250, 75, 120
Wm. S. Calhoun, 40, 120, 850, 10, 450
Franklin Ham, 10, 150, 200, 10, 110
Isaac Galimore, -, -, -, 10, 150
Saml Gausy, 60, 280, 500, 50, 250
Jno Tanner 14, 146, 200, 10, 100
Neal Gist, 10, 176, 250, 30, 120
Abel Gist, 34, 500, 600, 10, 600
Wm. Herrin, 20, 220, 250, 10, 220
Jno. Herrin, 25, 55, 150, 5, 280
Chas. W. Candle, 14, 146, 20, 10, 170
Abran Gallemore, 10, 70, 100, 25, 100
Jno. W. Redwine, 10, 230, 750, 25, 100
Jas. Holbrook, 12, 158, 100, 55, 80
Jno. Airs, 13, 147, 300, 10, 105
Jas. Pounders, 40, 120, 250, 40, 250
Elizabeth Mysenhamer, 12, 238, 100, 54, 100
Wm. C. Smith, -, -, -, 10, 70
Francis Bennet, 32, 590, 1000, 50, 300
Thos. Richerson, 40, 120, 400, 5, 125
Franklin String, 50, 370, 500, 50, 350
Jas. Brown, 15, 145, 100, 5, 150
Henderson Lindsey, 80, 720, 1000, 70, 450
Wm. McNeal, 15, 135, 50, 5, 65

Ben. Brewer, -, -, -, 10, 150
Absalom Castle, 75, 160, 1500, 75, 522
Jos. Burns, 100, 700, 1000, 150, 600
Alexander Burns, 20, 250, 200, 20, 25
Alex. Malone, 250, 245, 7433, 250, 1500
Gideon Parker, 10, 150, 100, 30, 175
Hiram Burns, 25, 55, 100, 10, 100
Sol Bowling, 25, 140, 400, 10, 250
Jno. Hunt, 30, 140, 100, 50, 70
Henry C. Burns, 50, 110, 500, 75, 270
Israel Burns, 40, 120, 500, 10, 120
Jno. H. Parker, 20, 140, 150, 5, 100
Robt. Cockson, 30, 150, 200, 5, 80
Thos. Dunn, 40, 120, 100, 75, 400
Harris Crowell, 40, 280 200, 75, 280
Jno. McDaniel, 20, 150, 150, 5, 185
Caroline Hern, 12, 148, 200, 10, 165
George Hern, 60, 420, 700, 75, 550
David Crowell, 25, 425, 450, 10, 150
James Daniel, 14, 146, 150, 5, 140
Washo Burn, -, -, -, -, 150
Jno. Peeler, 20, 140, 500, 60, 250
H. P. Parker, 18, 142, 100, 5, 90
Cornelius Burkhead, -, -, -, -, 120
Edmond Todd, 20, 140, 500, 5, 100
George Fern, 50, 110, 150, 40, 205
Saml. P. Leadbetter, 11, 150, 100, 10, 95
Thompson Moore, 20, 300, 400, 50, 165
Green Parker, -, -, -, -, 105
Jno. James, 80, 80, 150, 30, 205
Jno. Orton, 4, 316, 500, 15, 100
Jno. B. Wood, 50, 590, 650, 200, 450
Joshua Gray, 25, 295, 400, 5, 275
Thos. Hogue, -, 160, 100, -, 95
Dana Thorn, 17, 143, 100, 10, 197
Presly Thorn, 10, 150, 150, 10, 90
Pleasant Thorn, 10, 150, 150, 10, 250
Presly Thorn Sr. 45, 225, 400, 50, 140
Jas H. Singler, 21, 139, 500, 20, 220
Eli M. Kennady, 30, 50, 200, 30, 300
Jno. Kennady, 15, 105, 150, 5, 152
Chas. Womble, 10, 150, 120, 5, 120
Andrew Boggs, 17, 356, 400, 50, 210
Wm. Sanderson, 14, 140, 200, 5, 140
Elijah Sanderson, 20, 140, 10, 25, 200
Lewis W. Sanderson, 25, 135, 200, 5, 150
Ranson Gant, 15, 145, 150, 14, 100
John Loony, 35, 125, 250, 15, 250
Mathew Garret, 4, 156, 70, 5, 15
Blackwell Malone, 20, 300, 300, 7, 250
Tandy C. Taylor, 20, 52, 225, 60, 300
John Cheatham, 30, 130, 250, 5, 150
Lucy Russell, 34, 126, 300, 5, 100
Jesse Levingston, 14, 150, 200, 5, 100
John Kenady, 20, 80, 100, -, -,
Saml. H. Kenady, 20, 140, 150, 50, 225

William Malone, 20, 320, 400, 75, 320
Mitchel Malone, 15, 145, 200, 5, 160
Richd. Martin, -, -, -, 5, 120
Thos. Paunders, 50, 290, 500, 5, 200
William Craig, 60, 280, 500, 20, 220
William Potts, 15, 145, 250, 5, 190
Franklin Potts, 40, 294, 600, 150, 350
Albert Bell, 20, 144, 250, 5, 150
Wm. D. Bell, 40, 120, 400, 50, 175
James Bell, -, -, -, -, 50
Thos. L. Martin, 40, 120, 800, 30, 320
Mastin Turner, -, -, -, 75, 450
John D. G__ger, 60, 760,, 2000, 150, 650
Jas. Bogue, 30, 630, 600, 25, 250
Geo. D. Pitty, 30, 128, 800, 10, 274
T. T. Lightfoot, 100, 540, 3000, 500, 900
John Player, 200, 140, 700, 50, 200
Nicksee, Parrish, 120, 680, 5000, 100, 600
Ab*sw*. Parrish, -, -, -, -, 200
J. D. Curry (agent), 200, 444, 4500, 500, 1050
Littleton M. Ross, -, -, -, 5, 140
Granville Burky, -, -, -, 5, 130
Geo. G. Thompson, 50, 110, 700, 34, 450
Nathan Lee, 20, 140, 1000, 200, 600
James L McCabe, 8, 152, 100, 20, 210
Robt. Ward, 14, 146, 50, 5, 90
Murrah Jones, -, -, -, 10, 240
James W. Higgins, 20, 42, 600, 100, 150
Wm. H. Persons, 230, 180, 5000, 500, 900
Jno. P. Lamp, 60, 215, 2000, 100, 500
Joshua Gist, 50, -, 500, -, 100
Catharine Reynolds, 72, 45, 113, 250, -
Daniel Wileoyen, 60, 327, 900, 100, 500
Dabney G. Rhea, 118, 750, 4000, 180, 250
Thos Austin, 100, 660, 4000, 100, 340
Wm. Ward, 16, 200, 1000, -, -
Alexander Hudson, -, -, -, -, 100
Robt. Higden, 30, 130, 500, 75, 200
A. J. Rowyer, 30, 12, 650, 75, 200
Wm. R. Tubbyville, -, -, -, -, -,
Lavia Reynolds, 20, 60, 400, 500, -
J. B. Royer, 50, 100, 500, 5, -
F. D. Thompson, 90, 392, 1300, 200, 560
Jno. C. Jackson, 350, 720, 4000, 1000, 900
Jirdon Lambs, 30, 120, 700, 75, 200
Jno. Denton, 50, 170, 1000, 120, 400
Wm. Bennet, -, -, -, -, 270
Jno. Durbin, 40, 120, 830, 100, 150
Jno. Morrow, 40, 110, 500, 75, 175
Hugh McVay, 55, 112, 1000, 75, 350
Wm. Phillips, 50, 270, 1000, 100, 350
Blassing Ham, 50, 210, 600, 75, 250
Jno. Hurd, 42, 120, -, 50, 225
Alex Durham, 30, 290, 500, 50, 250
Henry B. Old, 60, 100, 2000, 170, 500
Washington Tellow, 14, 66, 280, 70, 400

Labin Tubbyville, 100, 180, 1500, 200, 1200
Sarah B. Thompson, 200, 600 3000 200, 2000
C.C. Baily, 200, 420, 5000, 300, 540
Richd. Mann, 325, 1100, 16000, 500, 1720
Wm. B. Alsobrook, 900, 1220, 18000, 1000, 3400
Jas. Murphy, 40, 190, 500, 50, 80
Nathaniel Townsen, 30, 170, 400, 20, 150
Richd Pounder, 30, 100, 500, 25, 200
H. Blassingame, 30, 160, 400, 20, 140
David Nicholson, 80, 400, 3000, 200, 1000
Jno. A. Denton, 35, 125, 300, 40, 200
Jno. Allen, 150, 280, 1500, 640, 420
Albert Maize, 16, 144, 50, 5, 80
Jno. Houston, -, 160, 50, -, 80
-----------------line skipped---------------------
Justinian Williams, 6, 794, 800, 200, 220
Nathaniel Pride, 500, 1090, 1000, 500, 2200
J. A. Combs, 100, 580, 3000, 300, 850
Carter Blanton, 60, 340, 2000, 300, 850
E.M. Pride, -, -, -, 100, 650
Wm. Smith, 30, 330, 2000, 75, 290
Roberson Glass, 15, 40, 250, 10, 220
Greenbery Williams, 15, 145, 100, 10, 100
Chas. Wileayon, 20, 80, 60, 10, 75
Jas. Anderson, 25, 135, 500, 75, 270
Jesse Hays, 1, 40, 100, 10, 180
James Hogue, 35, 127, 300, 20, 175
Austin Copeland, 30, 135, 2000, 300, 325
George Thompson, 60, 20, 500, 300, 325
James Ross, 50, 80, 525, 10, 250
Henry C. Burns, -, -, -, -, 150
Lewis Cofield, 20, 110, 800, 20, 120
Jno. Ross, 13, 40, 200, 60, 210
Torrence Burns, 18, 142, 100, 8, 75
Jeremiah Burns, 35, 80, 2000, 15, 220
David Ross, 50, 70, 600, 75, 320
Drury Partham, 13, 87, 200, 10, 175
John Copeland, 35, 129, 600, 50, 210
Richd.Copeland, -, -, -, 15, 280
Wm. F. Gillespie, -, -, -, 150, 1050
Edwd. Keaton, 55, 42, 600, 50, 425
Henry Williams, 120, 340, 3000, 100, 450
Jos. Askew (Agent), 600, 640, 18000, 400, 2400
Lucind Mhoon, 320, 560, 5000, 300, 2000
Isaac Lane, 1400, 65000, 50000, 1000, 5585
Goodloe Malone, 100, 1112, 25500, 1000, 5045
James Burton, -, -, -, -, 200
Jno. Potts, 20, 400, 400, 10, 200
Benj. J. Smith, 40, 260, 1600, 70, 550
Manerva T. Harris, 380, 260, 8000, 40, 770
Saml. K. Oats, 600, 1207, 20000, 1000, 3710
James T. Haley, 450, 170, 7000, 250, 2200
James L. Long (Agent), 400, 300, 7000, 250, 1000
Wm. E. Bowling, 400, 500, 15000, 1000, 1710
Whitman Rutland, 550, 1500, 10000, 1000, 2800
Wm. Welch, -, -, -, -, 260

A. C. Barton, 550, 1200, 9000, 500, 3660
A. L.Garner, 1500, 1861, 67220, 1500, 10860
Chas. Williams, -, -, -, 150, 186
Sam. Pounders, -, -, -, 120, 361
J. C. Goodloe, 850, 1400, 30000, 3000, 6520
Robt. S. White, 350, 700, 7200, 1000, 1000
James McKay, 15, 305, 300, 100, 95
James Denton, 30, 233, 300, 50, 200
Martha Harris, 350, 600, 10000, 550, 1900
Wm. Cobb, 75, 500, 2500, 75, 1030
Richd Struch, 60, 300, 500, 75, 140
Easter Huston, 15, 145, 200, 35, 160
Jno. W. Freeman, 15, 145, 100, 35, 160
Jacob Albright, 46, 24, 800, 100, 185
Wm. Despruy, 60, 100, 1000, 100, 660
____. Dickson, 500, 5540, 2900, 550, 2050
Amana C. Barton, 1400, 8150, 81500, 1000, 7600
Hugh Barton, -, -, -, 25, 760
Jno. Rutland, 450, 1000, 14500, 300, 2240
Oliver Williams, 26, 134, 200, 10, 270
James Williams, 12, 148, 600, 10, 220
Mary E. Gibbs, 80, 80, 2500, 180, 600
Mary L. Carter, 50, 110, 2000, 30, 225
Alfred Pounders, 60, 60, 1000, 100, 350
Nancy Green, 80, 220, 1300, 100, 420
Mich Overcast, 20, 320, 400, 5, 130
Lem Pounders, 20, 140, 200, 5, 200
Wm. Hamilton, 150, 330, 3000, 60, 600
George Overcast, 50, 110, 600, 75, 520
H. Adkerson, 50, 190, 1000, 100, 475
Saml. Greenhill, 200, 280, 3500, 400, 1900
Alex Gibbs, 150, 170, 3500, 250, 850
Laurence Thompson, 550, 1320, 26000, 370, 1220
Nancy M. Green (erson), 80, 240, 1500, 200, 450
Emily Overcast (erson), 20, 300, 4000, 5, 125
Lemuel Pounded (erray), -, -, -, -, -
Anderson Fielder, 45, 56, 700, 10, 350
Wm. Curry, 50, 110, 1000, 60, 300
Albert Goodloe, 200, 440, 2500, 400, 1210
Wm. Pride, 300, 660, 6000, 500, 2200
David A. Cullighan, 15, 145, 200, 15, 150
Francis Curry, 50, 40, 500, 30, 250
James Douwthat, 50, 150, 1000, 60, 520
Wm. Byrd, 200, 300, 3000, 100, 1050
Ellet Morris, 75, -, -, 75, 500
Jno. Porterfield, 50, 130, 400, 200, 500
Robt. Rackard, 40, -, 200, 85, 400
Jno. Rackard, -, -, -, 40, 250
William Inman, -, -, -, 5, 150
Don Thompson, -, -, -, 50, 180
Joseph Rutland, 70, 270, 3000, 200, 500
James Inman, 45, 35, 200, 20, 225
Thos. Thomason, 50, 189, 300, 5, 275
Jas. Donelly, -, -, -, 50, 525
Wm. C. Davault, -, -, -, 5, 175
Jno. Byrd, 60, 20, 1000, 50, 635

Reuben Moody, 35, 45, 400, 50, 500
Jno. M. Hughs, 20, 20, 100, 10, 152
Vincent Malone, 20, 20, 100, 5, 100
Sylus Flake, 30, 130, 300, 10, 325
Caswell Green, 20, 140, 200, 10, 300
Jesse Green, 50, 290, 800, 50, 350
Alsom Coats, 15, 145, 150, 10, 120
Jefferson Royer, 15, 325, 300, 5, 250
Allen Thompson, 45, 295, 300, 5, 250
Thos. W. Wheeler, 70, 240, 1500, 50, 425
Edmond Cades, 100, 240, 3000, 100, 750
G. W. Welch, -, -, -, 20, 250
N. Carson, -, -, -, 50, 400
Littleberry Cheatham, 160, 126, 2500, 75, 1100
Saml. Watts, 55, 100, 1000, 50, 380
Mayer Gadd, 80, 120, 1000, 200, 650
Tillman Gadd, 30, 70, 500, 50, 180
Henry Bunn, 40, 405, 300, 75, 300
Wm. B. Carter, -, -, -, 50, 200
Wm. Smoot, 20, 20, 400, 100, 600
Jno. N. Liggon, 100, 380, 3000, 75, 900
Rich. Burruss, 25, 175, 600, 25, 530
Richd. Penick, 350, 585, 5000, 1000, 1800
H. Gargus, 100, 300, 1000, 120, 450
Thos. Pope, 175, 160, 2000, 100, 500
Aaron Buck, 100, 140, 2000, 100, 350
Henry Roberts, -, -, -, 300, 1350
A, M. McCollum, -, -, -, 300, 1500
Wm. Cross, 200, 140, 3000, 400, 1800
Jas. Roberts, 600, 480, 7500, 700, 2500
George Basden, 120, 160, 2000, 75, 750
Jno. Kumpe, 200, 240, 4000, 100, 1250
Jno. L. Malone, 530, 671, 2000, 4000, 2400
Thos Straton (agent), 300, 100, 4000, 100, 700
Jno, Remick, 150, 70, 2000, 75, 650
Andrew Bratten, 100, 220, 1500, 200, 600
Lorenzo Guy, 280, 100, 400, 300, 2600
Lewis Hogde, 200, 200, 4000, 100, 600
Robt. Elliott, 1000, 503, 20000, 300, 300
___.C. Carlock, 90, 70, 2300, 100, 580
Thos. Gibbs, 400, 30, 5300, 200, 2000
Albert Guy, 450, 440, 9000, 700, 2500
Caleb Hewit, 80, 80, 2000, 150, 650
Jno. Adams, 200, 120, 4000, 1000, 1200
-----------line skipped-------------------
N. W. Down, 600, 400, 15000, 500, 3000
___am Gurley, 500, 248, 10000, 1000, 2000
Polly S. Towns, 700 580, 12800, 500, 3000
___. D. Towns, 600, 160, 12000, 1000, 3000
Richd Lee, 150, 50, 3000, 200, 1500
Edward Elliott, 335, 145, 5000, 350, 1900
Edward DeLong, 500, 160, 9000, 500, 2500
Richd B. Long, 200, 170, 3700, 300, 1000
Bemond McKernan, 1900, 1200, 50000, 800, 4400
Hanibal Hamilton, 40, -, 400, 75, 300
Chas. A. Tiner, 450, 350, 16000, 675, 3120

Jno. L. Malone, 700, 200, 18000, 400, 3000
Jno. Hobgood, 800, 200, 10000, 1000, 3000
El_a Hobgood, 800, 300, 15000, 1000, 2000
Jno. Hogan, 1000, 200, 22000, 1000, 5000
Jno. H. Hogan, 600, 170, 21750, 1000, 3500
Edwd. Pearsall, 550, 550, 22000, 500, 3000
Macklin Sledge, 320, 240, 10000, 500, 1600
__.__. Liggon, 190, 170, 4000, 100, 300
J. H.Walker, 210, 270, 5000, 300, 965
G. W. Carroll, 1800, 1200, 60000, 1000, 10000
Maria Murphy, 250, 150, 6000, 200, 1250
D__. Vinson, 2400, 1400, 68000, 2000, 10300
F. W. Bynum, 1270, 907, 35000, 3000, 5000
R. Hughs, -, -, -, 20, 100
Garner Duncan, 40, -, 200, 10, 200
James Duncan, 30, 50, 300, 10, 250
Robert Spear, 30, 90, 150, 15, 200
Wm. Crosswise, 10, 30, 200, 20, 150
Jno. Mckain,40, 40, 320, 100, 400
E. M. Eggleston, 50, 70, 400, 50, 300
Wm. Gargus, 40, 40, 200, 40, 225
__. M. King, 50, 260, 1000, 50, 700
Daniel Harrison, 20, 40, 100, 10, 200
Edwd Phillips, 20, 180, 500, 5, 250
Jas. King, 80, 270, 1500, 40, 800
Jo. Young, 36, 101, 350, 20, 300
Thos. James, 40, 10, 200, 50, 275
Eginah Cobb, 300, 220, 10000, 4000, 1500
Clayton Davison, 200, 100, 5000, 200, 1200
Milus Davison, 80, 20, 2000, 30, 600
Isaac Winston, 2000, 1358, 30000, 1500, 10000
Wm. Jackson, 500, 900, 15000, 1500, 2500
P. W. Clayborne, 200, 120, 500, 120, 780
Jno. Alexander, 350, 160, 10000, 500, 1800
Jas. W. Alexander, 200, 160, 4000, 150, 1200
Asa Cobb, 200, 300, 5000, 500, 2200
Wm. Winston, 650, 350, 1300, 500, 3000
Stephen Winston, 220, 330, 6500, 350, 1400
N. J. Huston, 600, 409, 20000, 700, 3000
Saml. Ragland, 180, 55, 5000, 500, 2500
Saml. N.Coons, 300, 180, 9600, 350, 2500
J. W. Winter, 550, 200, 11000, 500, 1500
H. J. Pridge, 560, 900, 7000, 500, 3000
Hibernia Armnstrong,350, 180, 10000, 500, 2500
Stirling Williams, -, -, -, 20, 350
Warren Peden, 680, 707, 28000, 250, 4000
James Abernathy, 350, 290, 8000, 250, 1200
Estate Wm. O. Perkins, 800, 150, 13000, 500, 3500
George T. Goff, -, -, -, 10, 600
Elizabeth Cockburn, 600, 360, 12000, 500, 1700
Wm. L. Wallace, 100, 60, 3000, 50, 650
Wm. Tompkins, 170, 150, 2000, 100, 1100
Thos. Jenkins, 400, 140, 7000, 500, 1600
J. R. Cockville, 700, 1000, 45000, 500, 3500
Abram Ricks, 700 1000, 45000, 500, 3500
R. A. Goodloe, 600, 1000, 1500, 200, 4000

Henry Hyde, 200, 140, 3000, 100, 1700
Jno. Carlock, 400, 260, 10000, 500, 200
Wm. Sherrod, 1100, 1600, 40000, 1200, 7500
Jno. Rand, 650, 610, 15000, 200, 3000
Benj. Pearsall, 30, 20, 500, 10, 220
L. G. Garret, 300, 100, 10000, 200, 1200
Jno. W. Rhea, -, -, -, 50, 300
__. A. Johnston, 100, 160, 3000, 50, 600
__. A. Beknah, 88, 80, 200, 10, 180
C.W. Prout, 103, 106, 3000, 300, 600
Estate Hugh Warren, 160, 40, 3000, 250, 1000
Joshua Sledge, 300, 405, 14000, 1000, 2000
Fountain Armstead, 850, 350, 20000, 500, 4000
S. J. Ragland, 200, -, 5000, 700, 400
Jno. J. Morgan, -, -, -, 100, 250
Jno. T. Pride, 1000, 14000, 26000, 1500, 5000
Jas. Jackson, 300, 426, 7000, 300, 2000
Jno. G. Shine, 724, 350, 20000, 1000, 3000
Jno. A. Nooe, 550, 700, 12400, 400, 200

GREENE COUNTY

Agricultural and Manufacturing Census for 1850 Microfilmed by the Alabama Department of Archives and History under a Grant from the National Science Foundation

1850 Schedule 4 Agricultural –Dale to Marengo Counties

Filmed for the University of North Carolina from Original Records in the Alabama Department of Archives and History

These are the items represented and separated by a comma; for example John Doe, 20, 25, 10, 5,100
1. Owner
2. Acres of Improved Land
3. Acres of Unimproved Land
4. Cash Value of Farm
5. Value of Farm Implements and Machinery
13. Value of Livestock

The following symbol is used to maintain spacing: (-)

NOTE: In some instances where the first few letters of the first name or initials are missing and indicated with _, the microfilming did not pick up parts of the left margin for Greene Co.. for it was too close to the binding and could not be flattened enough. It is my understanding that the sheets once filled out were then bound. My guess is that the Alabama Department of Archives and History would not allow the books to be taken apart and had to be filmed as is. Thus, some parts of first names or initials are not visible on the film.

This county had a lot of land renters. The word rented was followed by a number written slightly above the word or written slightly different in the next column. Therefore I must assume that the number represents the number of acres rented—ie., Rented, 100 means the individual rented 100 acres probably of improved land, but could also have been unimproved if needed for animal usage.

The word "Lots" is sometimes used. I haven't yet figured out what it means.

F. T. South, -, -, -, -, 10
George Windham, 17, -, -, 8, 140
Wm. F. Monett, 750, 1450, 16400, 1000, 2400
Wm. P. Brown, 400, 449, 4000, 350, 1370
Erasmus Wynne, 730, 757, 12000, 1000, 2500
David Jackson, 150, 650, 4000, 450, 930
Alexd. C. McMillan, 60, 140, 1200, 50, 310
Elijah G. Melton, 80, 80, 1000, 150, 360
James J. May, 175, 485, 10000, 250, 1500
Est. Thos. H. Herndon, 1490, 1332, 15000, 1200, 3500
John W. Monett, 300, 400, 2500, 200, 1600
Thos. C. Osburg, 1, -, 550, 20, 175
Dectum, C. Strickland, -, -, -, 8, 135
Thos. W. Barker, 250, 350, 4000, 435, 2200
Wm. S. Bolding, 200, 664, 3000, 400, 1050
John L. Charles, 700, 517, 8000, 510, 2350
Kirks_e & Richardson, 100, 100, 15000, 515, 1950
Theodoric B. Randolph, 640, 75, 3600, 375, 2060
John Parker, 500, 300, 6000, 210, 2000
John L.Croom, 220, 180, 4000, 100, 680

Eloja W. Purnell, 450, 190, 9600, 500, 1620
George M. Mallory, 480, 40, 5000, 450, 1020
Osmun A. Wynne, 700, 420, 8000, 900, 3065
Saml. Pickens, 410, 99, 6108, 500, 1568
Edward F. Holcroft, 81, 125, 1540, 75, 642
Richard Eppes, 12, 40, 337, 12, 103
Lassiter & Phillips, 160, 150, 1580, 150, 400
Simeon Lester, Rentor of ____ Lestor, -, 75, 450
John Lester, 140, 180, 1600, 220, 270
William B. Drake, 80, 371, 2255, 250, 1280
Allen McAllister, 50, -, 100, 45, 225
Harrey Tindel, 200, 200, 4000, 150, 1000
Mark J. Southworth, Rented, -, 10, 50
Robt. Fitz, Rented, -, 20, 200
J.E. & T. B. Lipscomb, 230, 250, 6000, 600, 1700
James J. Huckabee, 500, 234, 12000, 1000, 3145
Mary Jolly, 40, not owned, 40, 251
James Bucanan, 40, Rented, 40, 388
Mary Bucanan, 50, Rented, 75, 290
William A. Summors, 60, 100, 1200, 15, 305
Jessee H. Garrett, 75, 85, 1600, 300, 1130
William Weems, 50, 60, 400, 45, 410
Anthony Rackley, 60, 100, 1600, 35, 455
John R. Webster, 120, 142, 5237, 415, 650
Paul C. Cameron, 1100, 580, 15800, 950, 3070
Maria Ward, 90, 50, 2800, 40, 270
John H. Bragg, 265, 81, 4500, 450, 870
John May, 300, 180, 9600, 400, 1055
James May, 260, 140, 6000, 235, 1630
Edwd. I. Carrington, 800, 160, 14400, 1500, 3130
Allen C. Jones, 1200, 120, 19800, 970, 3920
Henry Haslip, 80, 120, 1200, 170, 320
Pleasant Gills, 80, 120, 960, 60, 303
Robt. Wynne Jr., 225, 95, 6000, 325, 1050
James Dorrah, 253, 1221, 4711, 445, 917
George W. Watt, 28, 372, 400, 30, 328
James Wills, 500, 220, 9600, 550, 2200
Mary McAlpin, 25, 55, 400, 40, 350
Alexd. S. Daniel, 65, Rented 600, 25, 357
Alfred Clement, 1000, 1000, 20000, 950, 4550
Jacob Cockrell, 350, 290, 6400, 305, 1190
William Newell, 200, 140, 4000, 430, 718
_anders Walker, 160, 80, 1900, 200, 763
Abner McMillan, 300, 395, 7600, 425, 1900
William J. Hutten, 130, 150, 2800, 175, 910
_. Bigby Faom, 150, 490, 1920, 290, 500
Elizabeth M. Thomas, 325, 225, 4500, 365, 1382
Josiah Ricks, 150, 250, 4000, 350, 465
M & J.M. Jones 105, 215, 3200, 50, 485
John P. Rice, 400, 202, 6025, 370, 1755
Fields Bradshaw, 12, Rented 100, 10, 150
Thomas Kennedy, 80, 40, 1200, 35, 460
George P. Basker, 142, 74, 1728, 152, 712
E. & Jas. Steele, 275, 149, 3392, 312, 1000
Francis B. Mabry, 12, Rented 100, 25, 80
William W. Paschal, 200, Rented 3000, 150, 805

Sarah F. Hatrup, 75, 55, 200, 150, 455
Benj. L. Long, 50, Rented, 800, 100, 400
Edwin Hatfield, 50, 31, 1000, 65, 455
William Pettigrew, 160, 320, 6000, 590, 1000
James Roden, 410, 710, 6560, 565, 1254
Cyms Torbert, 320, 320, 3200, 375, 1100
Williamson Wynne, 225, 85, 1775, 490, 840
Saml. K. Jennings, 400, 240, 10000, 500, 1390
Edmund L. Kimbrough, 360, 80, 3600, 555, 1505
John Day, 13, Rented, 100, 40, 200
Adolphus J. Wynne, 500, 340, 5000, 350, 1200
Saml. Pickens, 200, 240, 4400, 350, 1290
Saml. Canebrake, 1000, 1300, 38000, 2150, 2870
William A. Melton, 350, 130, 500, 100, 850
David W. Brodnose, 500, 400, 4000, 450, 1480
Ephraim P. Davis, 400, 400, 2500, 400, 775
Francis H. James, 340, 140, 3840, 200, 1005
Benjamin Borden, 500, 270, 6000, 260, 1350
Edward Bayol, 200, 200, 4000, 500, 1150
L & M Cocke, 200, 50, 1500, 300, 1516
John Cocke, 900, 770, 16000, 920, 3300
Elijah W. Harris, 600, 220, 10800, 900, 2325
Henry C. Robertson, 240, 20, 3900, 300, 700
Patrick May, 450, 326, 15347, 650, 1455
Pleasant W. Myers, 300, -, 600, 330, 395
Henry Wilson, 250, 230, 9600, 425, 1100
Moody & Walker, 200, 200, 600, 335, 1660
Wesley Richardson, 9, 31, 500, 10, 160
Edward Wa___, 60, Rented, 800, 75, 360
William C. Oliver, 400, 4, 500, 125, 200
Phillip C. Lightfoot, 130, 30, 3000, 375, 1300
Harriet Reid, 120, 40, 3200, 150, 565
Anne Locke, 500, 100, 9000, 590, 1625
Robert Lewis, 80, Rented, 1000, 100, 420
John H. Burten, 120, 98, 6700, 355, 2322
William E. Carrington, 120, 40, 1600, 400, 500
William Jones, 700, 290, 16400, 500, 2968
Gabriel P. Davis, 80, Rented, 1000, 100, 420
Thomas M. Johnston, 1500, 380, 40000, 2219, 7273
Aquilla J. Gibson, 140, 10, 1800, 130, 200
Richard H. Lewis, 480, 320, 8000, 780, 2730
David D. Paul, 156, 61, 2712, 175, 450
Robert S. Tinker, 400, 110, 10000, 700, 2250
Joseph L. Whitsitt, 350, 100, 6500, 400, 1330
C & D Tolson, 160, 40, 1200, 225, 488
George W. Tolson, 125, 75, 2800, 125, 1000
John T. Jackson, 280, 40, 4000, 200, 1225
Mary W. Frierson, 125, 100, 2500, 370, 900
Archd. B. W. Hopkins, 60, Rented, 100, 80, 400
George F. Pierce, 100, 40, 4000, 635, 410
Jacob Heggins, 75, Rented, 1000, 200, 790
Benjamin F. Hendon, 1, -, 30, 0, 125
Stephen Smith, 100, 140, 4500, 265, 350
William T. Hendon, 300, 120, 4000, 280, 1350
Soloman Ward, 30, 19, 1000, 75, 275
William H. Moore, 2, 7, 700, 10, 237

Isaac Hardy, 36, 34, 1100, 30, 240
John Seabrook, 11, 10, 600, 30, 130
George Hagan, 20, 22, 600, 30, 130
John W. Davis, 16, 31, 640, 100, 265
William H. Borden, 25, Rented, 250, 40, 21
John Simpkins, 5, -, 35, 10, 175
Hardy Hill, 50, 45, 1187, 200, 450
Alfred Seaten, 15, Rented, 150, 150, 353
Lawrence Duffin, 1, -, 50, 0, 145
David W. Borden, 35, 15, 3000, 615, 1525
Absolem C. Hardin, 200, 240, 8000, 300, 810
Cameliam H. Davis, 20, Rented, 200, 75, 75
Thomas H. Crown, 500, 112, 10000, 630, 1935
Luey Abroom, 370, 110, 9000, 225, 740
Reubin Seay, 800, 500, 8000, 225, 740
Alford Perry, 100, 60, 500, 150, 340
Benj. P. Ferrell, 9, Rented, 90, 30, 120
John R. Willingham, 50, 110, 800, 60, 357
William S. Mays, 45, 75, 800, 25, 187
John W. Mays, 40, 80, 600, 15, 284
Henry Jordan, 25, Rented, 250, 20, 245
John T. Creswell, 500, 2200, 13475, 350, 2020
James Kennedy, 700, 1220, 18000, 1310, 2400
Martha Kennedy, 50, 110, 1000, 25, 710
William Anderson, 125, 155, 1400, 285, 32
William K. Brown, 50, 350, 2000, 80, 330
Samuel Stokes, 2, Rented, 50, 10, 175
William A. Ferrell, 280, 80, 2500, 365, 730
Alexander McAlpin, 300, 1000, 4500, 400, 960
James McDonald, 300, 260, 2800, 600, 1610
Elizabeth Stringfellow, 100, 200, 1500, 215, 465
Rachel Day, 100, 60, 300, 85, 260
Joshua T. Melton, 520, 160, 5440, 755, 1490
John Kinard, 70, 50, 350, 35, 152
Jessee A. C. Melton, 35, Rented, 200, 30, 100
Lemuel, D. Hatch, 300, 700, 6000, 400, 1552
Harriet Stickney, 500, 500, 5000, 580, 1500
Richard C. Davis, 260, 350, 4000, 350, 800
Isaac Smith, 240, 80, 1920, 225, 1253
Jane Duffhey, 600, 360, 7680, 645, 1290
Ann Averys, 400, 150, 10000, 525, 895
John H. Cocke, 856, 522, 13780, 900, 3075
John May, 1000, 160, 9280, 700, 1670
Rebecca Keys, 100, 7, 1070, 230, 360
George H. Key, 15, 9, 200, 230, 146
David M. Key, 30, 16, 268, 6, 225
Joel M. Keys, 15, 9, 200, 6, 65
Martha Briggs, 110, 50, 1120, 45, 280
William Hopper, 210, 156, 3600, 365, 850
John Nelson No. 1, 900, 540, 17960, 1000, 1284
John Nelson No. 2, 540, 140, 16000, 400, 1302
John Nelson No. 3, 800, 100, 9000, 1120, 3150
Anson Norwood, 350, 171, 5200, 425, 1100
Malinda Briggs, 75, 5, 800, 200, 200
Gideon E. Nelson, 500, 578, 9700, 578, 1840
Hiner D. Wynne, 245, 75, 4800, 300, 922

George D. Wade, 15, 65, 640, 15, 150
Alexander D. Sneed, 80, Rented, 800, 145, 540
Francis Marshall, 265, 550, 3200, 405, 900
R. F. & J. H. Williams, 300, 25, 7500, 600, 1690
John Erwin, 1390, 390, 33200, 1370, 6250
John Herron, 25, Rented, 250, 15, 145
Elizabeth Herron, 60, 100, 1600, 10, 252
John W. Walton, 615, 100, 10880, 730, 7287
William Walton, 750, 50, 10472, 925, 3410
W & J (S) Walton, 450, 220, 9300, 700, 3410
Andrew L. Pickens, 500, 250, 10000, 500, 1800
David T. Stephens, 550, 212, 9000, 800, 3225
Alfred Hatch, 160, 140, 3000, 100, 610
Thomas Gresham, 345, 135, 10000, 495, 1490
Volney Boardman, 240, 80, 2560, 300, 980
John Atkins, 240, 80, 1920, 200, 452
William W. Eddins, 150, 10, 200, 527, 1310
Nancy Shivers, 200, 400, 6000, 125, 455
Daniel Eddins, 240, 40, 5000, 780, 975
John S. Haywood, 290, 30, 5120, 301, 980
James Head, 250, 190, 6600, 320, 1170
Burrows W. Head, 120, all of the above, 225, 540
Robert Carlisle, 250, 47, 2400, 440, 1180
Willis Peteet, 100, 47, 1000, 50, 485
Est. James S. Jones, 1600, 590, 18000, 1090, 3919
__no Hanna, 350, 150, 4000, 500, 1300
Nicia Lavinder, 95, all of the above, 140, 470
Mises Hellen, 250, 450, 8000, 300, 800
William Hellen, 20, 10, 120, 20, 490
Thomas L Spring, 150, 90, 2000, 325, 710
Mathew Hales, 20, Rented, 100, 15, 100
Biley Hales, 40, 40, 400, 8, 275
Josiah Hales, 60, 60, 660, 30, 155
William B. Rainey, 10, 30, 200, 15, 80
Mary L. Rainey, 20, 60, 400, 15, 186
Jonathan Childers, 110, 155, 1825, 525, 800
Andrew Norwood, 250, 490, 4000, 610, 1455
James Beatty, 30, 10, 200, 15, 200
Peter D. Robinson, 140, 260, 3000, 150, 960
Johnston Johnston, 80, 420, 25000, 2500, 1670
Pleasant T. Tannill, 60, 152, 1000, 50, 450
Daniel B. Sample, 300, 540, 5000, 490, 1515
Curry Thompson, 175, 145, 1840, 350, 1320
Meriwether L. Conner, 45, 35, 200, 100, 455
Jonathan McGee, 70, 90, 1500, 100, 490
Thomas B. Edmondson, 200, 440, 3200, 150, 640
John H. Meriwether, 20, 20, 50, 50, 130
Lucinda Lewis, 80, 280, 1800, 150, 440
Mary A. True, 100, 60, 1500, 100, 400
Elizabeth Wedgeworth, 200, 220, 4800, 130, 650
Larkin Wedgeworth, 125, 115, 2400, 275, 614
Henry Willingham, 70, 170, 1200, 85, 390
Daniel Mays, 37, 243, 1500, 20, 185
James T. May, 12, Rented, 100, 6, 50
James F. Mays, 70, 90, 1120, 20, 179
Mary A. Willingham, 95, 345, 2200, 150, 334

William A. Rogers, 650, 750. 8000, 800, 800
John Mitchell, 120, 80, 800, 100, 250
__os Amason, 100, 100, 1000, 75, 750
Jefferson Reynolds, 180, 260, 2300, 100, 650
__chal P. Parham, 400, 400, 7000, 200, 850
Moses H. Pearson, 450, 350, 7000, 200, 850
Penelope Sweatman, 25, Rented, 250, 10, 230
William C. Adams, 200, 200, 4000, 300, 1000
Thomas A. Morgan, 150, 50, 1200, 150, 1100
Alexander W. Rogers, 60, Rented, 500, 100, 400
__an Winston, 850, 850, 8000, 400, 2150
George G. Snedicor, 200, 400, 2000, 300, 900
Isiah Collins, 450, 400, 7000, 500, 2300
Jesse Gorden, 200, 420, 2400, 150, 800
Elisha A. Rogers, 50, Rented, 400, 100, 250
Arnold Jolley, 600, 900, 10000, 500, 2830
John Thomas, 100, 100, 1000, 150, 500
James P. Duncan, 80, 70, 1200, 100, 510
William H. Foster, 30, 110, 500, 75, 200
Simeon Carpenter, 300, 300, 6000, 300, 1200
Francis M. Hutton, 210, 30, 1500, 150, 650
Aquilla D. Hutton, 320, 440, 10000, 500, 1260
Priscilla Coleman, 150, 127, 2500, 200, 730
John Strait, 60, 180, 1000, 200, 430
Abraham Alford, 60, 124, 1000, 30, 300
Nancy A. Doss, 30, 90, 600, 50, 150
Jesse Hill, 50, 11, 300, 300, 860
James Riley, 20, Rented, 150, 10, 70
Albert G. Durm, 25, Rented 200, 5, 75
William Hales, 60, 100, 640, 100, 283
Francis Caines, 20, 60, 400, 10, 120
Stephen Wiggins, 120, 40, 1000, 250, 450
George Cameron, 30, 130, 300, 100, 525
John M. Hitt, 250, 218, 3000, 400, 1300
James Sims, 100, 60, 500, 100, 300
John Tisdale, 80, 40, 700, 150, 250
James G. Y. Raynes, 100, 100, 1000, 100, 625
William C. Cobb, 150, 160, 2000, 200, 675
Cynthie Carous, 185, 135, 2000, 300, 800
Isiah P. Kirksey, 120, 260, 1200, 200, 3511
Henry T. Craft, 800, 1087, 7000, 500, 1500
Joseph Childers, 100, 260, 1600, 30, 540
Francis M. Childers, 130, 350, 1200, 230, 290
William G. Childers, 130, 30, 600, 100, 357
Joseph C. Hopkins, 50, Rented, 200, 20, 143
Elizabeth Carpenter, 100, 300, 2000, 5, 150
Jesse H. Butler, 25, 80, 400, 10, 265
David Butler, 500, 800, 10000, 500, 1700
Phebe Parham, 125, 35, 1500, 150, 275
Hugh Cameron, 15, Rented, 100, 80, 140
Peter B.Cook, 30, Rented, 150, 10, 75
William Cameron, 40, 40, 500, 50, 510
William O. Baskin, 150, 330, 2000, 50, 207
John A. J. Gordon, 75, 125, 1000, 10, 330
Hilliard Carpenter, 40, 140, 550, 50, 230
__bert Smith, 50, -, 230, 30, 225

Amia Smith, 25, 55, 500, 45, 290
William Bibb, 75, 125, 700, 50, 200
Malcomb Campbell, 10, 70, 500, 40, 200
James Stephens, 200, 340, 2700, 175, 610
Benjamin Hill, 40, 30, 300, 10, 90
Montgomery Carleton, 180, 140, 500, 100, 440
___ght W. Smith, 100, 70, 4000, 100, 500
Patsey Walker, 100, 70, 1000, 150, 900
James Grear, 60, -, 300, 100, 220
Robert F. Stewart, 120, 220, 1600, 400, 525
Zebulan McNeese, 130, 30, 800, 130, 400
Permelia George, 350, 700, 5000, 150, 500
Joseph Rasberry, 150, 350, 4000, 150, 500
Nathaniel Cameron, 300, 710, 4000, 80, 510
Stephen D. Lwilley, 50, 60, 700, 80, 510
Green Boyatt, 10, Rented, 100, 40, 80
Nancy A. Brown, 70, 90, 1000, 50, 400
William L. B. Filman, 230, 200, 2500, 200, 810
Hiram Tilman, 50, Rented, 500, 150, 650
George W. Morris, 40, 20, 500, 40 165
Andrew McClintock, 20, 40, 500, 20, 100
Green B. Morris, 50, Rented, 500, 25, 100
James Sandiford, 75, 225, 1000, 75, 300
Marg Hales, 30, Rented, 300, 20, 275
Thomas S. Patterson, 50, 70, 600, 80, 290
Seaborn Travis, 105, 233, 1014, 90, 570
Benjamin Travis, 70, 283, 1665, 100, 640
Elijah Willingham, 200, 358, 3048, 320, 654
Lewis Windham, 80, 120, 1500, 34, 260
Romulus Y. Woods, 120, 120, 1500, 290, 716
Winneford King, 125, 155, 720, 75, 355
Thomas W. King, 175, 145, 1200, 80, 495
William H. Hester, 155, 245, 2000, 250, 675
Robert N. Ellis, 200, 360, 3360, 325, 715
Orrey A. Williams 90, 110, 600, 25, 175
Drury King, 200, 200, 3000, 250, 235
William Hester, 30, 90, 370, 25, 195
James Carroll, 10, 70, 200, 15, 180
Robert Martin, 45, 215, 780, 90, 205
Drury A. Wilson, 50, 110, 800, 40, 303
James Martin, 120, 110, 640, 290, 410
Granbery Laurence, 40, 40, 400, 40, 120
John McMillan, 100, 220, 1600, 40, 325
William H. McMillan, 30, 90, 500, 7, 130
Levi R. Livingston, 25, 15, 80, 5, 80
Isaac C. Wheeler, 200, 200, 700, 100, 290
John M. Bates, 200, 320, 3500, 415, 760
John P. Rhodes, 80, 80, 400, 50, 235
John A. Woodall, 15, Rented, 150, 10, 90
William Johnson, 12, Rented, 100, 10, 125
Phans Martin, 70, 50, 600, 200, 463
John Martin, 30, 10, 300, 225, 400
Henry P. Cox, 600, 200, 6000, 600, 1580
William B. Beverly, 300, 149, 1347, 150, 2268
Nancy A. Hill, 700, 300, 8000, 710, 1600
James D. Webb, 15, 12, 1400, 100, 400

John Bucannon, 50, -, 150, 10, 75
Richard Massey, 120, 245, 2920, 300, 490
Washington P. Hutchins, 400, 900, 10000, 400, 975
Jessee Ruckley (Buckley), 100, 140, 300, 30, 275
Thomas Selmon, 60, 93, 1500, 25, 240
Dennis Mercer, 65, 15, 400, 50, 124
Abner Chapman, 40, 120, 400, 25, 163
William G. Morris, 120, 120, 1200, 235, 546
John R. Witherspoon, 550, 370, 6790, 430, 1145
Lydia Avery, 70, 170, 960, 30, 445
George Sims, 200, 400, 1800, 215, 687
Mervin G. Dorman, 12, 33, 200, 80, 215
Nathan H. Gully, 45, 135, 600, 12, 135
Malvin R. Avery, 150, 430, 2720, 100, 485
Peter Evans, 100, 120, 700, 100, 435
James Brantly, 90, 190, 1500, 150, 600
David Turner, 100, 60, 500, 80, 360
Peter Stokes, 600, 400, 12000, 75, 540
William Martin, 300, 500, 3200, 235, 575
Sarah Idom, 80, 80, 640, 10, 55
Jackson Idom, 20, 20, 200, 60, 120
William Y. Idom, 20 Rented, 150, 10, 135
Martha Cochran, 90, 20, 800, 75, 244
James D. Herrell, 35, all of the above, 15, 217
John W. Dillard, 350, 534, 5304, 350, 1165
John H. Leslie, 50, 33, 300, 30, 255
Turner Wilson, 80, 200, 1200, 325, 370
John D. Holly, 26, 54, 480, 25, 130
McDonald Stringfellow, 300, 740, 4000, 350, 1000
Lucy D. Barge, 200, 520, 1080, 150, 500
Robert D. Redding, 35, 45, 300, 25, 190
Henry Parr, 240, 160, 1600, 200, 725
Mary Lyles, 140, 60, 800, 15, 210
Andrew J. Mayfield, 140, 40,500, 300, 350
Newton G. Roberts, 40, 80, 480, 75, 300
George W. Roberts, 40, 120, 640, 30, 95
Curry W. May, 15, 25, 160, 25, 300
Jonathan May, 90, 230, 1500, 200, 417
Elizabeth Minder, 60, 100, 500, 20, 135
Charles Windham, 40, -, 120, 60, 133
James M. Minder, 30, 10, 80, 10, 110
George B. Spivey, 35, 45, 500, 30, 175
Thomas McCullough, 10, -, 300, 50, 90
Jedediah M. Spencer, 240, 130, 2900, 300, 1160
Henry Eatman, 200, 120, 1800, 360, 370
John Coleman, 772, 545, 11050, 500, 2650
Daniel P. B. Coleman, 150, 370, 3640, 65, 600
Jubal Carpenter Sr., 450, 455, 10455, 517, 1940
Nathan M. Carpenter, 115, 85, 220, 20, 355
Cyrus C. Pippin, 90, 110, 1600, 435, 545
Jonathan Cockrel, 200, 315, 2575, 485, 845
Joseph W. Jones, 25, Rented, 250, 35, 160
Bethena Pippin, 350, 320, 6600, 630, 2000
John Dunlap, 400, 280, 5440, 530, 1175
James R. Dunlap, 366, 194, 6720, 350, 1500
Ezekiel B. G. Steel, 170, 70, 2400, 500, 1375

Henry Dance, 60, 125, 2312, 365, 400
John G. Sears, 130, 50, 2500, 200, 636
Tilman Hicks, 400, 200, 5000, 380, 1380
Robert Free, 140, 140, 1300, 292, 375
Mary Bizzell, 80, 160, 1100, 145, 540
William H. Bizzell, 40, 80, 960, 5, 125
Hannah E. Cook, 200, 280, 3840, 575, 1160
Stephen R. Cook, 80, 80, 1280, 30, 490
Garry Sims, 100, 600, 600, 75, 145
Priscilla Hatter, 200, 40, 2400, 310, 900
James Meachan, 550, 170, 4200, 750, 1200
John H. Chapman, 70, 100, 600, 50, 335
Allen H. Falconer, 15, Rented, 150, 35, 155
Atway M. Birchett, 2, Rented, 75, 200, 730
John H. Copp, 6, Lots, 300, 300, 835
Stephen Moore, 1, Lots, 100, 75, 270
John G. Coleman, Sr., 150, 250, 2000, 25, 280
William O. Head, 200, 88, 3000, 590, 815
Nathan Crumpley, 39, 1, 70, 10, 144
Cephas L. Wilson, 250, 190, 3000, 385, 710
John G. Coleman Jr., 150, 150, 2250, 260, 800
Grayfield Gosa, 180, 20, 2000, 340, 1265
John Richardson, 160, 160, 1920, 320, 440
Allen Hobson, 300, 340, 5600, 336, 1247
F. P. Strother, 14, Rented, 100, 15, 275
William T. Bell, 55, Rented, 400, 20, 215
Alleway R. Davis, 200, 190, 4500, 425, 660
Thos. & J.M. Page, 2, -, 100, 50, 260
Simeon Williams, 75, 5, 320, 15, 130
James Murphey, 100, 80, 2000, 165, 425
Sarah Brown, 60, 120, 2700, 75, 265
Judith Bevel, 25, -, 3500, 60, 400
Callin Wilson, 4, Lots, 600, 50, 625
Hillery Alman, 4, Lots, 150, 160, 625
William Perkins, 40, 40, 1600, 100, 585
Saml. R. Murphey, 100, 150, 1750, 200, 516
William Aurson, 18, -, 3000, 100, 80
Charles P. Sanders, 10, Rented, 2000, 125, 480
__tonis A. Wyser, 50, -, 500, 250, 400
Soleman McAplin, 1500, 1110, 25000, 2000, 1776
Solomin Stend, 60, Lots dc, 1000, 100, 720
Nicholson R. Morgan, 250, 380, 3780, 600, 943
Joseph W. Hall, 325, 330, 6000, 500, 2675
Wiley Coleman, 300, 2000, 5000, 400, 630
Nancy F. Foster, 130, 50, 2600, 75, 465
Malinda Sims, 10, 15, 2500, 40, 125
Letitia Ellis, 3, -, 600, 5, 25
William F. Peirce No. 1, 180, 300, 2880, 350, 455
William F. Peirce Home, 280, 200, 2400, 450, 1640
William Scarbrough, 3, Lots, 250, 5, 27
Young L. West, 400, 240, 6400, 500, 700
Danl. L. Creswell, 900, 1040, 28070, 1255, 3920
Robert Creswell, 100, 60, 1600, 50, 935
David Creswell, 300, Rented, 3000, 100, 635
John W. Elliote, 4, Lots, 140, 15, 120
Larkin Chiles, 300, 300, 5000, 325, 1195

Isaac L. Jordan, 18, Rented, 200, 50, 130
Moses Hubbard, 8, Rented, 100, 50, 330
William B. Harkins (Haskins), 230, 120, 3500, 420, 1850
Stephen Williams, 8, Rented, 100, 25, 60
Simeon Maxwell, 500, 696, 6000, 550, 1600
__ndinelo F. Price, 35, 47, 820, 20, 350
Dempsey Harrison, 100, 200, 300, 630 780
Mary A. Gill, 70, 127, 2000, 60, 435
John McAlister, 18, 10, 500, 60, 155
James Carpenter, 350, 650, 7600, 530, 2875
Duncan Dew No. 1, 500, 350, 3500, 600, 2100
Duncan Dew No. 2, 1300, 300, 16000, 1125, 3800
Robert G. Hamel, 24, 16, 750, 30, 320
John T. Knowles, 12, Lots, 150, 10, 75
Stephen F. Hale, 75, Rented, 700, 70, 250
James C. Coleman, 650, 550, 9600, 540, 2500
William Sears, 45, 130, 1750, 175, 385
Joseph Pickens, 900, 512, 10000, 1010, 5000
Robert W. Hill, 150, 170, 3000, 150, 565
William C. Edwards, 400, 200, 4000, 570, 925
Alexander Graham, 710, 400, 12000, 1200, 22311
Daniel A. Graham, 100, 60, 1200, 50, 603
Edwin Reese, 4, Lots, 700, 20, 185
Est. G. Hays, No. 1, 850, Unknown, 20000, 1020, 3875
Est. G. Hays No. 2, 530, 2000, 20000, 800, 2952
Robert B. Dunlap, 300, 80, 5700, 75, 817
John W. Wommack, 450, 1000, 9000, 480, 420
Nancy Foster, 400, 290, 15520, 610, 824
Madison B. Posey, 60, 20, 300, 125, 610
_am B. Thompson, 280, 180, 6500, 100, 260
Harry J. Thornton, 31, 11, 6500, 100, 260
William Colvin, 20, 20, 200, 10, 155
Nancy Colvin, 20, 60, 480, 100, 225
Dhabner Colvin Jr., 100, 20, 720, 60, 389
Ruben Hernvan, 65, 15, 260, 24, 118
John Robuck, 90, 100, 700, 100, 485
Jere H. Robuck, 4, Lots, 40, 15, 220
William Boyd, 2, Lots, 20, 30, 50
Andrew J. Underwood, 80, 60, 1000, 258, 700
Henry E. Brooks, 90, 150, 2100, 150, 640
John L. Farmer, 60, 120, 400, 100, 310
Ephraim T. Burton, 300, 390, 2760, 450, 1314
Henry Walker, 200, 164, 2724, 454, 793
Cephas Walker, 40, 40, 800, 75, 250
William Miller, 100, 124, 400, 260, 325
William R. Thornton, 35, 45, 160, 65, 275
John Powel, 27, 53, 160, 40, 75
Eldred Pippin, 450, 160, 6200, 1000, 2880
Jno. & Wm. Pippin, 400, 220, 6200, 425, 1200
James P. Pippin, 200, 200, 5000, 175, 7911
Abram F. Alexander, 800, 600, 16000, 8311, 3830
George Sharover, 100, Rented, 1250, 180, 715
Lermelia C. Bell, 100, -, 1250, 20, 1511
Asa White, 510, 600, 13750, 1030, 2965
Phillip Schappart, 2, -, 100, 60, 60
Sarah Roberts, 20, 20, 280, 30, 711

Martha & John Sears, 220, 300, 3600, 450, 860
William Herndon, 30, 10, 160, 15, 35
Salina Readle, 290, 11, 1600, 320, 450
Julius Cleaveland, 15, -, 1500, 60, 270
Robert Malone, 45, 95, 800, 50, 190
Beverly Greenwood, 300, 260, 2700, 130, 380
James R. Ward, 260, 60, 2000, 300, 900
John Hall, 200, 360, 2864, 400, 830
Albert Coleman, 30, Rented, 300, 20, 267
Benjamin Fason, 60, 20, 200, 30, 315
Joseph F. Fason, 60, 20, 200, 15, 190
David H. Coleman, 300, 300, 2600, 505, 935
Binam Colvin, 80. 76, 500, 40, 475
William F. Wilson, 30, 30, 150, 20, 100
William C. Mobley, 70, 90, 800, 40, 507
_oins Bains, 40, 15, 220, 23, 230
Henry Baines Sr., 100, 130, 1040, 10, 230
Henry Baines Jr., 25, Rented, 250, 20, 103
James Free, 30, 70, 600, 30, 370
Martha Colvin, 60, 20, 200, 15, 205
Martha Lay, 60, 25, 340, 10, 230
Simeon D. Free Sr., 153, 8, 644, 120, 360
Armstead Walker, 18, Rented, 180, 10, 73
Sarah T. Miller, -, -, -, -, -
Philemon Kirkland, 300, 260, 4680, 365, 900
John Parham, 250, 60, 1200, 150, 530
Benjamin Williams, 22, Rented, -, 8, 212
_auph Benton, 20, 120, 800, 20, 300
Nathan Richardson, 45, 135, 1500, 100, 230
John H. Strat, 100, Rented, 1000, 115, 280
__t_ B. W. Kennedy, 18, Rented, 180, 170, 600
Thos. Patman, 230, 230, 4360, 445, 1075
Francis Hobson, 323, 825, 13000, 750, 650
John N. Hutton, 270, 210, 2600, 450, 1000
Isaac Rutledge, 290, 242, 2700, 435, 1935
Henry W. Stafford, 160, 160, 1600, 280, 662
Jane Barry, 260, 180, 4600, 500, 1230
Augustus _. Hargraves, 100, 180, 980, 200, 346
Henry Watson, 850, 130, 10000, 2000, 2290
Reuben H. Jackson, 600, 720, 8000, 800, 1300
Johnaton Williams, 20, -, 300, 10, 203
Warren Kennedy, 600, 336, 8600, 500, 1700
__nus L. Tanstall, 600, 240, 10800, 475, 1600
William Walker, 240, 120, 5000, 553, 820
W. B. Lancaster, 10, -, 100, 5, 85
Peter E. Fortson, 175, 225, 2800, 100, 643
Drucilla Richardson, 100, 60, 960, 215, 750
Harriet _. Bacon, 60, 58, 530, 10, 210
Burrel Ridgway, 120, 120, 960, 215, 440
George Higginbothan, 550, 600, 12000, 200, 1200
__cas N. Gordon, 400, 240, 3500, 580, 1027
John Goin, 25, Rented, 250, 20, 190
John Eatman, 290, 150, 3000, 387, 942
Jonathan Harris, 225, 175, 2000, 230, 829
Alexander C. Harris, 80, 30, 300, 60, 203
Buford Kent, 145, 35, 1000, 150, 320

Jesse Williams, 45, 11, 140, 10, 120
Simon Murphy, 80, 160, 1300, 60, 257
Diby W. Ricks, 30, 10, 300, 5, 48
Thomas Driver, 123, 30, 600, 30, 309
Terrell Medlin, 140, 70, 100, 400, 368
Berry King, 200, 200, 1600, 350, 734
Henry Edwards 200, 150, 1750, 400, 808
John W. Scarboraugh, 25, Rented, 250, 10, 100
William Scarboraugh, 10, 90, 1000, 10, 333
William Horton, 50, 100, 3600, 435, 1966
Jesse Horton, 500, 560, 7980, 315, 1120
Charles _. Blaylock, 60, 90, 500, 20, 123
Andrew Hollingsworth, 90, 10, 300, 10, 152
Henry R. Cockrell, 25, Rented, 200, 15, 154
Asa Hicks, 100, 60, 560, 50, 270
Boykin Rice, 120, 70, 1300, 170, 351
James N. Murphy, 20, Rented, 200, 40, 153
Elizabeth Barnes, 23, 55, 800, 12, 50
Simpson Strickling, 60, -, 120, 40, 175
John Cockrell, 300, 227, 3500, 455, 1386
John P. Murphy, 140, 80, 1200, 70, 313
Jesse W. Fulgham, 380, 100, 1920, 245, 982
Ele Stringfellow, 220, 100, 1600, 312, 892
__nt Cockrell, 120, 40, 960, 30, 419
_arow Seymour, 20, Rented, 100, 25, 200
Bent Turnipseed, 60, 60, 600, 10, 207
Bailey Williams, 230, 50, 1100, 250, 415
Huey Williams, 30, 30, 400, 20, 217
Amos Eatman (Patman), 90, 30, 480, 55, 130
James A. Neal, 60, 60, 360, 35, 233
Jess Valentine, 100, 300, 700, 75, 300
John Upchurch, 70, 50, 400, 30, 280
Elizabeth O'Neal, 35, 5, 160, 12, 193
Barbara Horm, -, -, -, 11, 4
John Brassfield, 80, 40, 40, 25, 275
Thos. A. Williams, -, -, -, 10, 220
John A. Baskin, 300, 460, 3800, 465, 1570
James H. West, 110, 103, 1200, 105, 391
____. McBushalan, 45, 61, 900, 10, 200
Robert Barnes, 90, 110, 1500, 40, 302
John Gardy, 230, 304, 4500, 235, 731
Elizabeth Shelton, 150, 60, 1200, 260, 336
___. Garner Colvin, 200, 185, 2000, 70, 440
Charles H. Miler, 220, 77, 1782, 235, 800
Abel Upchurch, 70, 50, 480, 65, 455
Elaam Smith, 400, 400, 3000, 300, 1100
Allen Hall, 120, 60, 600, 150, 300
Delilah Wilson, 5, Lots, 100, 15, 70
Jeremiah Cockrell, 80, 43, 660, 20, 210
Sanford Cockrell, 45, 34, 320, 10, 140
Thompson Chiles, 200, 150, 912, 228 840
Elizabeth M. Riddle, 600, 140, 3050, 200, 818
Willis Merriwether, 400, 560, 5300, 700, 1375
John Estes, 120, 40, 800, 75, 439
Thompson Chiles Jr., 150, 100, 1500, 50, 245
William A. Merrill, 50, 30, 400, 25, 60

Zachry Merriwither, Jr., 700, 2800, 10000, 900, 2900
James M. Merriwether, 150, 10, 500, 100, 300
Susanna Haigwood, 25, 25, 100, 10, 45
Zachary Logan, 40, -, 60, 50, 840
Williamson Merriwether, 130, 130, 1560, 75, 390
Zachry McGhee, 420, 840, 5000, 130, 269
John Cochran, 90, 390, 1200, 150, 683
Samuel A. Wilson, 100, 370, 1640, 100, 728
William L. Merriwether, 30, 10, 260, 23, 300
Margaret McCrackin, 145, 60, 1000, 10, 221
John C. McCrackin, 140, 150, 1200, 60, 609
Mary McCrackin, 30, 150, 100, 8, 90
Thomas T. Tyree, 300, 200, 2500, 345, 1100
William B.Colvin, 250, 440, 2700, 297, 1018
Jesse Ellis, 36, 84, 680, 100, 135
Solomon _. Hite (Hitt), 80, 140, 1000, 75, 350
Daniel (David) R. Chiles, 250, 200, 300, 400, 1270
James Everett, 25, Rented, 250, 25, 200
Benj. Everett, 120, 320, 2500, 100, 360
John Everett, 80, 80, 300, 50, 65
David Hitt, 130, 280, 1500, 300, 550
Harris Samuel, 60, 32, 600, 100, 250
Isaiah Smith, 50, 30, 500, 50, 300
William H. Leney (sp?), 170, 120, 2000, 120, 500
Benj. Williams, 190, 529, 3000, 200, 750
Joshua T. Brown, 500, 1200, 7000, 1000, 2000
David Craft, 50, 30, 400, 20, 135
James Bizzell, 100, 220, 2000, 50, 290
Richard Wiggins, 60, 100, 1000, 50, 200
Barnaby Cox, 400, 1320, 10000, 500, 900
Elihu R. Steel, 600, 400, 15000, 300, 1400
Andrew S. Steel, 130, 40, 2000, 325, 400
Edwin Walker, 300, 900, 7000, 300, 950
Tobias Cox, 800, 480, 2500, 100, 400
Francis Parham, 300, 120, 200, 210, 869
William F. Parham, 30, 56, 400, 70, 250
John H. Mays, 150, 450, 4500, 380, 1025
Rufus R. Sims, 150, 1705, 7424, 25, 315
Moody H. May, 360, 814, 4584,1370, 885
David S. White, 100, 157, 1285, 152, 420
Margaret White, 70, 510, 1160, 25, 315
William P. May, 100, Rented, 1000, 25, 568,
Ezekiel W. Young, 9, 31, 100, 30, 183
John T. Brown, 200, 344, 3650, 240, 1006
John Shirley, 15, 25, 50, 10, 100
John Nin, 100, 420, 1550, 100, 954
Jonathan Hardin, 20, Rented, 100, 100, 58
George W. Knon (Kuon), 65, 175, 1000, 35, 400
Griffin Burns, 25, Rented, 250, 10, 143
George S. Jeffers, 45, 75, 400, 60, 360
James N. Steel, 80, 380, 2000, 3000, 400
George R. Stuart, 60, 120, 600, 100, 252
Richard Shirley, 30, 30, 90, 50, 75
Benj. N. Herrel, 6, 72, 100, 8, 75
William Burris, 135, 323, 2460, 525, 950
William McGiffert, 200, 1000, 6800, 200, 1361

David McGiffert, 70, 372, 2000, 130, 777
Peter H. Hamilton, 60, 20, 300, 70, 342
Mary Archibald, 15, 325, 1800, 175, 358
Alfred S. Allen, 38, 182, 1500, 90, 491
Phillip Happel, 2, Lots, 100, 10, 185
Willis B. Stokes, 130, 250, 6000, 200, 547
Pleasant W. Kittrell, 300, 240, 3000, 400, 2040
Charles V. Fortune, 1000, 3000, 16000, 1200, 15380
Henry Syning, 18, -, 300, 30, 60
Isaac _rerm, 90, 35, 700, 180, 820
Shelby Shadwick, 20, -, 410, 75, 308
Robert Shuckeford, 119, 140, 2500, 150, 3420
Robert C. Randolph, 1800, 800, 12000, 2000, 3420
George Kohler, 3, -, 700, 5, 95
Calvin Norris, 15, 45, 2500, 100, 340
Thomas Chilton, 20, 20, 2000, 50, 260
Francis M. Peterson, 2, Lots, 200, 5, 320
Eugene V. Levert, 9, -, 50, 20, 110
John May (Home), 40, -, 400, 125, 660
Eliza Pick, 10, -, 100, 15, 230
Patrick May (Home), 30, 34, 400, 40, 310
George Pollock, 2, -, 30, 10, 92
Henry Watson, (Home), 22, 10, 320, 50, 176
Bushrod W. Bell, 45, -, 100, 35, 260
Felix E. Grundy, 200, Rented, 450, 150, 1210
John P. Kerr, 50, Rented, 140, 65, 350
William H. Birchett, 90, 20, 800, 100, 380
Est. Harris Tinker, 1892, 668, 38400, 2000, 10277
Robert B. Waller, 692, 320, 6200, 1200, 1195
William M. Murphey, 400, 400, 320, 500, 1390
James M. Witherspoon, 35, 10, 450, 25, 328
William Jones (Home), 500, 600, 5000, 325, 1875
Saml. G. Briggs, 20, -, 1000, 10, 113
Kesiah Croom, 2, Lots, 200, 10, 188
John Erwin (Home), 90, 60, 900, 125, 620
John O'nitlo, 1, Lot, 100, 15, 55
Charles Whelan, 25, -, 250, 25, 345
Samuel Cowan, 2, Lots, 200, 10, 300
Stephen Davis, 1, Lot, 100, 5, 385
John Dubois, 1, Lot, 100, 5, 525
Martha W. Evans, 120, 200, 2000, 30, 680
Sarah T. Brown, 40, 40, 160, 10, 125
John C. McIntyre, 350, 570, 9500, 400, 1280
Isaac Logan, 160, 280, 800, 100, 1100
Thomas J. Anderson, 2, 9, 1200, 100, 250
Martha A. Hanna, 200, 575, 3000, 500, 1000
Jane Anderson, 450, 225, 2500, 800, 1286
Bryant Walker, 600, 1695, 8113, 600, 2150
Nancy P. Harris, 50, 10, 200, 20, 200
William Harris, 200, 320, 1300, 100, 450
Evan C. Harris, 130, 110, 950, 50, 200
John Harris, 200, 300, 800, 100, 700
William Nelson, 300, 700, 2000, 115, 1000
Archibald Harris, 100, 100, 1000, 100, 375
Nancy & James Collins, 200, 312, 1700, 175, 300
William Collins, 75, 125, 500, 25, 200

Jacob H. Collins, 100, 150, 600, 511, 500
William W. Breton, 400, 660, 4240, 300, 1710
Catharine C. Wilson, 150, 170, 960, 20, 400
__conias Wilson, 100, 100, 600, 80, 500
Christopher C. Gewin, 700, 900, 6000, 400, 2500
Robert G. B. McCall, 160, 160, 1500, 120, 450
Nicholas Bandrick, 2, Rented, 50, 5, 50
Daniel Ricard, 100, 100, 600, 10, 250
Catharine Harrison, 600, 600, 300, 250, 1000
Estate Parris Kinard, 150, 330, 960, 150, 500
Hilliard Chapman, 16, Rented, 160, 8, 85
Adam Presoc, 170, 270, 1980, 250, 500
James Kinard, 60, 120, 640, 50, 250
John Presoc Jr., 30, 10, 160, 10, 75
John Presoc Sr., 25, 135, 320, 10, 25
Phebe Freeman, 200, 200, 800, 150, 650
James Herrin, 25, Rented, 250, 75, 35
Moses Rhodes, 127, 200, 750, 25, 350
Thomas Rhodes, 85, 145, 1000, 100, 100
Stephen Herrin, 60, 100, 320, 10, 110
Sarah Jacobson, 20, Rented, 200, 5, 50
Wilkins J Sims, 300, 150, 5000, 500, 1000
Samuel Patton, 225, 295, 1600, 100, 500
Anderson F. Flynn, 200, Rented, 2000, 230, 115
John Warren, 100, 300, 800, 150, 600
James Mitchell, 150, 230, 760, 150, 350
William Patterson, 100, 220, 840, 100, 685
Mary Patterson, 75, 285, 325, 100, 225
James Nabors, 80, -, 500, 15, 230
Willis Chapman, 22, Rented, 150, 10, 125
Ransom Day, 200, 280, 1200, 425, 500
Daniel Ingram 50, Rented, 300, 50, 200
Jane Anderson, 45, Rented, 250, 20, 56
John B. Harry, 400, 680, 2500, 450, 1200
Joseph Jackson, 15, Rented, 200, 10, 150
Nathan G. Meeke, 40, 280, 400, 60, 200
Mary Powers, 100, 200, 600, 75, 230
John J. Williams, 50, 170, 440, 10, 150
John W. Jenkins, 100, 120, 660, 75, 650
Benton Madison, 300, 620, 2160, 400, 650
Jackson Crawford, 60, 240, 800, 60, 200
Meredith W. Powers, 30, 90, 260, 10, 150
Alexander Seal, 30, 50, 160, 5, 200
Orren Adams, 20, 160, 320, 5, 150
Joseph Rudd, 25, 70, 250, 5, 100
William Seal, 60, 80, 350, 60, 200
Hesekiah Seal, 15, Rented, 100, 5, 150
Robert Boutton, 38, 62, 250, 5, 150
James A. Madison, 125, 100, 1000, 100, 400
James M. Williams, 100, 60, 120, 15, 350
Frederick Hoggle, 30, 10, 100, 40, 200
William Wooten, 20, Rented, 150, 5, 60
William Lalner, 80, 80, 350, 60, 200
Levi Smith, 35, Rented, 150, 5, 150
Absolem Taylor, 20, Rented, 100, 5, 80
Burrell Sims, 27, Rented, 100, 5, 60

John M. Stephens, 20, 60, 200, 5, 15
Adam Lingley, 80, 160, 1200, 70
David Simmons, 14, Rented, 100, 5
Thos. Carrol, 60, 100, 320, 5
Andrew Cook, 30, 50, 160, 75
William O. Stephens, 20, 20, 80, 50
Riley S. Meeks, 60, 100, 250, 50
Newman Meeks, 30, Rented, 150, 5
Elijah Jones, 10, 190, 660, 75
Hiram R. Smith, 26, 56, 120, 40
Benjamin T. Williams, 100, 200, 1600, 135, 500
John Kinard, 60, 60, 240, 20, 200
John P. Livingston, 15, Rented, 100, 5, 80
Henry B. Humerlyn, 300, 260, 840, 250, 800
Thomas Hary, 150, 330, 2640, 150, 300
Margaret Harry, 20, 50, 600, 5, 200
__och Stringfellow, 100, 290, 1000, 250, 250
Ward Hart, 9, Rented, 100, 5, 75
Alfred Cunningham, 30, Rented, 200, 2, 100
Henry Presoc, 10, 30, 80, 5, 60
James L. Wilson, 90, 186, 552, 90, 368
__ry Hurry, 20, 130, 400, 35, 300
__bis, Higson, 30, 30, 120, 5, 125
Noah Harris, 200, 600, 1200, 55, 650
Charles Williams, 300, 400, 2500, 200, 800
William W. Long, 400, 990, 2000, 200, 1000
_erdick Harris, 150, 245, 1500, 100, 230
David D. Harris, 200, 400, 1900, 200, 100
Frederick G. Stickney, 150, 105, 1275, 200, 500
Page Harris, 200, 400, 1000, 40, 500
Jacob Habbrock, 150, 310, 4000, 200, 600
Martha Logan, 15, Rented, 100, 5, 100
James P. McMullen, 100, 172, 1365, 85, 450
Stephen Wedgworth, 300 360, 3200, 200, 800
James A. Anderson, 250, 190, 2200, 85, 650
Elizabeth Logan, 80, 320, 1200, 150, 250
James P. Scott, 40, Rented, 250, 10, 500
William Lyels, 25, Rented, 200, 5, 100
John Lyels, 25, 15, 80, 5, 50
Leroy Logan, 150, 287, 160, 200, 800
___ent Logan, 80, 120, 1600, 75, 600
Ellis Logan, 20, 36, 168, 60, 350
John Edminston, 20, Rented, 100, 5, 300
James Cummins, 60, 220, 500, 200, 800
Rachael Corder, 80, 320, 1200, 60, 500
Lewis Collins, 15, 25, 120, 10, 250
Williamson Collins, 32, 50, 200, 100, 100
Janus Jones, 1000, 3000, 20000, 750, 6000
Thomas Garnett, 60, Rented, 300, 75, 175
Alexander Pearrie, 400, 280, 200, 60, 720
Janie A. Fulton, 20, 10, 500, 80, 600
Thomas E. Wilson, 200, 400, 1800, 85, 500
Elze Heddleston, 350, 450, 2600, 250, 800
Leah Dobbins, 200, 280, 1200, 100, 700
Sarah A. Witherspoon, 260, 600, 2700, 200, 1200
James Pack, 500, 1500, 10000, 300, 1500

Henry Holley, 100, 100, 600, 100, 300
Lorenzo L. Sexton, 250, 390, 2000, 150, 6000
Elias C. Field, 300, 600, 1000, 25, 250
Hugh McCrory, 50, 350, 600, 50, 250
Shelton Lawson, 35, Rented, 200, 10, 135
Elias Calhoun, 50, 30, 260, 20, 230
Frederick W. Pories, 50, 50, 300, 10, 230
George W. Welborne, 50, 30, 400, 65, 150
John Tidmore, 18, Rented, 400, 565, 125
David Tidmore, 80, 260, 800, 125, 300
Jeremiah Tidmore, 50, 490, 1200, 40, 300
John G. Russel, 30, Rented, 200, 5, 60
Thos. Geddie, 30, Rented, 200, 5, 100
John Lavender, 50, 270, 600, 60, 300
Coleman Abanthy, 20, 160, 400, 65, 150
David Camak, 175, 625, 6000, 300, 800
William Wilson, 40, 60, 300, 10, 200
John Clary, 40, 80, 240, 5, 100
William Clary, 20, 20, 80, 5, 150
Charles Clary, 20, 20, 80, 5, 100
Thomas Lavender, 50, Rented, 200, 55, 150
Thomas Elliott, 100, 300, 1200, 200, 500
George W. Sims, 200, 260, 2500, 500, 700
Molsey Horsley, 30, 130, 320, 100, 200
Tyer Hallace, 60, 80, 50, 5, 175
John Hut, 25, Rented, 100, 5, 125
Elizabeth C. Whitehead, 400, 680, 1260, 75, 300
George R. Elliott, 70, 200, 300, 55, 500
John Elliott, 10, 150, 300, 55, 150
William Carn__. 100, 100, 300, 75, 30
Saml. Campbell, 15. Rented 100, 5, 35
Alfred C. Allen, 15, Rented, 100, 5, 275
Junason Owens, 30, 50, 160, 5, 200
__berry Owens, 30, 50, 160, 25, 250
William L. Martin, 150, 300, 1600, 200, 400
James & T. Elliott, 100, 100, 200, 100, 250
Alexander McCain, 40, Rented, 100, 80, 250
Thomas Pelkerton, 50, 70, 210, 5, 125
Lunny G. Sammey, 100, 260, 1080, 100, 350
Benton Seal, 30, Rented, 100, 3, 100
Patrick Holster, 30, 10, 80, 35, 100
Libby Wilson, 200, 224, 160, 50, 300
James Caldwell, 40, 200, 800, 50, 225
James Chandler, 40, 130, 400, 50, 150
Thomas McCrary, 40, Rented, 100, 60, 150
James___ Holster, 20, 50, 125, 45, 100
John L. Logan, 160, 160, 1500, 223, 900
Sarah Lainwarder, 30, 230, 530, 10, 50
George Chandler, 30, 30, 120, 80, 225
Scott Chandler, 80, 320, 700, 80, 200
Henry Tutwiler, 150, 350, 1200, 75, 650
John Ross, 100, 250, 1050, 80, 150
Samuel Scarlet, 100, 180, 360, 80, 150
Benj. Williams, 40, 120, 660, 15, 200
John Williams, 20, 120, 320, 10, 150
Thos. Williams, 25, Rented, 100, 5, 100

Jane Watkins, 30, 50, 100, 2, 50
Joseph H. Davis, 40, Rented, 100, 5, 150
Ann D. Ross, 600, 300, 8000, 350, 1600
Ellen Hanna, 280, 400, 5000, 350, 860
Robert C. Lewis, 20, 40, 20, 5, 200
__aber A. Haidwood, 25, Rented, 100, 2, 150
Martha Cook, 120, 320, 1760, 275, 1230
John C. Tucker, 150, Rented, 500, 50, 500
William C. Williams, 40, Rented, 100, 5, 150
Thos. Aneason, 30, Rented, 100, 5, 75
James A. Williams, 60, Rented, 150, 75, 400
James L. Judge, 250, 70, 3200, 125, 1500
Hilliard M. Judge, 200, 200, 3200, 125, 1000
Nathaniel Terry, 850, Rented, 3500, 450, 2500
James A. Watson, 300, 260, 5600, 150, 1000
John e. McAlpin, 160, 160, 3220, 85, 800
William J. Goul___, 800, 700, 22000, 300, 1500
Alexander Mowhinny, 15, Rented, 100, 31, 150
William B. Johnston, 22, Rented, 100, 80, 450
Ulyses McLemore, 320, 1280, 9600, 225, 1000
Thomas Canfield, 100, 600, 6000, 75, 900
Henry Canfield, 300, 500, 3000, 50, 1000
John G. Friend, 520, 4400, 10000, 300, 1500
David Johnston, 14, Rented, 100, 10, 100
Francis McKown, 27, Rented, 150, 5, 150
Thomas Blakely, 200, 2600, 600, 125, 600
John Blakely, 30, 50, 350, 25, 250
Lamuel J. Randall, 300, 250, 5000, 200, 1200
Samuel Watson, 60, 200, 960, 95, 225
David J. Means, 900, 990, 21790, 885, 6000
David Watson, 100, 300, 2000, 250, 650
James Henry, 40, 40, 500, 125, 250
Elizabeth Hale, 40, 260, 1200, 75, 150
__. H. Phillips, 20, Rented, 100, 5, 65
Elizabeth Coleman, 60, 50, 400, 5, 200
Robt. _. Hanna, 120, 260, 1440, 150, 800
Samuel Hanna, 125, 325, 1760, 920, 250, 100
Archibald Hanna, 130, 150, 920, 250, 800
James E. Reece, 44, 110, 288, 5, 100
Needham H. Wilder, 110, Rented, 500, 75, 600
Samuel E. Johnston, 20, Rented, 100, 70, 200
Richard T. Nott, 250, 150, 500, 300, 100
Bradle H. Ridgeway, 700, 6300, 7000, 800, 3000
___zen Ridgeway, 300, 360, 6000, 300, 100
Nathaniel G. Friend, 100, 530, 12000, 500, 6000
Milton Powell, 200, 130, 3360, 300, 1000
Edwin D. Whitehead, 1000, 600, 16000, 1000, 500
Lafayette M. Minon, 350, 370, 6000, 150, 600
__ell Horn, 14, Rented, 100, 5, 200
Zacheus Horn, 120, Rented, 600, 250, 650
William H. Bullock, 630, 515, 8000, 300, 900
Harry T. Herndon, 160, 120, 4500, 3500, 900
John H. Barnard, 1000, 1460, 19800, 425, 3840
David Bragg, 100, 300, 3000, 150, 450
John Hord, 50, Rented, 200, 10, 350
William Hord, 20, 50, 660, 100, 200

William C. Lorsby, 400, 130, 3500, 250, 1500
Robert Williams, 22, Rented, 200, 5, 100
Richard W. Garret, 900, 580, 7400, 450, 2320
Matthew L. Bruce, 50, Rented, 400, 5, 30
James E. Knott, 30, Rented, 200, 50, 150
William _. Bragg, 80, 60, 840, 10, 350
William H. Knott, 200, 300, 4000, 250, 800
Edwin Robinson, 200, Rented, 3000, 100, 700
Herndon Roberson, 100, 160, 160, 25, 250
Silas R. A. Ford, 60, Rented, 300, 10, 75
Alexander McAlpin, 100, Rented, 800, 75, 120
William Dallas, 22, Rented, 200, 10, 100
Marius Martin, 200, 150, 5000, 75, 250
Alexander Cathey, 25, Rented, 250, 5, 100
Catharine Coleman, 150, 250, 1600, 250, 300
Alexander Dallas, 250, 350, 3500, 250, 600
Daniel F. Sanford, 40, 125, 825, 50, 350
William M. Stewart, 30, Rented, 200, 75, 200
Addison Hord, 80, 120, 1000, 125, 400
Alfred Moore, 500, 600, 6000, 400, 2500
Benj. F. Logan, 200, 300, 6000, 250, 800
Samuel Crawford, 80, Rented, 500, 25, 400
Robert Taylor, 400, 1600, 30000, 50, 1500
Major Collins, 10, Rented, 100, 5, 50
William Aikin, 300, 340, 6000, 300, 700
Stephen S. Sorsby, 700, 600, 12000, 40, 2000
Thomas J. Sorsby, 200, 350, 5000, 200, 1000
John J. Collier, 500, 260, 8000, 350, 1800
James Nickles, 60, 100, 800, 80, 150
Peyton C. Clements, 10, 30, 200, 60, 225
James K. Derden, 75, 150, 2200, 50, 223
Williamson A. Glover, 1200, 600, 40000, 100, 5800
Allen Glover, 200, 200, 4000, 100, 800
Wiley G. Bullock, 400, 400, 8000, 350, 2500
Charles C. Jordan, 200, 400, 7200, 300, 1200
William F. Brassfield, 160, 290, 600, 600, 600
William M. High, 200, 200, 400. 300, 800
Mary Townsand, 20, 30, 250, 12, 100
Stephen Collins, 180, 680, 4000, 200, 800
Thomas Townsend, 600, 70, 1800, 50, 200
John B. Morris, 75, 85, 800, 65, 600
Jane D. Brassfield, 100, 100, 2000, 300, 700
Marge Kirkpatrick, 320, 100, 3360, 125, 600
Thomas Freeman, 55, Rented, -, 10, 225
James C. Cole, 1000, 900, 7000, 500, 3600
William Osborne, 60, 204, 500, 10, 300
William Morris, 12 Rented, 100, 12, 25
Starling Sorrell, 8, Rented, 100, 3, 150
Elizabeth Randolph, 300, 260, 2800, 400, 900
Robert Sparrow, 230, 350, 3000, 350, 600
Nicholas A__ngton, 100, 400, 5000, 250, 350
James H. Johnston, 60, Rented, 400, 50, 225
Anderson Thetford, 50, 54, 412, 200, 650
Elizabeth Thetford, 40, Rented, 250, 5, 50
Hownrigg __rdright, 550, 890, 8660, 300, 1550
Phebe Wright, 55, Rented, 400, 100, 250

John Sisom, 50, Rented, 400, 10, 350
Lydia Hendrix, 80, 40, 1600, 75, 300
Thomas Vaughn, 80, 120, 1000, 300, 400
Bran Hancock, 65, Rented, 500, 75, 600
William McGowin, 150, 350, 3600, 300, 450
Nicholas Wynne, 100, 230, 1000, 150, 500
James Walker, 38, Rented, 250, 10, 125
William B. Inge, 475, 325, 12000, 250, 2800
James G. Rowe, 600, 400, 700, 250, 2800
Milton R. Brassfield, 682, 518, 10000, 450, 2200
Benj. W. Potts, 200, Rented, 1000, 150, 600
Robert Flemming, 300, 500, 700, 500, 1650
John C. Taylor, 30, 50, 600, 80, 230
Edmind C. Parrish, 60, Rented, 500, 75, 150
Elizabeth Wills, 360, 316, 6660, 350, 2000
William S. Ligon, 60, 100, 1600, 100, 300
Tilmon Brassfield, 150, 150, 300, 125, 350
Nimrod Hughs, 50, Rented, 400, 75, 200
John McKee, 300, 146, 1000, 200, 700
Tabetha Bennett, 150, 90, 720, 200, 700
Jacob Halbrook, 150, 150, 3000, 250, 450
James P. Travis, 200, 300, 6300, 250, 800
Scott Hines, 300, 700, 600, 250, 1400
Robert W. Wathers, 800, 1500, 25000, 1000, 8750
Thomas Wathers, 500, 300, 10000, 500, 1500
Henry L. Garnett, 530, 800, 10000, 300, 800
Isaac C. Snedicor, 300, 400, 5000, 250, 800
John R. Carpenter, 190, 150, 1500, 700, 3000
Charles T. Bustic, 65, 255, 640, 125, 400
Lemuel B. Peebles, 120, 109, 1000, 125, 350
Hinton Kekley, 30, 60, 400, 25, 150
Jane Elliott, 100, 300, 2000, 75, 230
William McAlpin, 1200, 4860, 40000, 1000, 6000
Andrew T. White, 100, 100, 800, 80, 400
Benj. Batton, 70, 90, 400, 85, 30
Robt. Sherrod, 70, 70, 320, 20, 350
Wiley Brassfield, 40, Rented, 200, 15, 60
Evan Colson, 80, 40, 300, 75, 350
Chas. F. White, 40, 60, 160, 10, 300
Anthony Story, 100, 140, 1000, 125, 300
William P. Otts, 120, Rented, 960, 125, 400
Robert F. Mobley, 57, 100, 400, 75, 300
John T. Brown, 230, 270, 1560, 250, 700
Benj. H. Lamb, 60, 60, 360, 85, 200
Joseph White, 60, 40, 300, 75, 200
William J. White, 30, 40, 240, 15, 100
Joseph L. White, 30, 50, 240, 100, 20
Cynthia Mays, 50, 150, 800, 80, 125
Thomas N. Mays, 60, 100, 640, 80, 230
James Maize, 40, 120, 800, 10, 200
Samuel Morrow, 60, 40, 400, 10, 180
Squirel Chambers, 180, 200, 1920, 85, 400
James L. Patton, 100, 232, 1280, 100, 350
James A. Thornton, 80, 100, 640, 75, 200
Elisha H. Thornton, 150, 150, 2800, 225, 300
John Woodel, 50, Rented, 400, 40, 140

John Spain, 30, Rented, 200, 10, 100
Wallace Alexander, 20, 20, 300, 10, 75
William G. Westmoreland, 10, 15, 200, 15, 200
William Free, 40, 80, 360, 40, 150
John Tynes, 75, 45, 500, 60, 200
Ranson Pendergrass, 100, 60, 600, 15, 75
Drury T. Ridgway, 30, 15, 200, 10, 50
Mary Coleman, 100, 220, 1280, 75, 80
Esom Lyels, 80, 80, 640, 35, 200
Larkin Mobley, 100, 140, 640, 200, 300
Ashley Davis, 50, Rented, 90, 10, 200
Isiah Mobley, 60, 100, 640, 65, 175
Fleming Patterson, 30, Rented, 250, 5, 100
William Patterson, 10, Rented, 100, 45, 50
Catharine Bowdin, 170, 170, 2600, 250, 800
Ward _. Bullock, 125, Rented, 500, 100, 500
Elizabeth J. Davis, 125, 675, 7000, 200, 500
_owel L Kennon, 250, 770, 10200, 400, 1200
Claborn Patterson, 70, 10, 800, 80, 350
Justice L. Walton, 640, 320, 20000, 225, 2000
John G. Walton, 60, Rented, 500, 30, 400
Reubin Barbee, 30, Rented, 250, 50, 100
James J. Thornton, 1000, 900, 37000, 500, 3000
Lightfoot _. Willis, 550, 650, 22000, 300, 1600
George G. Perrin, 650, 613, 12000, 225, 810
Bryant Gulley, 200, 300, 3000, 225, 810
Albert F. McAlpin, 160, 220, 2500, 200, 400
_. L. Shelton, 300, 400, 2000, 200, 800
John C. Johnston, 900, 400, 13000, 500, 3000
M. & W.D. Johnston, 390, 173, 5600, 300, 2500
J.E. & D. C. Williams, 1000, 637, 26000, 550, 4000
Phillip T. Burt, 500, 280, 7800, 350, 1600
John Watson, 400, 320, 12000, 350, 2000
James A. Watson, 600, 1356, 19560, 650, 3000
John R. Blocker, 350, 650, 10000, 300, 1400
John R. Blocker Prairie Farm, 650, 350, 10000, 500, 2500
Joseph L. Bozman, 400, 550, 9000, 300, 1600
Phillip Lightfoot, 2000, 1110, 26200, 60, 4000
John J. Winston Jr., 500, 300, 8000, 300, 2000
John M. Jones, 700, 260, 9600, 400, 3500
Goin C. Richardson, 450, 640, 6000, 250, 1000
William Harkness, 100, 300, 1200, 150, 400
Thos. Harrison, 25, 55, 320, 25, 150
Robert Miller, 28, 15, 516, 25, 150
William Harrison, 260, 360, 3000, 250, 800
Everett Eatman, 300, 143, 1400, 225, 850
Abijah Eatman, 55, 65, 700, 100, 250
William T. Eatman, 50, Rented, 300, 100, 200
Lucind Richardson, 300, 100, 3200, 200, 800
Saml. O. Gordon, 275, 325, 6000, 550, 1000
John Bushalan, 60, 160, 1000, 85, 400
William Davis, 200, 190, 3900, 600, 800
Laton Upchurch, 125, 80, 1060, 100, 600
Bradford Davis, 50, Rented, 300, 40, 250
Evans Estes, 60, 100, 640, 35, 175
Robert McLane, 35, Rented, 250, 10, 150

John C. Johnston, 120, 50, 1700, 200, 600
William J. Thompson, 100, 120, 1760, 200, 600
William McGraw, 90, 100, 760, 100, 500
Thomas Colom, 230, 350, 3000, 225, 750
Mary J. Ursery, 75, 50, 623, 75, 200
William Lee, 60, 100, 960, 20, 150
Ambrose Lee, 50, 70, 720, 60, 250
Jackson White, 20, 20, 260, 70, 100
Robert White, 50, 70, 720, 20, 150
Giles C. Coleman, 70, 90, 640, 80, 350
Peter Tucker, 40, 108, 840, 20, 88
George W. Reeves, 60, 100, 960, 175, 375
Simeon Free Jr., 100, 200, 1800, 223, 230
Nancy Lee, 20, 20, 260, 10, 80
William R. Hamlet, 120, 116, 1880, 150, 400
Levi Rhoden, 80, 80, 1280, 40, 223
Alfred Lee, 60, 33, 500, 60, 173
Vincent Lee, 150, 90, 2000, 80, 350
Frederick Merriwether, 300, 180, 4500, 500, 1400
Joseph Cockrell, 200, 120, 1600, 125, 600
Samuel Roberts, 40, 60, 500, 37, 100
William Roberts, 37, Rented, 250, 10, 66
William Price Sr., 600, 1200, 9000, 300, 900
John Richie, 40, 60, 400, 80, 350
John McShan (McShaw), 300, 100, 2800, 250, 500
Miles McShan (McShaw), 60, 27, 609, 85, 200
Rial Price, 50, Rented, 400, 50, 300
John Wynne, 30, Rented, 250, 15, 50
William Price Jr., 400, 260, 5000, 10, 300
Israel G. Smith, 65, rented, 300, 60, 200
Amos Lay, 200, 260, 2300, 225, 1800
Hytoisbe F. Day, 80, 100, 900, 35, 150
John Turner, 180, 46, 1230, 175, 650
John K. Turner, 40, 120, 800, 25, 125
Ephraim M. Knox, 140, 100, 1200, 180, 225
Bael Crawford, 80, 160, 1200, 200, 450
Marmaduk Kinbrough, 80, 160, 1200, 125, 450
Rial Thornton, 25, 55, 600, 15, 150
Thomas J. Wilkinson, 70, 90, 900, 230, 300
Peter H. Hamilton, 20, 20, 200, 125, 200
Thomas Price, 200, 1060, 4960, 225, 750
William S. Price, 180, Rented, 1000, 125, 250
Aquilla Hardy, 200, 350, 2750, 150, 500
David Charles, 100, Rented, 1000, 150, 350
William Chambers, 60, 100, 800, 125, 400
Edward Lamb, 60, 60, 960, 120, 250
John Small, 60, 60, 600, 175, 300
Levi Phillips, 30, 50, 400, 15, 180
William P. Thornton, 60, 100, 800, 20, 200
Sarah Thornton, 240, 200, 1200, 89, 450
John Robuck, 60, 100, 800, 100, 450
Matthew P. Smith, 100, 500, 3000, 100, 400
John Thornton, 60, 100, 800, 125, 250
James W. Burnet, 60, 100, 800, 100, 175
Frances Reynolds, 120, 200, 1600, 175, 600
Nehemeah Cobb, Rented, 700, 60, 125

Elis Thornton, 200, 800, 8000, 300, 1000
Mary Leatherwood, 85, 200, 1600, 125, 300
Pleasant Harris, 130, 150, 1400, 125, 700
Samuel J. King, 30, 50, 400, 20, 100
James M. Chambers, 90, 110, 1000, 100, 600
James L. Mahaffey, 20, Rented, 100, 8, 100
Lafayett L. Thornton, 60, 140, 1000, 123, 350
Jackson Edwards, 30, 50, 400, 100, 200
Thos. J. Drummonds, 150, 250, 2000, 175, 375
Martha Doegg, 40, 40, 160, 75, 175
Elijah Sellers, 30, 50, 240, 15, 80
James Means, 100, 140, 800, 300, 500
Tartilon Colvin, 60, 80, 700, 30, 250
William Free, 50, 100, 800, 85, 175
Cassandra Brandon, 60, 60, 600, 15, 75
Susan L. Lawson, 20, 20, 200, 8, 50
Elisha M. Mayo, 40, 60, 600, 15, 200
Robert Mayo, 50, 65, 400, 150, 125
Gideon Reynolds, 20, 20, 200, 18, 65
David Porter, 40, 120, 320, 20, 123
Matthew Knox, 600, 1000, 5000, 300, 1200
Richard Lay, 70, Rented, 350, 15, 250
Washington Edwards, 60, 60, 600, 75, 130
Celestial Williams, 30, 50, 300, 10, 125
Moses Neal, 20, 20, 120, 10, 80
Ferdinand Gosa, 20, 20, 120, 10, 100
_. C. & J. A. Story, 100, 140, 1200, 20, 200
Williamson W. Story, 100, 300, 2000, 250, 600
Miles Story, 30, 90, 600, 20, 125
Daniel H. Bird, 240, 135, 5000, 300, 800
Peter G. Oldham, 300, 290, 5000, 300, 1200
Mary Parish, 80, 80, 300, 10, 125
James Jeffers, 50, Rented, 300, 30, 200
Joseph Rich, 30, 40, 200, 50, 175
Robert Harkness, 65, 135, 2500, 75, 500
Lucind Meriwether, 140, 20, 800, 500, 300
_avilla Colvin, 90, 70, 1600, 200, 500
Thomas M. Colvin, 100, 150, 750, 500, 600
Allen D. Colvin, 75, 125, 600, 100, 500
James Story, 300, 200, 3000, 223, 1250
Thomas A. Lyles, 18, Rented, 100, 25, 75
Elizabeth R. Story, 60, 113, 1000, 50, 600
Nancy B. Mayes, 50, 70, 600, 125, 600
Benjamin W. Stephens, 100, 150, 480, 125, 200
William Henderson, 20, 60, 240, 50, 150
Edmund W. Stephens, 20, 100, 360, 20, 65
John Parham, 40, 80, 400, 25, 125
William E. Dunn, 100, 150, 750, 200, 450
Napoleon B. Smith, 25, 95, 600, 25, 150
Willie Dunn, 200, 150, 1000, 350, 400
David Henderson, 60, 140, 600, 125, 250
Phillip J. Lucian, 75, 145, 1000, 200, 300
James W. Dunn, 60, 60, 600, 30, 500
Jonathan Phillips, 30, 50, 240, 25, 125
Coleman Phillips, 40, 60, 400, 75, 150
William Anderson, 30, 30, 240, 10, 120

Moses L. White, 60, 100, 800, 125, 350
William Crocker, 22, 20, 240, 10, 100
Hugh Crocker, 20, 100, 360, 3, 2
George Brandon, 40, 40, 240, 25, 150
Joseph Phillips, 40, 100, 420, 20, 175
Andrew J. Davis, 16, Rented, 100, 20, 50
David Roberts, 12, 60, 240, 10, 100
Vincent Roberts, 40, 320, 1080, 300, 200
Robert Jones, 50, 100, 480, 100, 200
Isaac Knox, 50, 100, 600, 100, 250
William Patton, 200, 565, 2295, 350, 1200
Robert F. Mayo, 25, Rented, 250, 10, 1200
Elias Cockrell, 100, 140, 720, 20, 125
Thomas L. Williams, 40, 80, 600, 100, 400
Joseph Carter, 40, 80, 600, 20, 175
Thomas White, 18, Rented, 100, 3, 35
Jacob Fisher, 35, 85, 350, 29, 195
Peter Hamilton, 150, 600, 2000, 325, 850
Edgar P. Spencer, 80, 140, 600, 150, 600
Nancey C. Davis, 18, Rented, 100, 5, 125
Benjamin Marriott, 100, Rented, 500, 20, 600
Warner H. Lewis, 75, 125, 1200, 125, 250
John W. Jones, 30, Rented, 200, 10, 125
Elizabeth Jones, 100, 300, 1500, 20, 150
John S. Scarbrough, 25, 55, 400, 100, 200
William P. Kennedy, 150, 150, 1200, 300, 700
Hannah Ferguson, 150, 200, 1050, 125, 550
Mourning Coleman, 100, 20, 360, 20, 100
Calvin G. Jones, 50, 70, 500, 100, 300
Rush Hudson, 3, Rented, 50, 2, 35
Thomas G. Holmes, 25, 50, 750, 20, 100
William Steele, 150, 250, 300, 300, 900
Mary Archibald, 30, 58, 700, 60, 100
Alexander D. Newell, 300, 612, 2736, 300, 900
Drury A. Newell, 40, 40, 240, 30, 350
Edmund Jones, 50, 30, 320, 20, 100
Lawrence Williams, 100, 580, 3000, 225, 550
John G. Randolph, 320, 1200, 8000, 500, 1500
Henry Harrison, 150, 250, 3200, 400, 650
Trisvant Degraffenreid, 1000, 760, 10000, 700, 2500
George W. Hill, 600, 1800, 12000, 500, 1700
George Reeves' Place, 200, 600, 4000, 200, 800
Radford E. Mobley, 100, 140, 960, 20, 125
Moses B. Kirkland, 300, 153, 3000, 300, 1400
James Jones, 1000, 1000, 16000, 500, 3000
Reuben & James Mann, 500, 1000, 800, 300, 150
Delila Holloway, 100, 100, 1000, 350, 250
Jonas R. Brown, 280, 200, 2880, 175, 850
Andrew Brownlea, 150, 350, 1500, 100, 400
James H. Archibald, 200, 400, 5000, 350, 1000
Samuel S. Archibald, 50, 120, 1000, 75, 250
Edwin A. Archibald, 40, 120, 1000, 50, 250
Hopkins Rice, 340, 560, 7200, 700, 1640
Hopkins Rice Home Place, 700, 480, 10680, 850, 2935
William P. Posey, 20, 200, 1500, 150, 400
Goin Walkins, 60, 100, 1280, 150, 450

___. D. Horton, 185, 766, 3333, 133, 800
___. B. Pippin, Jr., 720, 196, 5000, 300, 490
William D. C. Scarff, 120, 75, 680, 81, 489
Elisha M. Boykin, 100, Rented, 500, 300, 3930
William Barnes, 20, Rented, 100, 10, 120
Arthur D. Barnes, 200, 300, 3200, 150, 790
Arthur D. Barnes Old Place, 180, 20, 400, 100, 200
John D. Barnes, 200, 300, 3200, 125, 828

HANCOCK COUNTY

Agricultural and Manufacturing Census for 1850 Microfilmed by the Alabama Department of Archives and History under a Grant from the National Science Foundation

1850 Schedule 4 Agricultural –Dale to Marengo Counties

Filmed for the University of North Carolina from Original Records in the Alabama Department of Archives and History

These are the items represented and separated by a comma; for example John Doe, 20, 25, 10, 5, 100
1. Owner
2. Acres of Improved Land
3. Acres of Unimproved Land
4. Cash Value of Farm
5. Value of Farm Implements and Machinery
13. Value of Livestock

The following symbol is used to maintain spacing: (-)

NOTE: In some instances where the first few letters of the first name or initials are missing and indicated with _, the microfilming did not pick up parts of the left margin for HancockCo. for it was too close to the binding and could not be flattened enough. It is my understanding that the sheets once filled out were then bound. My guess is that the Alabama Department of Archives and History would not allow the books to be taken apart and had to be filmed as is. Thus, some parts of first names or initials are not visible on the film.

John Basher, 15, -, 75, 75, 150
Absalom Little, 150, 150, 2500, 100, 480
John Warren, -, -, -, -, 75
Daniel Dodson, 40, -, 50, 5, 50
Pfences Cromanes, 40, -, 75, 5, 100
Pleasant Lambert, 10, -, 20, -, -
Elizabeth Rush, 30, -, 150, 2, 250
Henry M. Everett, 35, -, 250, 50, 260
Winston McNutt, 4, -, 75, 5, 65
William Hicks, 60, 120, 500, 60, 541
Farnnel Page, -, -, -, -, 28
Charles Cagle, 10, 75, 75, 5, 170
Henry Cagle, 13, 80, 80, 5, 80
William West, 25, 55, 200, 75, 275
Asy Gice, 12, -, 15, 3, 15
James Little, 70, 90, 600, 140, 1000
Isam Prince, 90, 100, 1000, 120, 680
Berry Dodd, 40, 200, 900, 100, 200
William Dodd, 80, -, 200, 15, 200
Pauleen Ingle, 10, 30, 150, 4, 125
Peeter Ingle, 25, 15, 150, 15, 230
Catharine Ingle, 40, 120, 400, 60, 277
David Monusco, 35, 15, 300, 12, 270
Jenny Monasco, 10, -, 50, 1, 75
William Lariamore, 20, -, 100, 115, 305
Willy Monasco, 12, -, 150, 10, 100
Harman Davis, 150, 25, 400, 15, 375

Larkin Poe, 14, -, 75, 8, 155
James Bell, 18, -, 100, 10, 65
John York, 13, -, 60, 7, 65
Soloman Gice, 20, -, 75, 3, 242
Plesent Dood, 27, -, 75, 5, 125
Benjamon Tidwell, 10, -, 25, 2, 102
Wm. Wideman, 14, -, 60, 3, 145
Patterson Dodd, 30, 30, 400, 60, 300
David Tidwell, 15, -, 30, 5, 65
Iasah Cromeans, 3, -, 20, 2, 114
Absolem Cromeans, 20, -, 75, 5, 130
Archalle Lovett, 15, -, 84, 4, 110
Thomas Powers, 45, -, 150, 112, 310
Mikel Dodd, 40, -, 70, 35, 415
Weatt Tittle, 15, -, 75, 20, 215
Richman Hall, 20, -, 25, 12, 78
Green Weist, 14, -, 50, 5, 30
Smith Best, 20, -, 100, 10, 40
John Cagle, 40, -, 200, 25, 495
Martin Casslebury, 12, -, 85, 15, 170
Charles Cagle, 24, -, 55, 10, 245
John Johnson, 6, -, 30, 8, 40
Jacob Johnson, 4, -, 100, 5, 65
James Cagle, 20, -, 100, 5, 101
William Stokes, 20, -, 40, 28, 120
Charles Cagle, 30, 25, 225, 35, 300
James Cagle, 20, -, 60, 5, 85
Nancy Louvitt, 20, 30, 150, 6, 100
Robber M. Elany, 22, -, 30, 10, 200
Willis Farris, 25, 30, 200, 7, 90
Marry Williams, 7, -, 15, -, 22
John Taylor, 30, -, 120, 10, 276
Eliza Sutherland, 30, -, 60, 3, 100
Giles Simmons, 7, -, 25, 5, 95
Jackson Hill, 15, 80, 50, 55, 250
Benjamin Reid, 20, -, 30, 5, 50
William Heard, 15, -, 50, 50, 30
Jolne Bird, 30, -, 60, 45, 55
Joline Bird, 25, -, 70, 3, 90
Benjamin Beford, 8, -, 25, 3, 60
Luther Collins, -, -, -, -, 40
Anderson Rush, -, -, -, -, 50
John White, 34, -, 50, 6, 86
Francis Jones, -, -, -, -, 40
Marvle Crogins, 80, 40, 300, 100, 600
Allen Mclain, 40, 360, 500, 90, 240
John Macnel, 17, -, 75, 55, 128
Hugh Mcclelland, 1, -, 100, -, 62
Johnson King, -, -, -, -, 20
John Blackwell, 15, 25, 15, 5, 40
George Hocker, 10, -, 100, 5, 44
Josiah Cromeans, -, -, -, -, 155
Jacob Cromeans, 8, -, 40, 6, 68
Johnson Riddle, 40, 1, 100, 5, 250
Laborn _. Suthran (Luthran), -, -, -, 5, 40
Joseph Roe, 15, -, 150, 5, 100

Ayell Degraffenried, 655, 175, 1220, 50, 232
James Michel, 20, 20, 150, 55, 135
Nichlass King, 6, 44, 100, 110, 190
Eliza Thurman, 150, 50, 700, 5, 70
James Pruitt, -, -, -, -, -
William Hewlett, 100, 460, 1100, 75, 300
John Garrison, 30, -, 100, 10, 500
Silas Garrison, 80, 40, 100, 60, 200
William Smith, -, -, -, -, 72
Mathew Pain, 30, -, 80, 50, 450
William Mikes, 60, 60, 300, 50, 450
Prestin Pain, 18, -, 150, 8, 330
David Farley, 2, -, 10, 2, 85
David Day, 18, 13, 225, 10, 180
John Penn, 35, 100, 200, 30, 300
Samuel Blackhorn, 15, -, 100, 8, 100
William Lawy, 15, 65, 200, 7, 225
John Williams, 15, -, 300, 5, 235
Bird Williams, -, -, -, 5, 55
Samuel Willey, 20, 20, 280, 5, 150
John Markes, -, -, -, 5, 100
Bolin Smith, 15, -, 60, 4, 100
Mosses Smith, 20, -, 100, 6, 96
William Livingston, 30, 10, 50, 65, 450
William Williams, 25, -, 100, 25, 200
Alexander Gibson, 14, -, 100, 4, 370
Alexander Stephenson, 25, -, 150, 45, 400
A. R. Stephenson, 70, 60, 200, 40, 500
John Smith, 35, 25, 150, 10, 216
James Blevins, 60, 175, 1000, 75, 500
John Abbott, -, -, -, -, 150
Nathaniel Blevins, 10, -, 50, 70, 125
Joseph Blevins, 15, -, 50, 5, 178
John Blevins, 5, -, 30, 4, 100
William Day, 45, 160, 500, 125, 700
John Calvert, 19, 40, 100, 8, 325
John Clinton, 12, -, 65, 3, 55
Archible Davis, 35, 45, 300, 35, 625
Alexander Davis, 9, -, 40, 3, 126
William Davis, 40, 15, 80, 4, 150
William Loot, 10, -, 25, 3, 150
Rob Gevins, 25, -, 100, 15, 360
Joseph Calvert, 25, -, 200, 5, 350
Jane Calvert, 20, -, 100, 5, 230
William Calvert, 22, 100, 400, 35, 300
William Calvert, 25, 55, 200, 60, 550
Charles Parker, 28, -, 100, 5, 125
Hansford Kenny, 45, 120, 700, 40, 500
James Milikin, 15, 25, 500, 5, 110
Henry Bone, 25, 55, 200, 4, 20
Ansel Feelall, 30, -, 100, 4, 20
Randolph Sandlin, 30, 50, 300, 76, 270
Clark Levinston, 20, 20, 150, 25, 110
Henry Baker, 25, -, 100, 5, 110
Harman Ashley, 5, -, 25, 5, 75
Peter Baker, 10, -, 50, 5, 125

George Bowers, 6, -, 30, 10, 60
William Finny (Tinny, Turny), 25, -, 50, 4, 50
James Milikin, -, -, -, 4, 100
John Williams, -, -, -, 40, 200
Daniel Ellett, 6, -, 20, -, 30
James Ellett, 2, -, 100, 3, 90
John Ellett, 18, -, 50, 50, 200
Thomas Guthry, -, -, -, 3, 45
William Guthry, -, -, -, 5, 65
Eleane Spegle, 30, 10, 100, 5, 200
Hugh Rean (Kean), 8, -, 500, 2, 80
Joseph Allston, -, -, -, 2, 30
Daniel Spegle, 40, 10, 100, 20, 350
David Spegle, 40, 75, 200, 50, 130
Thomas Calvert, 50, 190, 700, 20, 550
Elisha Smith, 44, 20, 300, 55, 390
Samuel Smith, -, -, -, -, 38
George Colley, 17, -, 50, 20, 190
John Guthry, 35, -, 100, 5, 120
Calvin Guthry, 20, -, 50, 4, 134
Thomas Gulling, -, -, -, -, 30
Jessey Trussel, 5, -, 10, -, 27
Morgan Guthry, 15, -, 50, -, -
Richard Cooper, 30, -, 100, -, 85
Joseph Lang (Long), 18, -, 55, 5, 85
Joseph Levinston, 16, 24, 80, 5, 72
Charles Rean (Kean, Bean), 23, -, 100, 5, 167
_____ Tig, 12, -, 50, 2, 62
_ramcaslis Green, 12, 150, 250, 5, 55
William Harris, 49, 110, 650, 80, 250
Lvy Maple, 10, -, 50, -, 50
Ashley Harris, 60, -, 100, 10, 20
Arbon Lorrence, 35, -, 150, 8, 250
Henry Allen, -, -, -, 2, 6
William Larrence, 12, -, 40, 5, 79
John Vest, 24, -, 75, 45, 112
William Sheats, 120, -, 300, 100, 850
John Jones, 30, 80, 100, 55, 1100
Amy Berdett, -, -, -, -, 15
James Vest, 80, 75, 250, 85, 190
__ger Sheats, 5, -, 50, 2, 135
Daniel Durkins, 60, 80, 140, 64, 398
Wesley James, 20, -, 100, 6, 148
Calvin James, 18, -, 100, 4, 118
Charles James, 4, -, 15, -, 100
Ezech James, 30, -, 200, 35, 276
Ben___ James, 21, -, 100, 3, 140
Daniel Young, 12, 38, 50, 3, 200
Plesant James, 25, 65, 600, 5, 380
_owns Blackwell, 11, -, 60, 5, 40
Hugh Gibson, 20, -, 100, 5, 40
_ b __ ston Milican, 35, -, 500, 50, 160
John Sopher (Lapher), 28, -, 100, 5, 140
Jane Bone w, 25, -, 50, 3, 70
Obidier Vest, 25, -, 150, 8, 100
Sephen Prout, 11, -, 100, 10, 75

Prestenfer Allen, 14, -, 50, 8, 100
Joseph Russle, 20, -, 100, 35, 120
William Vest, -, -, -, -, 30
Thomas Gagers, 18, -, 75, 5, 120
Daniel Furny, 20, -, 75, 4, 50
Jonathan Sandlin, 25, -, 100, 10, 110
George Auston, -, -, -, -, 25
John Stanton, 25, -, 40, 1, -
Jerry Onean, 30, -, 100, 4, 110
Louis Lay, 18, -, 50, 8, 180
Joseph Stanton, 12, -, 60, 4, 30
William Ellis, 60, 30, 150, 2, 150
Anderson Harris, -, -, -, -, 30
Hanfred Godwin, 12, -, 50, 5, 15
Bayley Young, 25, -, 50, -, 100
Jackson Daniel, -, -, -, -, 78
Jessey Mcnutt, -, -, -, -, 120
William Case, 30, 20, 100, 25, 400
Nathan Montgomery, 80, 4, 150, 40, 540
Preston Wiley, 4, -, 50, 3, 30
Neal Abbot, 35, 100, 250, 6, 160
William Tubbs, 20, -, 40, 3, 70
Henry Inman, 32, 8, 150, 50, 325
Jessey Levingston, 22, 40, 80, 4, 370
William Rece, -, -, -, -, -
David Willson, 25, 55, 150, 6, 234
Mickenel Bennitt, 30, -, 100, 54, 445
__iatt Cheatham, 15, 145, 200, 35, 210
Richman Pace, 40, 13, 300, 45, 480
Orrem Davis, 600, 300, 5000, 200, 1700
Joseph Cromeans, 2, -, 40, 7, 70
John Bro_eam, 10, -, 30, 8, 35

HENRY COUNTY

Agricultural and Manufacturing Census for 1850 Microfilmed by the Alabama Department of Archives and History under a Grant from the National Science Foundation

1850 Schedule 4 Agricultural –Dale to Marengo Counties

Filmed for the University of North Carolina from Original Records in the Alabama Department of Archives and History

These are the items represented and separated by a comma; for example John Doe, 20, 25, 10, 5,100
1. Owner
2. Acres of Improved Land
3. Acres of Unimproved Land
4. Cash Value of Farm
5. Value of Farm Implements and Machinery
13. Value of Livestock

The following symbol is used to maintain spacing: (-)

NOTE: In some instances where the first few letters of the first name or initials are missing and indicated with _, the microfilming did not pick up parts of the left margin for Henry Co. for it was too close to the binding and could not be flattened enough. It is my understanding that the sheets once filled out were then bound. My guess is that the Alabama Department of Archives and History would not allow the books to be taken apart and had to be filmed as is. Thus, some parts of first names or initials are not visible on the film.

Johnath Lambert, 150, 170, 800, 100, 280
John Thierman, 90, 130, 940, 70, 500
Wesly Wright, 230, 40, 1000, 50, 250
R. M. Williams, 90, 30, 450, 15, 220
Richd. Salmon, -, 35, 140, 30, 145
Wm. Jowers, 140, 100, 960, 50, 440
R. W. Taylor, -, 30, 120, 15, 80
Thos. A. Mann, -, -, -, 30, 130
J. E. Elkins, -, 25, 100, 22, 50
Jas. Valntine, 12, 28, 100, 5, 50
Emanuel Poke, -, -, -, 400, 175
Ezekiel Wright, 20, 100, 1000, 445, 440
Bartlett Goss, -, -, -, -, 40
Johnathan Pearce, -, -, -, 5, 100
Lenn Wright, 300, 200, 8000, 100, 990
George N. Tranick (Tramick, Trawick), 200, 100, 500, 150, 710
Leveret Wright, 260, 100, 400, 50, 525
Haml. Highnote, -, -, -, -, 30
Daniel Hartzog, -, 200, 50, 10, 135
Richard Hit, -, 10, 50, -, 40
Wiley Hartzog, 10, 30, 230, 60, 150
Nicholas Long, -, 12, 100, 5, 110
Noel Wright, 40, 40, 300, 5, 212
Ricky Peobles, 150, 70, 200, 50, 380
Jon Wright, 100, 600, 200, 10, 185
Malcant Matherson, 30, 20, 100, 30, 145

Mathew Elmrose, 160, 50, 150, 25, 485
Jas. Brock, 80, 80, 300, 25, 485
John Boothe, -, -, -, -, 15
Millis Stuart, 1780, 220, 1000, 100, 756
John Roberson, 100, 100, 800, 20, 400
George T. Loftis, -, -, -, -, 125
W. M. Peobles, 320, 80, 1000, 50, 330
Person J. Misser, -, -, -, 10, 115
W. W. Frazier, 100, 20, 500, 16, 185
Wiley Pearce, 100, 60, 640, 20, 340
Charles Jones, 100, 50, 200, 5, 190
Ridick Woodham, -, 30, 120, 50, 375
Calvin Rhoals, -, -, -, 400, 50
Spencer Wright, 150, 490, 1400, 10, 450
Johnathan Jowers, -, -, -, -, 415
B. Corwell, -, 100, 200, 10, -
J. W. Gaylord, 35, 30, 300, 30, 250
W. R. Daris, 40, 160, 200, 10, 180
Thos. Chancey, 103, -, 500, 50, 310
Hiram Lunny, 100, 240, 300, 100, 230
Eligah Wiggins, 80, 160, 1200, 150, 520
E. J. Gallownay, 40, 50, 810, 30, 340
G. W. Collins, 23, -, 200, 15, 190
Wm. Hines, -, -, -1 5, 150
Sh__art, Dillard, -, 40, 100, 5, 50
Jas. R. Williams, 26, -, 200, 10, 215
Jas R. Stuart, 60, -, 100, 5, 200
Johnathan Taylor, -, 700, 280, 5, 75
John Shirly, 125, -, 2000, 100, 400
Absalom Shirly, -, -, -, 40, 100
Needham Smith, -, -, -, 15, 120
Wm. G. Clark, -, 50, 100, 5, 120
Coker Smithers, 30, -, 600, 10, 230
Thos. Pound, -, -, -, 70, 550
John Layton, -, 170, 500, 75, 400
John Fuquay, 70, 30, 500, 75, 400
Wm. H. Searcy, 30, -, 300, 75, 510
Lewis Duglas, 20, 40, 200, 23, 250
Rebecca Barnes, 40, -, 500, 30, 200
Seaton Johnson, 12, 26, 500, -, 100
Budd Lee, 75, -, 500, 20, 265
Bennett Butler, 24, -, 150, 15, 250
Hughly Bailey, 23, 2, 250, 5, 130
John F. Ba__ton, 2, 40, 250, 20, 30
John Holland, 50, 10, 200, 20, 500
Jessee Langen, 70, -, 400, 10, 100
Seaton Gray, 30, 215, 150, 5, 175
Thos. B. Holland, 75, 60, 1000, 25, 460
Wm. Kirkland, 60, -, 300, 50, 200
Stimas Kirkland, -, 5, 15, 40, 135
Matthew Grayham, 40, -, 150, 5, 100
Asa Kirkland, 40, -, 150, 5, 50
Wm. Kirkland, 30, 150, 1030, 10, 220
Benj. Kirkland, 70, 750, 11200, 50, 275
Mathew Brackin, 65, 65, 3000, 25, 1550
G. W. Ivins, 15, -, 50, 5, 150

E. Kirkland, 40, -, 50, 5, 50
Thos. Walker, 10, 30, 50, 10, 150
John Kenedy, 25, -, 50, 5, 100
Benj. Kirkland, 35, 150, 300, 850
Simeon Register, 100, 40, 600, 25, 500
Ambrose, Going, -, 100, 50, 25, 300
Susannah Grey, 100, 100, 500, 25, 800
Inin J. Parish, -, -, -, 10, 125
Calvin Hawkins, 300, 360, 2500, 50, 700
Elias Pitman, 60, -, 100, 5, 200
Bird Skinner, 25, -, 100, 10, 75
Thos Strickland, 15, -, 100, 5, 150
Jacob Harrell, -, 1, 5, -, 20
T. J. Hawkins, 10, 30, 50, 10, 400
B. F. Smith, 150, 70, 3000, 30, 60
Robert Hart, -, -, -, 5, 400
Lewis Atnell, 16, -, 125, 30, 150
L. B. Causey, 37, 30, 40, 10, 230
John Meadows, 20, 60, 1000, 10, 250
John Silcox, 40, -, 75, 10, 400
Wm. Silcox, 40, -, 75, 8, 50
Thos. Skinner, 12, 11, 50, 5, 40
David Page, -, -, -, -, 100
Wm. Armstrong, 36, -, 160, 10, 150
Wm. Mills, -, -, -, 5, 100
Richard Kenedy, 20, -, 200, -, 30
Jusel Farr, 12, -, 100, 25, 123
Henry Parker, 35, -, 220, 10, 250
Elizabeth Johnson, 30, -, 200, 10, 250
Timothy Kelly, 50, -, 400, -, 30
Jas. Dansey, 100, 160, 1000, 50, 555
Josiah Kirkland, 60, 140, 230, 10, 430
Moses Walden, 60, -, 120, 10, 220
Jas. Yates, 15, -, 75, -, 50
Jas. C. Smith, -, -, -, -, 20
Obediah Irwin, 60, -, 120, 15, 215
Daniel Skipper, 35, -, 100, 150
Noah Allen, 40, -, 160, 25, 250
Eleazer Johnson, 15, -, 80, 5, 150
John Perratt, -, -, -, -, 120
Edward Mayo, 12, 28, 200, 20, 175
B. C. Lansdale, 22, 22, 800, 5, 200
M. W. Anderson, 40, 230, 1760, 15, 225
Wm. Anderson, 40, -, 600, 30, 250
Jas. Hudler, 50, -, 800, 60, 40
Stirling Johnson, 50, -, 800, 600, 250
J. W. Wadford, 30, 25, 150, 30, 175
J. W. Hays, 35, -, 150, 10, 200
Rufus Doneld, 20, -, 100, 5, 150
Theophalus Lee, 20, -, 120, 20, 250
R. M. Skipper, 15, -, 80, 24, 240
Henry Knapp, 60, 60, 200, 30, 220
Nelson Warasnorth, 30, 10, 100, 25, 240
Charles Tindell, 70, -, 100, 23, 370
Elisha Hays, 20, -, 90, 10, 100
Calvin Wadford, 35, 45, 100, 10, 300

Silas Sims, -, -, -, -, 75
Nathan Warasnorth, 75, 25, 100, 130, 310
Thos. Fowler, 50, -, 50, 50, 2065
Henry Gibson, 15, -, 30, 10, -
B. Selesen, 7, -, 25, 5, 155
Wm. Hit, -, -, -, -, 80
Jas. Skipper, 30, 10, 150, 20, 150
Jas. C. Daniel, 22, 2, 125, 10, 30
Wm. R. Johnson, 36, 25, 300, 20, 125
Benj. Harper, 35, 45, 100, 15, 280
J. L. Hays, 200, 230, 1500, 30, 500
T. B. Wakefield, 90, 60, 650, 50, 260
A. J. Bowden, 65, 200, 1000, 10, 250
W. A. Tharp, 35, 10, 260, 10, 150
J.W. Bass, 150, 400, 1500, 40, 500
Joseph Jokin, 60, 100, 1500, 100, 960
White Pines, 60, 40, 100, 25, 325
R. L. Stephens, -, -, -, 5, 30
J. Pynes, 80, 330, 1500, 75, 5000
S. A. Smith, 400, 900, 4000, 200, 2075
J. W. Cochran, 20, -, 100, 50, 410
William Bainoed, -, -, -, 50, 10
Drury Howard, 100, 20, 160, 75, 505
Jas. T. Odom, -, -, -, 5, 75
Jas. B. Williams, 10, -, 50, 45, 20
Jacob Whitehead, 50, -, 70, 5, 370
John Montgomery, 50, 40, 80, 50, 529
J.S. Shackelford, 20, -, 40, 5, -
A.J. Coe, 10, -, 20, -, 45
J. B. Taylor, 40, -, 3 0, -, 80
T. A.Calton, 1, -, 750, 10, 310
J. J. Coburn, 300, 900, 840, 725, 500
H. & Z. Wingate, 383, 170, 5000, 500, 1780
Willie Nall, 90, 70, 1000, 40, 505
Thos. A. Kilpatric, 50, 120, 300, 15, 300
John Joiner, 80, 175, 200, 30, 575
Thos. J. Farmer, 150, 40, 2000, 150, 305
Elias Strickland, 40, 85, 300, 20, 185
John W. Adams, 65, -, 300, 23, 175
Jas. H. Campbell, -, -, -, 10, 100
John Smith, -, -, -, 5, 55
Wade Farmer, -, 80, 100, 5, 100
Thos. W. Harris, 40, 80, 300, 70, 395
Wm. W. Whitaker, -, 125, 125, 10, 75
J. W. Watkins, 40, 160, 225, 10, 50
J.A. Atkinson, 80, 85, 1500, 130, 520
Abraham Philips, 35, 40, 360, 15, 365
Jas. Fears, -, 195, 50, 5, 100
Thos. Glover, 85, 130, 1200, 100, 705
Michael Watly, 30, 55, 400, 25, 200
Jas. McNeill, 22, 50, 250, 5, 125
John H. Gambol, 50, 340, 550, 75, 255
J. W. Hanton, 100, 260, 1300, 130, 700
Lewis Garner, 100, 113, 1100, 95, 340
Lenly Hurst, 45, 20, 800, 10, 90
Jessie Gardner, 20, 40, 50, 50, 70

John G. Mong, 40, -, 100, 5, 150
George Farmer, -, -, -, 10, 450
Joseph Campbell, -, 255, 500, 5, 40
B. B. Surles, 65, 12, 1500, 10, 480
B. F. Price, 23, -, 200, 10, 200
George J. Shepherd, -, 100, 400, 5, 15
John F. Pitman, 20, -, 400, 10, 150
W. S. Murphy, -, -, -, 25, 60
Hardy, 40, 40, 250, 5, 25
Michael Madden, 90, 600, 1500, 50, 1045
Owen Holmes, 50, 90, 560, 50, 245
Noel Johnson, 40, 80, 400, 50, 255
Bryant Holmes, 150, 360, 3500, 50, 830
Jas. Skipper, 9, 265, 1200, 30, 475
Wily Holmes, 150, 190, 3000, 100, 530
G. G. Hill, -, -, -, 5, 500
L. S. Corbett, 100, 270, 200, 80, 555
Anguish Camon, 120, 100, 1800, 50, 585
Silas Norton, 50, 110, 800, 150, 340
Dain Hatloc, 50, 100, 800, 25, 305
David Norton, 75, 150, 1250, 50, 390
Wm. Price, 20, 20, 150, 5, 135
Richd. Henderson, 50, 70, 500, 50, 349
H. B. Grace, 50, 30, 640, 5, 140
Wm. A. Hatcher, 40, 23, 340, 25, 185
Robt. J. Williams, -, -, -, 5, 150
H. F. Whilens, -, -, -, 60, 120
George Sowel, 110, 280, 1125, 50, 575
Rubin Cleney, 125, 235, 2000, 60, 520
Frederick Williams, 30, 43, 130, 5, 125
Jas. Pickens, 35, 5, 400, 5, 75
Thos. Fondren, 65, 30, 300, 15, 320
L. B. Price, 40, 40, 240, 10, 200
Leml. Roberson, 20, 140, 500, 25, 225
Jesse Vickers, 80, 240, 150, 75, 570
Jas. J. Murphey, 50, 50, 400, 5, 240
S. L. Buffaloe, -, -, -, 5, 120
Joshua Vickers, 60, 70, 450, 5, 170
Elisha Norton, 20, 20, 100, 35, 180
Lewis Roberson, 15, -, 50, 5, 120
J. G. Holly, 40, 120, 500, 25, 175
C. S. Hughes, 70, 130, 1400, 35, 260
Alexd. Cassady, 150, 640, 7700, 150, 740
John Guilford, 215, 567, 4000, 150, 1061
Ambroes Hays, 150, 470, 400, 500, 790
Ichabod Miten, -, -, -, 10, 250
John Mitchel, 64, 14, 300, 10, 175
N. C. Grantham, -, -, -, 5, 80
Williams Burnes, 709, 98, 600, 135, 450
C. N. Grantham, 60, 80, 800, 30, 270
Wm. J. Dans, 150, 50, 500, 19, 200
Wm. H. Ennis, 18, 142, 400, 10, 150
Wm. Boryford, 50, 210, 650, 35, 230
Seaborn S. Whithurst, 30, 10, 200, 30, 175
Benj. Manly, 120, 120, 1000, 75, 470
Ric__ J. Blanton, 60, 150, 50, 30, 345

H. K. Scott, 100, 300, 1200, 123, 450
Danl. Burnes, -, -, -, 5, 200
Hinton J. Craddoc, 7, 35, 100, 5, 130
E. B. Miten, -, -, -, 5, 125
Micagah Whithurst, 21, 16, 200, 300, 140
John Blanton, 65, 135, 1000, 100, 165
William Hester, 50, 100, 400, 40, 300
Thos. Hester, 40, 80. 1500, 10, 170
A. T. Lewis, 40, 40, 30, -, 200
H. J. Carter, -, -, -, 20, 210
J. J. Anderson, 80, 32, 200, 50, 110
Wm. B. Hays, 60, 120, 1800, 50, 323
John Dansey, 100, 120, 500, 625, 550
Peter C. Mallard, 150, 500, 1000, 500, 1000
Oliver Boutton, 65, 95, 800, 35, 295
Elizabeth Byrd, 100, 100, 300, 10, 375
Hamillas Golden, 40, 10, 200, 5, 170
Eli Sowel, 40, -, 150, 20, 320
Meha__ Cassady, -, -, -, 160, 115
_. F. Still, 170, 130, -, 25, 725
Henry Barentine, 30, 10, 2000, 10, 200
Richard Smith, 75, 85, 200, 5, 230
John Ward, 20, -, 600, -, 100
Wm. Vickers, -, -, -, 50, 48
John R. Runnals, 50, 150, -, 125, 255
George Caashen, 20, 360, 800, -, 565
Thos. Y. Smith, -, -, -, 660, 20
A. B. Bowen, 100, 500, 2000, 20, 740
Rebecca Bowen, 30, 90, 2000, 75, 210
Wm. Meadows, 100, 100, 450, 50, 340
Joshea Bowen, 50, 80, 1000, 5, 435
Wm. Gann, 25, -, 200, 5, 140
Elizabeth Chancey, 25, -, 200, -, 200
J. A. Sott, 30, -1 275, -, 100
J. M. Watson, 35, -, 200, 25, 255
Uriah Sowel, -, -, -, 20, 100
Daniel Wiggins, 30, 50, 175, 40, 276
Wm. Williams, -, -, -, 30, 259
A. B. Huggins, 80, 8, 600, 50, 405
Anis Woodham, 40, 40, 150, 30, 203
Wiley Peebles, 95, 100, 700, 75, 550
Ridden Barinch, 90, 340, 1000, 100, 720
Austin Nichols, 80, -, 600, 700, 255
Jas. Woodham, -, -, -, 15, 80
J. Nichols, 100, 150, 1000, 100, 835
Hovern Watson, 25, 15, 200, 10, 175
John Roberson, -, -, -, 10, 23
Henry R. Hamon, -, -, -, 20, 160
J. M. Roe, 150, 200, 1000,20, 405
Roger Parish, 75, 500, 600, 50, 310
W. C. Laurince, 75, -, 200, 150, -
John Campbell, 40, 165, 100, 50, 235
J. A. J. Whithurst, 80, 160, 400, 40, 210
Lewis Sowel, 1, 120, 500, 50, 500
W. _. Fountain, 24, -, 200, 75, 225
G. S. Huttoc, 30, -, 300, 5, 115

Jacob Frazier, 14, -, 150, 5, 144
John Lanton, -, 26, 300, 100, 75
Thos. Gambol, -, 16, 600, 60, 80
Pat McDaniel, 2, -, 50, 40, 55
D. Mcranin, 20, -, 500, -, 20
J. E. Spann, 20, -, 20, 25, 82
Henry Spann, 20, -, 20, 25, 225
Seaborn Jones, 30, 50, 400, 10, 213
Francis Marshall, 90, 70, 650, 50, 150
Wm. Jourdan, -, -, -, 5, 123
J.E. Price, 1, -, 300, -, 100
Thos. Buccaro, 23, 200, 600, 10, 215
J. D. Ward, -, -, -, 50, 885
Richd. Knight, 350, 230, 6000, 1500, 2000
Wm. R. Killy, 65, 150, 800, 75, 260
Josiah Carington, 30, 530, 400, 35, 635
Mason Nichols, 20, -, 70, 5, 140
Joseph Lock, 23, -, 100, -, 75
John Rains, -, -, -, -, 50
W. B. Kirkland, -, -, -, -, 25
Thos. A. Dosy, 25, 55, 1000, 225, 500
Zachariah Renfroe, 23, 15, 100, 900, 670
Robt. B. Smith, 5, -, 20, 5, 120
Jas. Posey,-, , -, 5, 50
Rachael Robins, -, -, -, 10, 215
John Raines, 16, -, 50, 10, 200
Richard Kirkland, 18, -, 75, 10, 100
Willis Scott, -, -, -, 10, 600
H. H. Lock, -, -, -, -, 85
Jas. Kirkland, 10, -, 40, 5, 35
William Hodges, 26, -, 80, 25, 260
W. H. Cramer, -, -, -, 5, 40
Jas. Lock, -, -, -, -, 30
Jas. Cramer, -, -, -, -, 50
W. Whitehead, 40, -, 120, 10, 220
Poter Misser, 15, -, 50, 30, 340
Sherod Shoulder, 16, -, 60, 25, 325
Joseph Misser, -, -, - , 10, 265
Aalan Kirkland, 23, 15, 150, 40, 369
John Misser, -, -, -, 5, 190
John W. _____, 30, -, 120, 50, 255
F. W. Innic, 25, -, 100, 25, 170
Jas. Yates, 20, -, 80, 5, 140
Jackson Yates, 30, -, 125, 5, 170
Elizabeth Odom, 30, -, 150, 5, 170
Martha Gibson, 72, -, 50, 10, 200
Henry Brocke, 10, -, 40, 4, 100
Levi Merritt, -, 11, 25, 5, 1000
Harrell Williams, 80, -, 500, 20, 310
Joshua Fort, -, -, -, -, 950
Dempsy Ferrel, 30, -, 150, 25, 420
William Harrod, 20, -, 100, 5, 225
Lewis Tucker, 10, 100, 1000, 9, 2335
William Johnson, 100, -, 600, 30, 290
Reuben Newburn, 100, -, 800, 10, 395
Joshua Gibson, 40, -, 160, 5, 90

William Gibson, 20, -, 60, 4, 80
Jas. Skipper, 25, -, 100, 10, 175
John Butler, 10, -, 50, 10, 375
Allen Skiper, 25, -, -, 5, 80
Jas. Butler, 40, 4, 55, 10, 300
B. D. Sellers, 15, -, 15, -, 250
Hampton Martow, 40, -, 50, 10, 285
B.A. James, 25, -, 30, 30, 550
Edward Gibson, 130, -, 500, 50, 800
C. B. Sellers, 12, -, 25, 5, 50
J. Y. Priggen, 50, -, 120, 25, 5030
Saml. Shigh, 25, -, 60, 25, 120
Saml. Sellers, 20, -, 50, 50, 185
J. S. Van, 65, -, 140, 200, 575
W. E. Odom, 25, -, 75, 5, 135
John & E. E. Perrea, 275, 100, 300, 440, 1518
Jas. L. Wilson, 100, 8, 140, 80, 100
Jas. B. Stanly, 100, -, 100, -, 865
H. Sellers, 100, -, -, -, 30
W. A. Smith, -, -, -, -, 1
Joseph Taylor, 30, 80, 200, 50, 300
Matthew, Floia, -, -, -, -, 25
Richard Acock, 30, -, 80, 5, 30
Francis Hattem, 120, -, 400, 150, 120
Simeon Sellers, 20, -, 50, 40, 465
W. C. Wilson, 300, 250, 300, 300, 3600
Thos. J. Farcloth, 35, 40, 10, 25, 830
Jas. F. Butler, 25, 80. 1000, 150, 655
Wm. Register, -, -, -, 30, 980
Elias Parrish, 15, -, 35, -, 90
Matthew Seller, 40, -, 250, 5, 210
J. A. Chumney, 70, -, 290, 100, 665
Rutha Pynes, 50, 50, 500, 30, 4
S. W. Askew, 10, 70, 200, 2500, 110
J. R. Smith, -, -,-, 40, -
Nathaniel Bartlett, -, -, -, 10, -
W. A. Saffold, 615, 1100, 1500, 500, 2230
Za_rca__ Parrish, -, -, -, 10, 125
Valer Grainger, 40, -, 100, 15, 470
Isiah Sellers, 100, 20, 300, 25, 300
N. L. Calley, -, -,-, 125, 55
Wm. Wood, 50, 30, 50, -, -
Charles T. Thomson, -, -, -, 5, 50
E. McAdams, -, -, -, 25, 5225
Jas. W. Parrish, -, -, -, 5, 60
Richard Jourdon, 45, 90, 325, 30, 541
James Cane, -, -, -, 5, 100
John C. Pool, -, -, -, 6, 38
A. McKisie, 5, 15, 200, 40, 255
Thos. Brown, 25, 115, 800, 15, 960
D. B. Blunt, 5, 25, 50, 2000, 65
R. Blackshear, 50, -, 100, 10, 480
James Armstrong, 25, 20, 125, 10, 165
A. B. Button, 20, 40, 100, 10, 140
Benton Wallace, 45, -, 80, 30, 450
A. J. Brooks, 10, -, 25, 5, 65

L. P. Mormon, 80, -, 150, 5, 140
_. Talbat, 600, 100, 4000, 250, 2000
_. R. Baldwin, 5, -, 25, 5, 110
Thos. Battle, 600, 1100, 6900, 300, 2760
John Jones, 200, 425, 4000, 200, 1050
Matthew Jackson, 35, -, 110, 60, 530
Mitchell Koonce, 200, 400, 3000, 200, 1165
E. L Stokes, -, -, -, 10, 260
Wm. Griffin, 60, 140, 600, 30, 330
Wade Jackson, 40, 15, 200, 15, 90
Thos. Armstrong, -, -, -, -, 205
James Miton, 55, -, 175, 30, 320
_. A. Farrister, -, -, - ,5, 140
J. J. W. Hardy, -, -, -, 10, 160
R. R. Copeland, 20, -, 50, 5, 265
Irwin Williams, 30, -, 80, 10, 150
John Yates, 25,, 75, 5, 130
James Yates, 25, -, 90, 5, 140
Saml. Stanton, -, -, -, 20, 375
James Riley, 60, -, 120, 5, 350
S. F. Solomon, 20, 100, 3000, 60, 340
B. M. Grace, 700, 140, 10000, 1500, 3670
A. Z. Hughes, 75, -, 200, 15, 265
George Pinnel, 30, 50, 150, 50, 425
Lag C. Mchillend, -, -, -, 200, -
R. Mcgrift, 50, 100, 2700, 200, 830
James H. Grace, 225, 275, 5000, 800, 3230
John W. Pelham, 30, 130, 200, 200, 380
John J. Given, 20, -, 50, 10, 140
A. McKissick, 300, 200, 2000, 200, 810
Thos. Magers, -, -, -, -, 100
Ann A. Arnold, 40, 110, 800, 30, 370
Rollen Peelen, 30, 50, 300, 40, 340
Charles Messer, 45, 75, 500, 80, 305
Wm. Mims, 25, -, 100, 5, 105
Louis Tucker, 20, -, 80, 10, 440
Thos. Jinkins, -, -, -, 5, 135
A. D. Varnon, 20, -, 90, 10, 140
Faney Armstrong, -, -, -, -, 85
Benj. Cock, 55, 8, 400, 40, 260
Martin Nall, 20, 40, 180, 5, 65
H. H. Pellem, 60, 20, 600, 40, 305
Joel Pellem, -, -, -, -, 60
Richard Pelem,15, -, 60, 5, 160
W. S. Pellem, 15, 40, 40, 5, 190
John W. Pellem, 25, -, 100, 10, 140
Wm. Pellem, 15, -, 75, 5, 100
Ambros Pellem, 20, 20, 180, 10, 100
Wm. Grigory, 70, 50, 300, 80, 260
Heikiah Yonce,-, -, -, -, 125
Jackson Givins, 20, 20, 80, 10, 145
James Arnold, 25, -, 100, 10, 70
R. J. Williams, 25, 200, 1000, 50, 300
D.J. Meilim, 125, 40, 100, 10, 260
S. J. Starling, 60, 20, 300, 50, 580
Wm. Searson, 60, 50, 250, 25, 220

Saml. Melem, 30, -, 120, 30, 685
Bryant Melton, 80, -, 200, 40, 310
R. F. Hall, 25, 100, 700, 100, 740
John Melton, 200, -, 250, 10, 190
R. _. Monk, 40, 160, 800, 200, 850
S. R. Miller, 80, 120, 450, 15, 582
Aaron Odem, 200, 40, 1500, 250, 350
Anna A. Arnold, 25, -, 100, 10, 50
Benj. Prescot, 6, 60, 100, 10, 50
Danl. Cammore, 60, 10, 150, 20, 250
Wm. Harris, 40, 70, 400, 5, 495
E.Dell, 38, 60, 500, 5, 150
W. Smith, 30, 60, 500, 5, 150
O. Smith., 25, -, 300, 50, 175
H. F. Stokes, 40, 25, 175, 10, 200
James Searcy, 175, 375, 3000, 900, 800
Thos. F. Wattley, 25, 80, 250, 60, 340
W. F. Davis, 40, 110, 500, 40, 50
S. A. Davis, 40, 35, 600, 75, 250
J. W. Watley, 25, 40, 320, 60, 180
James Helton, 15, 90, 100, 20, 180
Mary Neill, 50, 35, 400, 20, 275
J. W. Albriton 14, 80, 100, 30, 155
Gew Bell, 16, 90, 200, 20, 160
Feno Roland, 30, 85, 450, 50, 130
J. H. Watley, 75, -, 600, 50, 305
Daniel Hutto, 20, 40, 300, 50, 145
Garland Harris, 80, 280, 600, 10, 200
W. D. Watley, 130, 100, 2000, 75, 740
J.G. Watley, 50, 30, 800, 50, 300
Wilder Philips, 10, 22, 100, 5, 170
Robert Gamble, 18, 80, 100, 10, 180
John McKinney, 25, -, 400, 100, 150
Lewis Nobles, -, -, -, 10, 130
Wm. Whiteburst, 40, 140, 425, 50, 240
Penelopy Leoned, 40,40, 200, 10,70
Hix Ellis, 65, 200, 1000, 130, 213
Washinton Peacock, 75, 125, 300, 80, 335
A. M. Grantham, 85, 120, 1500, 180, 300
Richard Lee, 4, 36, 200, 5, 150
H. J. Craddock, 200, 760, 5000, 700, 975
Simon Pilsher, 40, 40, 250, 20, 190
Jacob Arnold, -, -, -, 500, 30
Drury Mitchell, 30, 60, 400, 30, 275
John Daniel, -, -, -, 5, 60
John Peacock, 40, 40, 400, 25, 400
Wm. Pitman, -, -, -, 10, 65
W. B. Pitman, -, 40, 100, 4, 20
Michel Homes, 120, 120, 1200, 10, 480
John Quincy, -, -, -, 5, 25
Leni Johnson, 25, 135, 400, 10, 240
Mary Howell, -, -, -, -, 165
W. H. Weatherly, 130, 190, 1000, 50, 400
Alfreid West, 100, 220, 500, 10, 550
Gartington Lucius, 15, 100, 500, 50, 125
Jas. Tan, -, -, -, 20, 250

Alex. Tan, -, -, -, 10, 145
Joseph Craddick, 120, 160, 1500, 50, 465
J. B. Carr, 25, 150, 550, 10, 105
Wm. Craddick, 20, 290, 1500, 75, 480
J. W. Johnson, -, -, -, 5, 14
Wm. Smith, -, -, -, 30, 20
George Fagan, -, -, -, 5, 15
D. B. Scott, -, 40, 100, 5, 170
J. Rodgers, -, -, -, 100, 105
Joseph Lawrence, 500, 350, 400, 825, 1470
F. J. Corbett, -, -, -, -, 90
E. M. Johnson, -, -, -, 50, 316
Marth Wilson, 125, 15, 70, 70, 230
H. J. Murphy, 14, 66, 155, 5, 95
J. L. Warren, -, -, -, 5, 80
Jas. Murphy, 160, 80, 4500, 50, 610
J. J. Stokes, 30, 130, 800, 10, 185
B. G. Weavers, 12, 78, 400, 1, 24
Wm. Cassady, 60, 340, 2000, 1000, 770
___. Griffin, 30, 50, 350, 5, 156
Britton Searcy, 160, 360, 1500, 10, 845
___. Dorrety, -, -, -, 5, 60
James Mission, 230, 125, 600, 600, 1120
D. E. Corbett, 100, 340, 1000, 100, 210
_. A. Majors, 50, 30, 200, _, 50
_. Conisus, 800, 600, 15000, 1500, 2200
Thos. Borey, 15, -, 150, 25, 16
Allis Gamble, 100, -, 150, 150, 180
Josiah Torres, 200, 130, 1500, 1000, 440
B. Harris, 40, 60, 500, 5, 330
F. P. Traywick, 80, 160, 3000, 100, 790
J. C. Williams 60, 190, 1500, 35, 381
Patrick Willis, 60, 190, 1500, 15, 425
John Tindell, 50, 40, 300, 10, 375
Leban Sturgis, 15, 23, 100, 10, 140
_. L. Calk, 35, 105, 400, 25, 200
J. W. Thomas, 45, 140, 600, 10, 310
R. W. Gohagen, -, -, -, 15, 130
Jeremiah Thurman, -, -, -, 10, 90
S. P. Thompson, 23, 75, 400, 5, 150
Landers Kirklan, 50, 100, 1000, 20, 540
J. W. Duze, 40, -, 50, 10, 442
_. E. Deal, 60, 25, 450, 10, 135
C. G. Jerkins, 30, 138, 100, 140, 148
D. H. Davis, 60, 140, 200, 100, 287
H. K. Norris, 35, 45, 500, 25, 75
Robt. B. Mouring, 50, 150, 1000, 10, 155
M. Armstrong, 40, 120, 800, 35, 285
H. Koochen, -, -, -, 5, 43
M. Whitehead, 70. -, 1200, 80, 206
L. Gonlesty, 300, 30, 450, 500, 890
J. M. Galloway, 65, 15, 400, 30, 110
W. A. Ward, 75, 100, 990, 50, 876
Robt. Whitehead, 35, -, 1000, 10, 342
J. H. Thoral, 30, -, 700, 15, 184
Eli Suggs, 8, -, 800, 5, 175

P. Thursman, 65, 135, 2000, 100, 565
G. P. Bruce, -, -, -, 5, 115
H. Wm. Sourll, 20, -, 300, 5, 326
Robt. Parker, 20, 20, 130, 5, 335
K. P. Woolf, 35, 15, 400, 15, 204
G. Rony (Rorry), 60, 60, 800, 10, 355
_. F. Haymans, 40, -, 400, 5, 280
L. M. Stodan, 100, 20, 4000, 100, 550
H. Petrs, 20, -, 1000, 30, 235
W. L. Kirkland, 60, 190, 3000, 150, 680
H.E. Stokes, 100, 500, 400, 50, 590
D. Pitts, 75, 40, 500, 100, 373
A. T. Williams, -, -, -, -, -
H. T. Gamble, 30, -, 150, 15, 235
M. Stokes, -, -, -, 5, 95
C. V. Morris, 75, 165, 900, 150, 500
S. _. Snead, -, 120, 2000, 300, 330
_., H. McVay, -, -, -, -, -
A. Hair, 30, 60, 400, 5, 155
Lewis Smith, 70, 90, 500, 10, 250
Wm. Clenny (?), 25, 95, 500, 10, 35
S. A. Whitehurst, 65, 50, 500, 50, 230
I. Braxton, 5, 40, 250, 11, 40
S. Higham, -, -, -, -, 20
H. C. Hughs, 15, -, 100, 5, 35
Tilman Hopkins, 18, -, 200, 5, 86
J. M. Woodsn, -, -, -, 10, 137
H. Parker, 60, 120, 900, 30, 220
H. Bingham, 15, -, 150, 10, -
A. Walden, 40, 85, 600, 5, 100,
J. Gamble, 5, 75, 400, 40, 115
J. Williams, 80, 160, 1200, 5, 835
W. Rice, -, 40, 100, 10, 75
E. Pitman, 60, 50, 600, 10, 220
M. Pippin, 40, 100, 1300, 30, 175
Wm. McCoy, 40, 40, 150, 50, 232
J. Beddingfields, 40, -, 100, 5, 170
J. F. McCoy, 20, 20, 200, 5, 190
W. Frazier, 30, -, 100, 5, 220
J. Whitehead, -, -, -, -, 87
E. Vicks, 150, 100, 100, 25, 460
F. F. Lord, -, -, -, 25, 15
Wm. Ward, 20, 20, 100, 25, 280
A. Ward, -, -, -, 5, 5
E. C. Harris, 30, -, 90, 10, 160
Thos F. Box, 4, 36, 100, 5, -
R. C. Spann, 600, 1000, 12000, 1000, 2167
Wm. Whidden, 100, 40, 1000, 900, 1263
J. Tallay, -, -, -, 125, 40
Jas. Blanchet, -, -, -, 10, 40
K. Deas, 35, -, 80, 5, 105
Jas. Griffin, 30, 10, 100, 20, 180
H.McCoy, 30, 80, 100, 78, 574
H. Gisendaner, 100, 368, 2000, 100, 445
Jas. Pats, 50, 160, 500, 75, 404
Wm. Chapman, -, -, -, 10, 100

_. J. White, 100, 300, 1000, 200, 310
S. White, 100, 300, 1000, 200, 310
I.   Anderson, -, -, -, -, 118
Thos. Boland, -,-, -, 10, 107
John Hurtton, 30, 50, 400, 25, 337
J.   White, -, -, -, 5, 208
Thos. Stone, 100, 200, 1200, 50, 420
J. Kirkland, 100, 200, 600, 20, 100
Wm. Lambert, -, -, -, -, -
Bonin Branon, 40, 90, 150, 500, 450
B.   M. Riley, -, -, -, 10, 150
A.   Conner, -, -, -, 10, 25
G. B. Baltum, -, 200, 800, -, 265
B.   Ward, -, 200, 1000, 25, 300
John Shoulder, 4, -, 40, 20, 198
J. D. Brown, 50, 100, 300, 20, 295
Burwill Norris, 100, 260, 1500, 50, 206
H. Armstrong, 45, -, 100, 20, 206
_. Campbed, 15, 35, 500, 20, 195
Thos. Doswell, 150, 280, 1500, 200, 1185
W. H. Wood, 100, 200, 1500, 1000, 3780
B. W. Holland, 38, 40, 200, 100,470
Claybon Watson, -, -, -, 5, 134
_. Kirkland, 60, 6, 200, 35, 275
W. L. Kirkland, 40, 120, 500, 1000, 340
S. Bradshaw, 150, 140, 1000, 120, 680
A.   Faulk, -, -, -, 10, 155
Jas. Gambol, 170, 400, 3000, 75, 140
J.M. Kirkpatrick -, 120, 150, 50, 200
Daniel Huttoc, 75, 80, 1200, 60, 270
Samuel Huttoc, 45, 75, 400, 10, 220
R. Oats, 80, 40, 550, 50, 695
H. E. Chitty, 275, 475, 5500, 500, 1500
N. W. Huttoc, -, -, -, -, 100
F.   L. Barnard, 40, -, 200, 150, 25
W. J. Norton, 18, 22, -, 5, 75
James Skinner, 60, 7, -, 5, 75
L.   Huttoc, 60, 140, 600, 300, 740
A.   Bateman, -, 10, 50, -, 22
L. Box, 80, 90, 700, 50, 400
C.H. ___bick, 30, 30, 500, 100, 130
J. Cassady, 50, 14, 400, 50, 205
J.T. Martin, 100, -, 800, 475, 840
Mark Cobb, -, 32, 250, 5, 145
_____ (No name on line), 48, 160, 200, 10, 140
John Dees, 120, -, 300, 100, 745
Alx. Vaughn, 80, 20, 100, -, 50
J. McClenden, 60, 40, 500, 25, 400
B.   Harris, 15, -, 200, 5, 95
J. T. Henly, -, -, -, -, 32
G.   F. Spann, 130, -, 500, 60, 570
Mary Symore, -, -, -, 101, 210
_. F. Ceming, -, -, -, 10. 38
John Owens, 140, 200, 1500, 300, 585
John Huttoc, 50, 20, 50, 50, 240
P. Snelgrove, 30, 35, 80, 20, 280

H. H. Armstrong, 50, -, 100, 25, 516
Ely Snelgrove, 25, -, 50, 10, 22
_____(No name on line), 14, -, 25, 50, 263
Thos. Matthis, -, -, -, 5, 148
E. Huttoc, 40, 80, 250, 75, 160
J. Rony, 23, -, 100, 10, 160
J. A. Hood, 80, 80, 500, 500, 500
Thos. Holland, 80, 40, 1000, 200, 390
J. Culpeper, 80, 300, 3000, 300, 430
_____(No name on line), 75, 125, 600, 10, 165
W. Pippin, -, -, -, 10, 130
S. Shepherd, -, -, -, 5, 130
S. Holland, -, -, -, -, 24
John Parker, 23, 20, 100, 25, 265
R. Elmore, -, -, -, 5, 225
N. Langly, -, -, -, 10, 192
_____(No name on line), 100, 220, 1600, 30, 325
F. Huttoc, 30, 30, 150, 50, 180
J. Wims, 50, -, 200, 15, 240
G. Gamble, 100, 340, 1500, 100, 525
_. E. Bloodswirth, 40, 1, 1000, 40, 200
Thos. Craddock, 90, 100, 800, 70, 340
John Whitehurst, 200, 395, 1500, 300, 1050
_. W. Roach, 170, 670, 2500, 125, 410
_. H. Jackson, 50, -, 2000, 15, 431
_. J. Williams, 250, 160, 2000, 30, 285
W. Davis, 100, 200, 700, 75, 400
_. Rockly, 30, -, 250, 5, 170
John Davis, 30, 60, 500, 10, 215
Thos. B. Rony, 60, 30, 400, 125, 233
B. Ward, 80, 200, 400, 50, 300
John Weeb (Weeks), 30, 90, 2000, 50, 300
W. J. Singletary, 40, 60, 800, 15, 305
B. T. Williams, -, -, 100, 20, 200
_. Levi Parrish, 80, 120, 600, 25, 320
Mary Singletary, 50, 80, 500, 75, 324
Daniel King, 30, 50, 500, 15, 195
D. F. Huttoc, 25, 35, 600, 600, 150
_. Richardson, 35, 125, 1000, 150, 310
_. R. Blackshear, 150, 550, 1500, 125, 535
_. C. Crofton, -, -, -, -, 105
E. C. Harris, -, -, -, 30,-
James C. Monny, 40, 80, 900, 65, 2405
_. G. Huttoc, 120, 420, 2000, 150, 885
C. S. Blalock, 20, 250, 1500, 110, 215
W. D. Kirkland, -, -, -, -, 32
B. M. Baberts, -,-, -, 10, 230
_. Peryman, 320, 1500, 5000, 10, 230
Margaret Irwin, 2000, 8330, 10000, 150, 3875
A. Sholder, 40, 50, 110, 628, 175
Caraway Oates, 100, 200, 1200, 20, 930
J. B. Goodman, 50, -, 100, 500, 75
_. Kimble, -, -, -,25, 175
A. Butler, 100, -, 300, 5, 320
A. B. Aplin, -, 90, 300, -, 200
_. Mourning, 35, 40, 500, 75, 330

Lewis Hix, 100, 15, 250, 40, 560
_. D. Stokes, 30, 200, 225, 20, 175
Wm. Gamble, 100, 80, 500, 300, 1250
Robt. Davis, -, 210, 250, 5, 225
H. W. Williams, 400, 40, 2500, 150, 965
Saml. Wheeler, 20. 60, 100, 25, 230
Joseph Ward, 25, -, 600, 3, 190
W. F. Hopkins, 50, -, 1000, 20, 190
Jas. Ready, 15, -, 100, 5, 128
Joseph Ward, 200, 450, 3000, 500, 1037
Thos. Wood, -, -, -, 10, 170
B. Kirkland, 2, -, 200, 200, -
R. McCoy, 40, -, 500, 40, 270
John Sowell, 100, 80, 1000, 75, 494
Reubian Mills, -, -, -, 5, 80
A. Blackshear, 100, 175, 2000, 350, 555
R. Kenedy, 100, 220, 2500, 100, 390
R. O. Daly (Day), 450, 410, 7000, 150, 1540
P. N. Edwards, 50, 65, 500, 30, 191
_. Searcy, 90, 70, 1000, 500, 520
Thomas Spence, -, 8, 50, 100, 200
Samuel Byrd, 100, 520, 5000, 85, 565
H. B. Hays, 60, -, 500, 5, 250
Jas. Wilcason, 100, 150, 2000, 550, 700
_. Griffin, 25, 305, 2500, 10, 240
Jas. Caster, 75, 250, 2000, 50, 400
Irwin Price, 95, 335, 1000, 50, 400
T. M. Thomas, 160, 540, 5000, 50, 900
Japsa Grace, 70, 60, 1000, 60, 400
Joseph Watson, 100, 320, 1000, 60, 500
John Adams, -, -, -, -, 160
W. B. Davis, 30, 10, 250, 20, 310
_. Whidden, -, 40, 500, 10, 233
Jas. N. Barns, -, 40, 500, 10, -
Jas. W. Morgan, 40, 200, 1000, 200, 500
Chas. Love, -, 40, 500, 120, 80
Daniel Morse, -, -, -, -, 200
Smith Barnard, -, -, -, 5, 140
_. Cane, -, -, -, -, 20
Wm. Cochran, -, -, -, 5, 140
Jesse Meritt, -, -, -, -, -
_ilelah Kirkland, -, -, -, 5, 125
Henry Farris, -, -, -, 5, 200
Elijah Smith, -, -, -, 5, 40
Reason Smith, -, -, -, 50, 40
Isiah Sanders, -, -, -, 5, -
Irwin Bates, -, -, -, 35, 200
Robert Pitts, -, -, -, 5, 30
Isham Stephens, -, -, -, 5, 150
Garrard, Silvester, -, -, -, 5, 110
Allen Ham, -, -, -, 5, 425
Moses Ham, -, -, -, 10, 250
Wm. Ham, -, -, -, 5, 250
Josiah Monks, -, -, -, 5, 50
Wm. Melton, -, -, -, 5, 20
Wm. Hodges, -, -, -, 25, 150

Morris Rorry, -, -, -, 25, 100
Ageton Lock, -, -, -, 5, 110
Cabel Kirkland, -, 40, 80, 25, 500
Thos. Pickram, -, -, -, -, -
Ceah Curenton, -, -, -, -, -
I. C. Curenton, 35, 330, 2000, 20, 770
W. J. Oats, 75, 260, 100, 10, 225
Wm. Bradly, 40, 40, 250, 10, 175
Mary Kirkland, -, -, -, 25, 130
Perymore Watson, -, -, -, 5, -
Henry Dilleard, -, -, -, 5, 150
J. Puggins, 24, 186, 500, 10, 255
J.D. Wiggins, -, -, -, 5, 30
____. Curenton, 50, 110, 300, 100, 350
Wm. Curenton, - ,-, -, 10, 250
W. E. Wiggins, - ,-, -, 5, -
Eleger Gallaway, -, -, -, 80, 400
Wm. Gallaway, -, -, -, 10, 180
Jirash Bess, -, -, -, 10, 250
Jas. Alexandria, -, -, -, 10, 125
Ann Silles, 20, 50, 150, 20, 140
H.Deenaway, 35, 15, 100, 10, 40
Jas. Thurman, 185, 215, 2000, 300, 290
H. C. Hynate, 20, 40, 150, 400, 160
Wm. Prescot, -, 40, 100, 10, 100
____. Williams, 90, 150, 400, 100, 630
Wm. Condrey, 60, 60, 300, 40, 500
Elizabeth Morris, -, -, -, 5, 100
Thos. Stanford, 250, 690, 3000, 700, 260
John Searcy, -, -, -, 5, 110
Moses Parker, -, -, -, 5, 100
Rite (Rile) Hutson, 130, 420, 6000, 470, 650
D. Whitehead, -, -, -, 40, 200
John H. Hudspith, -, -, -, -, 650
Chas. (Thos.) Knight, -, -, -, -, 650
John McAllester, -, -, -, -, 125
Stephen Harts, 25, 55, 500, 75, 75
_. E. Owens, 90, 700, 300, 125, 340
_. F. Bizzell, -, -, -, -, 305
S. Calhoone, 1, -, 10, 5, 190
_. C. Gordon, 150, 1000, 4000, 200, 1435
_. Hudspith, 60, -, 230, 500, 300
W. H. Lee, 30, 30, 600, 50, 100
John _. Brown, -, -, -, -, 11
Weeks Pippin, 6, 6, 400, 400, 435
Lucinda Moore, 100, 400, 2000, 150, 1300
_. A. Clendenin, 25, 38, 500, 70, 425
H. Mourning, -, -, -, 15, 150
Tempy Williams, -, -, -, 10, 100
John S. Hemly, -, -, -, -, -
Jas. Hopkins, 15, -, 50, -, 50
John Ward, -, -, -, 5, 150
M. B. Green, 100, 80, 1000, 500, 400
E. Chambers, 100, -, 800, 50, 510
Nathan W. Smith, -, 60, 150, 5, -
A. Vaughn, 60, 90, 250, 75, -

J. Miller, 70, 100, 800, 75, 500
Thos. Chambers, 300, 10, 500, 350, 1370
Roddin Vasnam, 10, -, 100, 35, 150
_. H. McAllester, -, -, -, 75, 700
Jas. Bennitt, 850, 1100, 20000, 435, 10000
W. Bagget, 15, -, 200, 50, 230
Harris Starling, -, -, -, 40, 60
_. D. Black, 30, 65, 50, 75, 400
_. McAllister, -, -, -, -, 90
Irwin Regester, 80, 80, 500, 10, 350
_. Bodyford, 40, 80, 500, 10, 200
_lman Dykes, -, -, -, 50, 30
_. J. McAllester, -, 2, 20, -, -
Mary Train, 350, 700, 7000, 500, 1000
_. Griffin, 60, 60, 80, 500, 380
Jacob Anderson, 250, 1100, 5000, 375, 92
Benjamin Byrd, 100, 80, 50, 500, 90
Edmond Roland, 80, 160, 800, 10, 280
N. G. Johnson, -, -, -, , 350
_. Martin, -, -, -, 5, 110
_. Black, 23, 30, 130, 10, 120
Mary Campbell, -, -, -, -, 100
_. Sonny, -, -, -, -, -
John Campbell, 35, 200, 1000, 75, 300
Joshua Jones, 150, 150, 3000, 450, 300
Wm. Grimsley, -, -, -, 60, 150
_. M. Sims, 30, 280, 1500, 575, 125
_. Majors, 10, 30, 50, 5, 80
Chas. Thomas, 145, 160, 15000, 150, 675
Giles Carter, 200, 600, 1400, 330, 1100
_. W. Corbett, 80, 400, 3000, 600, 6020
_. Cody, 300, 300, 1400, 600, 1560
H. Doneny, -, -, -, 10, 325
G. W. Searcy, 45, 35, 250, 100, 350
Jas. Sowl, 30, 150, 300, 10, 80
Robt. Wood, 75, 94, 600, 25, 300
S. Wright, -, -, -, 5, 50
_. H. A. Box, -, 100, 600, -, 60
_. Simmons, 22, 62, 200, 25, 100
Mary Shoulder, -, -, -, 5, 125
Josiah Hendricks, -, -, -, 10, 110
_. P. King, 35, 20, 200, 30, 245
_. B. Skipper, 30, 160, 1200, 40, 590
Saml. Mashall, -, -, -, 15, 280
_. T. clements, -, -, -, 30, 340
_. Ward, 300, 800, 5000, 500, 2325
J. W. Elmore, 55, 78, 1000, 50, 650
Louisa Odom, 10, -, 50, 5, -
John Dunn, 15, -, 100, 40, 135
Jacob Horran, 12, -, 75, -, 120
_. Yeates, 15, -, 100, 40, 100
_. Sykes, 20, -, 150, 40, 100
_. Fennel, 20, -, 150, 20, 150
Berry Fenill, -, -, -, 5, 160
_. W. Fennel, 10, -, 100, 8, 50
_. Hull, 6, -, 50, 6, 25

_. Pitts, 150, -, 150, 5, 50
_. Pitts, 10, -, 100, 5, 50
_. Sims, 10, -, 100, 10, 25
-. Morrise, 40, -, 200, 20, 400
_. Morrise, 50, -, 250, 5, 200
_. L. Lewis, 10, -, 100, 15, 50
_. Gibson, 25, -, 300, 5, 60
_. Gibson, 20, -, 200, 200, 20
(No first name or initials) Johnson, 140, 190, 5000, 90, 600
(No first name or initials) Stapleton, 50, 10, 100, 305, 175
_. Dills Jr., 40, -, 400, 300, 170
_. Hammans, 8, 80, 400, 80, 150
_. Regester, -, 200, 500, 10, 1500
_. Johnson, 12, -, 50, 10, 30
S. Watford, -, -, -, 5, 40
_allen Alford, 20, -, 100, 5, 50
Jas. Culbert, 50, -, 100, 30, 200
Richard R. Brady, 50, 190, 1200, -, 100
Whitemore Price, 100, 80, 1000, 35, 355

INDEX

_____., 130
___bick, 136
___kins, 68
_ulum, 69
A__ngton, 112
Abanthy, 110
Abatte, 49, 50
Abbot, 123
Abernathy, 92
Abrim, 68
Abroom, 97
Acock, 131
Acridge, 9
Adair, 35, 38
Adams, 3, 25, 29, 30, 32, 33, 37, 39, 91, 99, 108, 127, 138
Adkerson, 90
Adkins, 48, 70, 71
Aikin, 112
Airs, 86
Albright, 90
Albriton, 133
Aldridge, 51, 58, 59
Alexander, 28, 30, 31, 34, 86, 92, 102, 114
Alexandria, 139
Alford, 99, 141
Aliles, 64
Allen, 126
Allen, 25, 45, 48, 58, 75, 85, 89, 107, 110, 122, 123
Alley, 59
Allison, 22, 23, 74, 84
Allston, 122
Allums, 14
Alman, 102
Alriad, 58
Alsabrook, 10
Alsbrooks, 75
Alsobrook, 89
Amason, 99
Anderson, 11, 12, 15, 56, 82, 89, 97, 107-109, 117, 126, 129, 136, 140
Andrews, 7, 11, 12, 13, 21
Aneason, 111
Anthony, 63
Antley, 15
Aplebery, 70
Aplin, 137
Appleton, 37, 39, 58
Applin, 2
Archer, 3, 11
Archibald, 107, 117

Ard, 6, 11, 13, 14
Armon, 82
Armor, 20
Armorburg, 76
Armstead, 93
Armstrong, 49, 70, 78, 92, 126, 131, 132, 134, 136, 137
Arnold, 66, 73, 81, 132, 133
Art, 3
Arthur, 4
Ashburg, 46
Ashburn, 48
Ashcraft, 69
Ashcroft, 51
Ashley, 76, 121
Askew, 89, 121
Askey, 75
Atkins, 98
Atkinson, 127
Atnell, 126
Aurson, 102
Ausbrooks, 79
Austen, 29, 60
Austin, 60, 88
Auston, 6, 123
Autry, 78
Averett, 29
Avery, 44, 101
Averys, 97
Averyt, 27, 29
Ayers, 63
Ba_ton, 125
Babcock, 25
Baberts, 137
Bacon, 46, 104
Badget, 73
Bagget, 140
Bailey, 58, 125
Baily, 44, 89
Baines, 104
Bainoed, 127
Bains, 104
Bair, 37
Baker, 33, 54, 57, 79, 80, 121, 122
Baldwin, 132
Bales, 6
Balkum, 6
Ball, 26
Baltum, 136
Bames, 27
Bandrick, 108
Banister, 55

Barbee, 114
Barefield, 5, 15
Baremore, 70
Barentine, 129
Barge, 14, 101
Barham, 43
Barinch, 129
Barker, 43, 57, 85, 94
Barksdale, 35, 37, 41, 83
Barlett, 5
Barlow, 23
Barnard, 111, 136, 138
Barner, 13
Barnes, 2-6, 10, 11, 42, 105, 118, 125
Barnet, 57, 78, 81
Barnett, 35, 36, 42, 65
Barnhill, 84
Barns, 36, 49, 67, 138
Baron, 30,
Barr, 38
Barret, 20
Barron, 66, 70
Barrow, 70
Barry, 104
Bartlett, 11, 131
Barton, 53, 81, 90
Barwick, 4
Basden, 91
Basher, 119
Basil, 61
Basker, 95
Baskin, 99, 105
Bass, 8, 127
Bateman, 136
Bates, 31, 36, 38, 80, 100, 138
Bats, 24
Batson, 9
Battle, 132
Batton, 113
Baxley, 12
Baxter, 45
Baylers, 49
Bayol, 96
Beall, 29
Bean, 122
Beard, 66, 71
Beasley, 13, 15, 52, 71,
Beasly, 63
Beatty, 98
Beaty, 30
Beavis, 55
Beck, 45
Beddingfield, 21
Beddingfields, 135
Been, 34, 47
Beeson, 42, 45

Beford, 120
Beknah, 93
Bel, 78
Belcher, 46
Belk, 70, 71
Bell, 2, 12, 24, 26, 27, 30, 64, 86, 88, 102, 103, 107, 120, 133
Belsher, 3, 13
Belville, 27
Bendall, 73
Benge, 47
Benjamin, 54
Bennet, 86, 88
Bennett, 6, 69, 84, 113
Benning, 33, 75, 83
Bennitt, 123, 140
Bentley, 80
Benton, 104
Berdett, 122
Berga, 29
Bernard, 54
Berry, 24, 27, 36, 37, 41, 52-54, 57, 61,
Besette, 23
Bess, 139
Besson, 58
Best, 6, 120
Bethoone, 42
Bets, 65
Betten, 23
Bevel, 102
Beverett, 6
Beverly, 100
Bibb, 23, 100
Biddle, 29, 47
Biddy, 57
Biggin, 58
Biggs, 74
Billberry, 21
Billingsly, 33, 57
Bingham, 135
Bink, 23
Binner, 23
Biody, 56
Birch, 2
Birchett, 102, 107
Bird, 49, 74, 116, 120
Birdwell, 58
Bishop, 37, 52
Bissell, 24
Bissette, 22
Bitchy, 29
Bizzell, 102, 106, 139
Black, 10, 54, 140
Blackburn, 52, 59
Blackhorn, 121
Blacklidge, 84

Blackshear, 131, 137, 138
Blackwell, 45, 120, 122
Blad, 54
Blair, 22
Blakely, 55, 111
Blalock, 137
Blanchet, 47, 48, 135
Blankenship, 52
Blann, 30
Blanton, 89, 128, 129
Blassingame, 89
Blaylock, 21, 105
Blevins, 34, 48, 121
Blocker, 114
Blonde, 29
Bloodswirth, 137
Blount, 7, 9
Bludworth, 5, 11
Blunt, 131
Boa, 19
Boardman, 98
Bobit, 69
Bobo, 51, 63, 64, 73, 79,
Boggs, 33, 80, 87
Bogle, 45
Bogue, 88
Bohannon, 65
Boice, 75
Boin, 72
Boland, 136
Bolding, 80, 94
Bolen 41,
Boles, 74
Bolin, 79, 80
Bolton, 9, 78, 83, 84,
Bondlove, 55
Bonds, 84
Bone, 121, 122
Bonie, 22
Bonner, 84
Boon, 14, 25-27, 30, 53
Boothe, 125
Borden, 96, 97
Borey, 134
Boruls, 58
Boryford, 128
Boswel, 70
Boswell, 64
Bott, 85
Botts, 73, 76
Boucher, 51
Boulain, 48
Boutton, 108, 129
Boutwell, 1, 11
Bowden, 127
Bowdin, 114

Bowen, 8, 129
Bowers, 122
Bowin, 65
Bowling, 87, 89
Bowls, 68
Box, 61, 62, 135, 136, 140
Boy, 42
Boyatt, 100
Boyd, 20, 32, 71, 103
Boyed, 32
Boyer, 3
Boyett, 9
Boykin, 23, 118
Bozman, 114
Bracewell, 4
Brackin, 11, 13, 14, 125
Bradford, 85
Bradly, 30, 139
Bradshaw, 45, 46, 95, 136
Brady, 141
Bragg, 79, 95, 111, 112
Brandfoot, 75
Brandon, 44, 45, 64, 116, 117
Brannin, 6, 7, 12
Branon, 136
Brantly, 20, 100
Branton, 12
Brasil, 58
Brasir, 54
Brassfield, 105, 112, 113
Brasure, 70
Braton, 59
Bratten, 91
Bratton, 44
Braugan, 68
Brawshaw, 61
Braxton, 135
Brayer, 69
Brazel, 1
Brazil, 41, 76
Breasure, 70
Breech, 1
Bregeale, 28
Breton, 108
Brett, 12
Brewar, 71
Brewer, 30, 65, 71, 87
Bridger, 35
Bridges, 3
Briggs, 30, 97, 107
Brillant, 36
Brinks, 6
Bristow, 40
Britnell, 74
Britton, 83
Bro_eam, 123

Brock, 35, 36, 37, 38, 45, 67, 125
Brocke, 130
Brodnose, 96
Brogden, 1
Brooks, 64, 103, 131
Brown, 2, 6, 8, 14, 15, 21, 26, 37, 39, 48, 57, 58, 65, 67, 74, 79, 86. 94, 97, 100, 102, 106, 107, 113, 117, 131, 136, 139
Brownlea, 117
Brownlee, 71
Broyles, 42
Bruce, 112, 135
Bruten, 70
Bruton, 70
Bryan, 4, 12, 21, 51, 60
Bryant, 38, 44, 45, 47
Bucanan, 95
Bucannon, 101
Buccaro, 130
Buchkanan, 76
Buck, 91
Buckhannon, 65
Buckley, 101
Bucky, 29
Buffaloe, 128
Bufser, 23
Bugler, 55
Buler, 75
Bull, 21
Bullard, 36, 44
Bullin, 79
Bullock, 111, 112, 114
Bulsey, 78
Bun, 50
Bunden, 47, 49
Bunis, 20
Bunn, 91
Bupsel, 31
Burges, 32
Burgess, 73, 78, 83
Burgin, 31
Burgis, 42
Burgiss, 43
Burke, 78
Burkhalter, 48
Burkhead, 87
Burky, 88
Burlison, 79
Burmore, 70
Burn, 87, 114
Burnam, 59
Burnes, 74, 77, 128, 129
Burnet, 115
Burnett, 40
Burnham, 10, 11
Burns, 40, 62, 74, 87, 89, 106

Burnsides, 86
Burris, 20, 21, 106
Burrow, 79
Burruss, 91
Burt, 22, 45
Burten, 96
Burton, 85, 89, 103
Bury, 35
Busby, 39
Bush, 2
Bushalan, 114
Busler, 200
Bustic, 113
Butcher, 62
Butler, 25, 75, 79, 99, 125, 131, 137
Button, 131
Buvis, 36
Byers, 68
Bynum, 49, 92
Byrd, 1, 3-6, 8, 11, 13, 90, 91, 129, 138, 140
Caashen, 129
Caden, 77
Cades, 91
Cagle, 48, 119, 120
Cahoun, 23
Caines, 99
Caldwell, 26, 110
Calhoone, 139
Calhoun, 86, 110
Calicoat, 81
Calk, 134
Callahan, 42
Callender, 81
Caller, 57
Calley, 131
Calloway, 40
Cally, 22
Calton, 127
Calvert, 121, 122
Camak, 110
Cambell & Hester, 27
Camel, 28
Cameron, 8, 95, 99, 100
Cammore, 133
Camon, 128
Campbed, 136
Campbell, 4, 15, 18, 21, 25. 27, 31, 33, 36, 40, 61, 80, 100, 110, 127, 128, 140
Camples 30
Canaday, 11, 15
Candle, 86
Cane, 131, 138
Canebrake, 96
Canfield, 111
Cannon, 38
Capeheart, 35, 41

Capels, 67
Capheart, 42
Caple, 59
Capps, 27
Capshaw, 41
Capsheart, 23
Caraway, 1, 11, 13, 53
Carbrough, 24
Carder, 64
Cargill, 28
Cariker, 13
Carington, 130
Carleton, 56, 100
Carlisle, 98
Carlock, 91, 93
Carlton, 8
Carmichael, 4, 5
Carn___, 110
Carnahan, 24
Carns, 37
Carous, 99
Carpenter, 83, 84, 99, 101, 103, 113
Carr, 26, 134
Carragin, 81
Carrell, 1, 2, 13
Carrington, 95, 96
Carroll, 11, 28, 92, 100, 109
Carson, 28, 47, 91
Carter, 1, 18, 19, 39, 90, 91, 117, 129, 140,
Carver, 76
Cary, 27
Case, 123
Cash, 65
Casle, 53
Casone, 68
Cassady, 128, 129, 134, 136
Casslebury, 120
Caster, 138
Castle, 39, 87
Castleberry, 57
Castles, 54
Catcheone, 25
Cathey, 112
Cato, 53
Causey, 126
Cave, 37
Cele, 56
Ceming, 136
Cerr, 26
Chalker, 6
Chambers, 26, 28. 29, 74, 77, 82, 113, 116, 139, 140
Chambley, 8
Champion, 10
Chance, 21
Chancey, 8, 11, 15, 125, 129,

Chandler, 110
Chaney, 39, 41
Chany, 40
Chapel, 56
Chapman, 8, 13, 14, 24, 27, 101, 108, 135
Charles, 94, 115
Chasteen, 38
Cheatham, 87, 91, 123
Chelsnut, 25
Cherseman, 26
Childens, 32, 33
Childers, 98, 99
Childress, 38
Chiles, 74, 75, 85, 103, 105, 106
Chilton, 107
Chislnut, 25
Chism, 27, 31
Chisum, 77
Chitover, 36
Chitty, 10
Chitwood, 45, 46, 49
Choate, 43
Chrisman, 35
Christian, 22, 76
Chumbly, 39
Chumney, 131
Chustnut, 31
Clair, 85
Claring, 67
Clark, 3, 6, 8, 10, 11, 14, 30, 47, 50, 125
Clary, 110
Clay, 20, 32, 33, 41
Clayborne, 92
Clayton, 20, 39
Clearman, 62
Cleaveland, 104
Clement, 75, 82, 83, 95
Clements, 81, 83, 112, 140
Clemint, 77
Clemon, 35
Clendenin, 139
Cleney, 128
Clenny, 135
Cleveland, 76
Clifton, 26, 60, 61, 68
Cline, 63
Clinton, 121
Clois___, 60
Clour, 68
Coats, 91
Cobb, 24, 69, 90, 92, 99, 116
Coble, 68, 69
Coburn, 127
Cocheran, 21
Cochran, 10, 24, 26, 60, 101, 106, 127, 138
Cock, 52, 132

Cockburn, 92
Cocke, 96, 97
Cockerham. 65
Cockrel, 101
Cockrell, 95, 105, 115, 117
Cockson, 87
Cockville, 92
Cody, 140
Coe, 127
Cofield, 89
Coger, 50
Coggin, 59
Coggins, 38
Coin, 81
Coldwell, 70
Cole, 52, 56, 112
Coleman, 15, 25, 28, 29, 46, 69, 99, 101-104, 111, 112, 114, 115, 117
Colemon, 69
Colima, 23
Colley, 122
Collier, 112
Collins, 11, 34, 38, 46, 47, 54-57, 63, 67, 99, 107, 108, 109, 112,120, 125
Collinsworth, 85
Colom, 115
Colson, 113
Colvin, 103-106, 116
Combs, 89
Conaly, 31
Condrey, 139
Coner, 69
Conisus, 134
Conley, 20
Conly, 55
Conner, 98, 136
Connor, 7
Conwell, 48, 73
Coo, 70
Cooglier, 27
Cook, 3, 12, 48, 52, 53, 69,73, 85, 86, 99, 102, 109, 111
Cooker, 5
Cooley, 7, 30
Coons, 46, 92
Cooper, 5-9, 12, 36, 37, 42, 48, 68, 69, 82, 122
Copeland, 41, 79, 89, 132
Copp, 102
Corbet, 134
Corbett, 128, 140
Corble, 84
Cord___, 55
Corder, 62, 109
Corhorn, 83
Cornelius, 66
Cort, 77, 82

Corwell, 125
Cothrum, 79
Cotton, 3, 57, 63,
Couch, 37
Countess, 50
Counts, 38
Couny, 19,
Couter, 40,
Covening,82
Covington, 13
Cowan, 39, 107
Cowen, 48,
Cox, 8, 12, 14, 21, 41, 44, 100, 106,
Craddick, 134
Craddoc, 129
Craddock, 137
Craft, 99, 106
Craig, 23, 31, 32, 88
Craise, 49
Craitg, 33
Cramer, 1`30
Cravy, 15
Crawford, 61, 64, 108, 112, 115
Creag, 25, 26
Creech, 1
Creswell, 97, 102
Crittenden, 74
Crittendon, 75
Crocheron, 25
Crochran, 23
Crocker, 31, 117
Crockett, 12
Crofton, 137
Crogins, 120
Cromanes, 119
Cromeans, 120, 123
Cromines, 81
Croom, 95, 107
Cropley, 64
Crosby, 6, 8, 12
Cross, 48, 91
Crossner, 53
Crosswhite,84
Crosswise, 92
Croswhite, 72
Crouch, 24
Crow, 44, 59, 62
Crowel, 79
Crowell, 87
Crown, 97
Crownover, 49
Crump, 36, 37, 42
Crumpley, 102
Crutchfield, 2, 7
Culberson, 62
Culbert, 141

Cullighan, 90
Culpeper, 137
Culwell, 14
Cumberlander, 29
Cummins, 12, 109
Cunningham, 45, 46, 69, 109
Curenton, 6, 11, 139
Curry, 19, 88, 90,
Curtis, 27
Dabner, 28
Dags, 62
Dallas, 112
Dalrumple, 40
Dalrymple, 42
Daly, 138
Dame, 65
Dance, 102
Daniel, 7, 10, 83, 84, 87, 95, 127, 133
Daniels, 19, 30
Dans, 128
Dansey, 126, 129
Daris, 125
Daughtery, 4, 32, 34
Davault, 90
Davidson, 27, 37, 50
Davis, 12, 21, 23, 26, 29, 40, 45-46, 48-49, 52-54, 58, 60-61, 64, 83, 96, 97, 102, 107, 111, 114, 117, 120, 121-123, 133-134, 137, 138
Davison, 92
Dawsey, 12, 15
Day, 1, 2, 5, 13, 15, 18, 19, 28, 96, 97, 108, 115, 121
Deal, 64, 134
Dean, 4, 5, 13, 14
Deas, 135
Deaton, 47
Deavenport, 47, 48
Debora, 66
DeBose, 20, 22
Deenaway, 139
Dees, 136
Degraffenreid, 117
Degraffenried, 121
Dell, 53, 133
DeLong, 91
Demman, 64
Dennis, 22, 28, 52
Denton, 85, 88, 89, 90
Deray, 26
Derden, 112
Derrick, 29
Despruy, 90
Devinport, 70
Dew, 103
Dick, 4
Dickerson, 60

Dickson, 78, 90
Die, 12
Dies, 24
Dikes, 79, 82
Dilbeck, 39
Dill, 22, 74
Dillard, 8, 101, 125
Dilleard, 139
Dills, 141
Dilmore, 2, 4, 8, 9, 10
Dinnis, 22
Divrnney, 72
Dobbins, 65, 109
Dobbs, 38, 39, 58, 59,
Dodd, 119
Dodsin, 66
Dodson, 67, 119
Doegg, 116
Dolals, 29
Donaghey, 31
Doneld, 126
Donelly, 90
Doneny, 140
Dood, 120
Dorman, 101
Dorrah, 95
Dorrety, 134
Doss, 99
Doster, 14
Doswell, 136
Dosy, 130
Dotson, 83
Douglas, 22
Douglass, 1
Douwthat, 90
Dowd, 2
Dowling, 2, 3, 8, 11, 13
Down, 91
Downes, 68
Downs, 79
Dowsing, 65
Drain, 49
Drake, 81, 95
Draughon, 4
Drennan, 32
Driskill, 37, 38
Driver, 105
Drum, 99
Druman, 61
Drummonds, 116
Duboice, 75
Dubois, 107
Dubose, 15
Dudle, 22
Duffhey, 97
Duffin, 97

Duglas, 125
Duke, 63
Dukes, 26
Dumas, 68
Duncan, 92, 99
Duncane, 80
Duneell, 29
Dunklen, 21
Dunlap, 101, 103
Dunn, 65, 97, 98, 116, 140
Dunning, 59
DuPriest, 41
Durbin, 88
Durden, 28
Durham, 25, 82, 88
Durkins, 122
Durton, 44
Dutchman, 23
Duze, 134
Dyer, 59
Earnest, 56
East, 81, 82
Eatman, 101, 104, 105, 114
Echols, 34
Eddins, 98
Edgar, 1, 83
Edminston, 109
Edmonds, 38
Edmondson, 98
Edmonson, 29
Edmunds, 57
Edwards, 138
Edwards, 19, 25, 40, 42-43, 64, 67-68, 103, 105, 116, 138
Eggleston, 92
Ekes, 68, 69
Elany, 120
Elemmer, 56
Elis, 68
Elkins, 44, 124
Ellage, 74, 85
Ellenburgh, 41
Ellerbe, 25
Ellett, 122
Elliote, 102
Elliott, 91, 110, 113
Ellis, 9, 19, 28, 42-44, 49, 57, 74, 100, 102, 106, 123, 133
Ellison, 21, 29
Ellitt, 80
Elmore, 137
Elmore, 140
Elmrose, 125
Ely, 22
Emerson, 32
English, 2, 25, 31, 75

Enlow, 26
Ennis, 128
Eppes, 95
Epps, 79
Erwin, 59, 98, 107
Esten, 36
Esterwood, 63
Estes, 23, 46, 105, 114
Ethridge, 27
Evans, 26, 56, 101, 107
Everett, 39, 106, 119
Evins, 10, 76, 83,
Evits, 85
Evitt, 39
Ezell, 8, 13, 15
Fagan, 134
Fair, 31
Falconer, 102
Falkner, 53
Faom, 95
Farcloth, 131
Fargulias, 52
Farley, 121
Farmer, 103, 127
Farned, 79
Faro, 59
Farquhar, 54, 61, 62
Farr, 126
Farris, 120, 138
Farrister, 132
Faslan, 60
Fason, 104
Faulk, 4, 11, 136
Faytor, 63
Fears, 127
Featherston, 45
Feelall, 121
Fenland, 52
Fennel, 140
Fergason, 56
Fergison, 62
Ferguerson, 32
Ferguson, 22, 33, 38, 117
Fernton, 60
Ferrel, 130
Ferrell, 97
Field, 45, 110
Fielder, 90
Fields, 38, 40, 41, 70
Fike, 85
Filer, 58
Filman, 100
Fincher, 31
Finely, 86
Finny, 122
Fisher, 24, 38

Fist, 66
Fitz, 95
Flagagin, 79, 83
Flake, 77, 91
Flaker, 26
Flanigan, 27, 42
Flemming, 113
Fletcher, 41
Flock, 68
Floia, 131
Flowers, 1, 41
Floyd, 5, 10
Flynn, 108
Foam, 61
Fodd, 29
Fondren, 128
Fondren, 52, 57
Forbus, 36
Ford, 19, 112
Fore, 75
Foreman, 52
Foro, 57
Forston, 104
Fort, 26, 31, 70, 130
Fortune, 35, 107
Fosmore, 36
Foster, 71, 99, 102, 103
Fountain, 5, 10, 23, 129
Fowler, 51, 58, 63, 66, 68, 127
Foxworth, 3
Francis, 36
Franklin, 49, 55, 56,
Frazer, 45, 46
Frazier, 125, 130, 135
Frederick, 19
Free, 102, 104, 114, 115, 116,
Freeman, 39, 51, 52, 54, 56, 74, 85, 90, 108, 112
French, 39, 46
Freshour, 53
Fretwell, 76
Friend, 111
Frierson, 96
Frost, 49
Fulerton, 56
Fulfad, 31
Fulgham, 105
Fuller, 78
Fullerton, 55
Fulton, 109
Funesson, 36
Fuquay, 125
Furny, 123
G__den, 68
G__ger, 88
Gabb, 27, 73, 85, 91
Gage, 59

Gagers, 123
Gain, 63, 76
Gaines, 54
Galimore, 86
Gallaway, 139
Gallemore, 86
Galloway, 134
Gallownay, 125
Gamble, 25, 133-135, 137, 138
Gambles, 31
Gambol, 127, 130, 136
Gann, 129
Gant, 87
Gardner, 20, 21, 22, 23, 47, 52, 55, 61, 127
Gardy, 105
Gargus, 91, 92
Garland, 73, 86
Garmer, 128
Garner, 5, 13, 90, 127
Garnett, 109, 113
Garret, 87, 93, 112
Garrett, 30, 95
Garrette, 44, 45
Garrison, 121
Garriss, 13
Garver, 6
Gasaway, 46, 80
Gastin, 25
Gates, 21, 75
Gatlin, 48
Gaunt, 77
Gausy, 86
Gay, 14
Gaylor, 36
Gaylord, 125
Gayton, 36
Geddie, 110
Gee, 68
George, 38, 70, 81, 100
Georgee, 27
Gervin, 64
Gess, 46
Gevin, 64
Gevins, 121
Gewin, 64. 108
Gibbs, 90, 91
Gibson, 11, 18, 45-46, 96, 121-122, 127, 130-131, 141
Gice, 119, 120
Gideon, 13
Gidson, 31
Gifford, 53
Gilbreath, 39, 41, 47, 50, 53
Gilbreeth, 40
Gile, 85
Gilferd, 61

Gill, 27, 103
Gillam, 51
Gillbreth, 39
Gillespie, 89
Gilley, 7, 8, 9, 81
Gilliland, 38, 42, 43, 44
Gillispie, 78
Gills, 95
Gillum, 57, 64
Gilmore, 33, 34, 63
Gilpero, 61
Gipson, 13
Gisendaner, 135
Gist, 86, 88
Given, 132
Givings, 65
Givins, 62-63, 132
Glarener, 39
Glas, 34
Glass, 89
Glassup, 83
Glazer, 52
Glazner, 40
Glenn, 13, 24, 80-81
Glover, 112, 127
Glu___, 54
Gnrnn, 29
Gocher, 81
Godby, 73
Goddard, 58
Godwin, 2-3, 6-8, 12-13, 123
Goff, 1, 3, 11, 92
Goggin, 44
Goggins, 40,
Gohagen, 134
Goin, 76, 104
Going, 126
Golden, 129
Goldin, 69
Goldsby, 30
Golf, 79
Golson, 82
Gonlesty, 134
Goodin, 20, 21
Goodloe, 90, 93
Goodlum, 23
Goodman, 137
Goodwin, 32
Gooluw(ma), 23
Gorden, 19, 20, 99
Gordon, 99, 104, 114, 139
Gosa, 102, 116
Goss, 124
Goul___, 111
Grace, 128, 132, 138
Graham, 19, 32, 39, 80, 103

Grainger, 131
Grant, 8, 15, 58
Grantham, 4, 5, 14, 128
Graves, 40, 42
Gray, 125
Gray, 4, 8, 15, 33, 42-43, 54-55, 59, 61, 74, 81, 87
Grayham, 125
Grear, 100
Green, 8, 29, 46, 71, 76-77, 85, 90-91, 122, 139
Greene, 39
Greenhill, 90
Greenwood, 104
Greer, 6
Gregory, 58
Gren, 77
Grenn, 85
Gresham, 98
Grey, 126
Griffin, 22-23, 25, 42, 44, 52, 55, 65, 132, 135, 138, 140
Griggs, 71
Grigory, 132
Grim, 34
Grimes, 9
Grimsley, 140
Grissom, 79, 85
Grumble, 19, 20
Grumbles, 20
Grundy, 107
Gu___, 54
Guilford, 128
Guin, 61
Guinn, 75, 84
Gulley, 114
Gulling, 122
Gully, 101
Gurge, 79
Gurley, 91
Guthry, 122
Guy, 91
Gwin, 63
Habbrock, 109
Hadley, 84
Hagan, 6, 97
Haghen, 38
Hagler, 5
Haidwood, 111
Haigwood, 106,
Haikeny, 71
Haines, 24
Hair, 135
Halaman, 67
Halbrook, 113
Halcomb, 42
Hale, 38, 80, 103, 111

j

Hales, 100
Hales, 98, 99
Haletrn, 60
Haley, 89
Hall, 7, 21, 24, 31-32, 37, 39, 44, 58-59, 75-77, 83, 102, 104-105, 120, 133
Hallace, 110
Hallford, 13
Hallmark, 58, 59
Halloway, 9
Halmark, 59
Halstead, 6, 15
Halston, 18
Ham, 86, 88, 138
Hamblin, 69
Hamby, 68
Hamel, 103
Hamer, 57
Hamilton, 12, 79, 82, 90, 91, 107, 115, 117
Hamlet, 115
Hammack, 45
Hammans, 141
Hammett, 41, 43
Hammons, 47, 49
Hamon, 129
Hampton, 76
Hancock, 64, 79, 113
Handly, 56
Hankeny, 63
Hankins, 63
Hanley, 20
Hanly, 19
Hanna, 98, 107, 111
Hanritton, 20
Hanton, 127
Happel, 107
Haraway, 24
Harbin, 56, 57
Hardee, 78
Hardin, 69, 71, 72, 75, 97, 106
Hardy, 19, 20, 97, 115, 128, 132
Hare, 38
Harewood, 47
Harget, 85
Hargete, 73
Hargett, 82
Hargraves, 104
Haris, 61
Harkins, 53, 60, 103
Harkley, 7
Harkness, 114, 116
Harmon, 78
Harper, 10, 127
Harrell, 25-26, 126

Harris, 25, 30, 32, 47, 55, 57, 72, 75-76, 83, 86, 89, 90, 96, 104, 107, 109, 116, 122-123, 127, 133-137
Harrisn, 56
Harrison, 18, 21, 26, 29-30, 33, 39, 44, 92, 103, 108, 114, 117
Harrod, 130
Harry, 108, 109
Hart, 26, 109, 126
Hartin, 61
Harton, 53, 54
Harts, 139
Hartsoook, 60
Hartzog, 124
Harvey, 52, 53
Hary, 109
Haryns, 34
Haselitt, 27
Haskins, 60, 103
Haslip, 95
Hass, 53
Hatbert, 60
Hatch, 97, 98
Hatcher, 128
Hatcher, 14, 27
Hatfield, 96
Hath, 15
Hathaway, 15
Hatherly, 41
Hathert, 60
Hathom, 3
Hathorn, 11, 14
Hatloc, 128
Hatrup, 96
Hattem, 131
Hatter 102
Hawking, 126
Hawkins, 6-7, 26, 48, 67, 126
Haws, 45-46
Hayes, 18
Haymans, 135
Hayne, 20
Haynes, 30
Hays, 39, 89, 103, 126-129, 138
Hayse, 24
Haywood, 98
Hdson, 84
Head, 98, 102
Heard, 120
Heardy, 20
Hearer, 86
Heath, 11
Heddleston, 109
Heflin, 3
Heggins, 96
Helimns, 72

Hellen, 98
Hellums, 13, 30
Helton, 133
Hemly, 139
Henderson, 10, 15, 25, 116, 128
Hendirson, 69
Hendon, 96
Hendricks, 40, 140
Hendrix, 2, 56, 113
Henley, 74, 85,
Henly, 43, 136
Henn__, 61
Henry, 61, 111
Henson, 60
Herald, 84
Hern, 87
Herndon, 94, 104, 111
Hernton, 24
Hernvan, 103
Herras, 68
Herrel, 106
Herrell, 101,
Herries, 62
Herrin, 86, 108
Herring, 6, 57, 58
Herris, 69
Herrison, 69
Herron, 98
Hesler, 78
Hester, 66, 67, 74, 85, 100, 129
Hew, 27
Hewett, 7
Hewit, 91
Hewlett, 3, 121
Hibbs, 38
Hichal, 22
Hicks, 47, 102, 105, 119
Hickson, 49
Hides, 67
Higden, 88
Higginbothan, 104
Higgins, 88
Higham, 135
Highland, 37
Highnote, 5, 124
Higson, 109
Hiles, 79
Hill, 21, 24, 29, 36, 38, 72, 83, 97, 99, 100, 103
117, 120, 128
Hillman, 27
Hilson, 7
Hindes, 28
Hindman, 64
Hines, 113, 125
Hinley, 74
Hinson, 12

Hinton, 15
Hiram, 56
Hit, 124, 127
Hite, 106
Hitt, 99, 106
Hitte, 28
Hix, 5, 138
Hoad, 83
Hobbs, 6
Hobgood, 92
Hobson, 102, 104
Hodge, 77, 78
Hodges, 130, 138
Hoff, 6
Hogan, 92
Hogde, 91
Hogg, 28, 53
Hoggle, 108
Hogue, 37, 87, 89
Holbark, 71
Holbrook, 86
Holcroft, 95
Holeman, 29
Holiloot, 66
Holland, 47, 50, 76, 78, 125, 136, 137
Holley, 110
Holliman, 55, 61, 75
Hollingsworth, 51, 59, 82, 105
Hollis, 7, 12
Holloway, 117
Hollowman, 47
Holly, 61, 101, 128
Holmes, 25, 117, 128
Holmger, 66
Holster, 110
Holton, 1
Homan, 40
Homes, 25, 133
Hompkins, 56
Honeycutt, 33
Hood, 2, 29, 40, 77, 137
Hooker, 75, 81, 82,
Hooper, 42
Hoot, 29
Hopkins, 53, 64, 96, 99, 135, 138, 139,
Hopper, 97
Hord, 111, 112
Horm, 105
Horn, 5, 61, 111
Hornsby, 7
Horran, 140
Horsley, 110
Hortharn, 68
Horton, 5, 49, 53, 75, 77, 105, 118,
Hosey, 1
Houseman, 22

Houston, 30, 31, 33, 41, 89, 90,
Hovarter, 79
Howard, 6, 23, 50, 71, 127
Howel, 75
Howell, 8, 48, 54, 133
Howels, 84
Hownrigg, 112
Howton, 53, 54, 57, 59
Howtton, 61
Hubard, 103
Hubbert, 60
Hucheson, 81
Hucison, 81
Huckabee, 95
Hudgins, 24
Hudler, 126
Hudson, 12, 72, 73, 84, 85, 88, 117
Hudspith, 139
Huff, 37
Huggins, 129
Hughes, 3, 9, 47, 48, 128, 132
Hughey, 67
Hughs, 91, 92, 113, 135
Hulgin, 45
Hull, 20, 21, 24, 70, 140
Hulsey, 74
Humble, 82
Humerlyn, 109
Humphrey, 40
Humphreys, 44
Hunt, 10, 39, 59, 87
Hunter, 24, 34, 45, 68
Hurd, 88
Hurley, 85
Hurry, 109
Hurst, 74, 79, 82, 85,
Hurtton, 136127
Huse, 58, 73, 77,
Huster, 40
Huston, 92
Hut, 110
Hutchins, 101
Hutchinson, 33
Hutson, 139
Hutten, 95
Hutto, 133,
Huttoc, 129, 136-137
Hutton, 99, 104
Hyde, 93
Hynate, 139
Idom, 101
Igan, 50
Infinger, 6, 14
Inge, 113
Ingle, 36, 43, 119
Ingram, 8, 21, 68, 108

Inman, 90, 123
Innic, 130,
Irvin, 73
Irwin, 8, 31, 126, 137
Isaac, 107
Isbel, 57, 80, 82,
Isbell, 43
Ivey, 24
Ivins, 125
Jack, 38, 44, 46
Jackson, 26-27, 33, 55, 66, 70, 73, 75-76, 88, 92-94, 96, 104, 108, 132, 137
Jacobson, 108
James, 18, 42, 63, 73, 85, 87, 92, 96, 122, 131
Janegon, 65
Janis, 41
Jeffers, 106, 116
Jeffrers, 55
Jeffreys, 58, 81
Jeffries, 33, 52
Jemes, 50
Jenings, 68
Jenkins, 15, 53, 57, 92, 108
Jennings, 74
Jennins, 96
Jerkins, 134
Jernigan, 7, 8
Jewell, 8
Jiles, 24
Jiner, 85
Jinings, 69
Jinkins, 132
Johns, 5
Johnson, 7, 10, 12-15, 18, 25-26, 28, 30-31, 33, 40-43, 48-49, 52, 56-58, 61-62, 73, 76, 79, 86, 100, 120, 125-128, 130, 133-134, 140-141
Johnston, 86, 93, 96, 98, 111-112, 114-115
Joiner, 127
Jokin, 127
Jolley, 99
Jolly, 95
Jones, 3, 13, 18-19, 22-23, 27, 30, 33, 38-40, 48, 51-52, 56-57, 59-65, 68, 74, 76-77, 82, 84, 88, 95-96, 98, 101, 107, 109, 114, 117, 120, 122, 125, 130, 132, 140
Joran, 62
Jordan, 43, 54, 97, 103, 112
Jorden, 35
Jourdan, 130
Jourdon, 131
Jowers, 124-125
Judah, 6, 7
Judge, 111
Julian, 52
Juoah, 9
Justice, 8, 12, 14

Juzbee, 10
Kamp, 66
Keachea, 2
Keahey, 5, 11
Keamp, 70,
Kean, 47, 49, 122
Keaton, 89
Keeland, 82
Keener, 36, 42, 44
Keenum, 82, 83
Keer, 107
Keith, 48
Kekeham, 66
Kekley, 113
Keleham, 66
Kelly, 7, 9, 19, 27, 46, 54, 55, 59, 126
Kemp, 4
Kenady, 87, 88
Kenedy, 21, 126, 138
Kennady, 87
Kennedy, 67, 95, 97, 104, 117
Kennon, 114
Kenny, 121
Kent, 15, 75, 105
Kerbin, 23
Kerr, 38
Key, 20, 97
Keys, 97
Killian, 44, 45
Killingsworth, 51
Killy, 130
Kilpatric, 127
Kimble, 137
Kimbrell, 56
Kimbro, 72, 74,
Kimbrough, 96
Kinan, 24
Kinard, 97, 109
Kinbrough, 115
King, 137
King, 140
King, 18, 20, 26-27, 30-33, 41, 45, 78, 92, 100, 105, 120, 121, 137, 140
Kinner, 22
Kinsel, 7
Kinsouls, 7
Kirby, 35
Kirk, 58, 65, 74, 81, 82
Kirkendall, 82
Kirklan, 134
Kirkland, 4, 10, 33, 51, 71, 104, 117, 125-126, 130, 135-139
Kirklin, 72
Kirkpatrick, 112, 136
Kirksey, 99
Kirrsley, 33

Kittrell, 107
Knapp, 126
Knight, 130, 139
Knighter, 60
Knon, 106
Knott, 112
Knotts, 4
Knowles, 103
Knox, 115, 116, 117
Kohler, 107
Kokesl, 59
Koochen,, 134
Koonce, 132
Korinegy, 18
Krinnrs, 84
Kumpe, 91
Kuon, 106
Lackey, 37, 38, 46
Lacy, 9, 30, 31, 70
Ladd, 22, 79
Laine, 63
Lainwarder, 100
Lake, 26
Lalner, 108
Lamb, 12, 113, 115
Lambert, 119, 124, 136
Lambs, 88
Lamp, 88
Lancaster, 104
Land, 52
Landerdale, 57
Landeroy, 35
Landers, 68, 75, 81
Landly, 137
Lane, 89
Lang, 122
Langen, 125
Langley, 83
Langston, 67
Lankford, 43, 45, 46
Lansdale, 126
Lanston, 67
Lanton, 130
Lapher, 122
Lapsley, 32
Lariamore, 119
Larmore, 47
Larner, 8
Larrence, 122
Lassiter, 5, 95
Lastton, 36
Laswell, 48
Laurence, 66, 100
Laurince, 129
Lavender, 110
Lavinder, 98,

Lawrence, 11, 42, 134
Lawson, 37, 110, 116
Lawy, 121
Lawzer, 22
Lay, 58, 104, 115, 116, 123
Layton, 125
Lea, 49
Leach, 31
Leack, 28
Leadbetter, 87
League, 40
Leatherwood, 21, 116
Ledbetter, 83
Lee, 4, 6- 9, 11, 13, 20-23, 25, 80, 84, 88, 91, 115, 125, 126, 139
Lem, 25
Lemmons, 3
Lemons, 52, 58
Leney, 106
Lenoir, 26
Leonard, 9
Leoned, 133
Leslie, 101
Lester, 95
Letherwood, 84
Levingston, 75, 87, 123
Levinston, 121, 122
Lewis, 12, 32, 38, 45, 76-77, 96, 98, 111, 117, 129, 141
Lide, 22, 23
Liggon, 91, 92
Lightfoot, 88, 96, 114
Ligon, 113
Liman, 30
Lindsey, 5, 61, 78, 83, 86
Liner, 37
Lingley, 109
Linley, 67
Linosry, 59
Linsy, 33
Linz, 24
Lipscomb, 95
Lipton, 19, 21
Lisenby, 6
Lisle, 24
Little, 2, 20, 46, 79, 85, 119
Littlefield, 43
Littleton, 44
Livingston, 64, 100, 109, 121
Livngston, 55,
Lock, 130, 139
Locke, 96
Lofti_, 70
Loftin, 2, 5, 8, 10, 71
Loftis, 125
Logan, 10, 22, 44, 59, 106-107, 109-110, 112

Lollace, 49
Lollar, 57
Lom, 33
Loney, 8, 10
Long, 29, 47, 75, 81, 86, 89, 91, 96, 109, 122, 124
Lookinbrill, 76
Loony, 87
Loot, 121
Loptice, 64
Lord, 135
Lorrence, 122
Lorsby, 112
Lourey, 48
Loury, 61
Louvitt, 120
Love, 30, 138
Lovete, 26
Lovett, 55, 120
Lovins, 42,
Lowery, 55, 73, 76
Lowrimon, 57
Loyd, 3
Lucas, 18, 54
Lucian, 116
Lucius, 133
Lucker, 20
Luckey, 28
Lucy, 73
Ludlow, 29
Lunny, 125
Luny, 23
Lusk, 39, 49, 59
Luthran, 120
Lwilley, 100
Lyles, 70, 101, 114, 116
Lyon, 45
Mabry, 10, 95
Mace, 59
Macfarlane, 45
Mackey, 38
Macnel, 120
Madden, 128
Madison, 108
Madra, 40
Magers, 132
Magill, 11
Maglathey, 56
Magor, 23
Mahaffey, 116
Mahethy, 47
Mainer, 6
Maize, 89, 113
Majors, 14, 39, 134, 140
Maker, 61
Mallard, 129

Mallory, 95
Malone, 35, 38-39, 43, 77-78, 87-88, 91-92, 104
Maloy, 65
Man, 70
Manderson, 33
Manly, 128
Mann, 124
Mann, 89, 117
Mansom, 65
Maple, 122
Marchant, 62
Marcm, 76
Mardin, 69
Markes, 121
Marks, 32
Marlow, 62
Marriott, 117
Marrow, 30
Marsh, 10, 71
Marshal, 54, 70
Marshall, 26, 32, 53, 58, 98, 130, 140
Marshel, 64
Martin, 1, 6, 8, 11-13, 30, 33, 61, 68, 73, 80, 81, 88, 100-101, 110, 112, 136, 140
Martow, 131
Mason, 50, 56
Massey, 80, 83, 101
Matheny, 41
Matherson, 124
Mathews, 20, 22
Mathis, 25
Matlock, 74, 78
Matox, 64, 66
Mattel, 53
Matthews, 2-4, 11-13, 34
Matthis, 137
Maulding, 37
Maund, 4
Maury, 23
Maxwell, 103
May, 6, 23, 77, 94-97, 101, 107
Mayes, 116
Mayfield, 69, 101
Mayo, 116-117, 126
Mays, 24, 29, 40, 42, 45, 97-98, 106, 113
McAdams, 131
McAdams, 62, 68-70
Mcafee, 72
McAlister, 103
McAllester, 139
McAllester, 140
McAllister, 95
McAllister, 140
McAlpin, 95, 97, 102, 111-113
McBreyer, 36, 42-43,
McBroom, 35

McBryer, 42
McBushalan, 105
McCaba, 31
McCabb, 57, 60
McCabe, 88
McCain, 110
McCaleb, 52
McCall, 2, 31, 88, 108
McCampbell, 39
McCanlas, 49
McCarty, 8, 15
McCarver, 85
McCary, 32
McCinney, 82, 84
McClain, 58
McClamen, 20
McClane, 49
McClaur, 66
Mcclelland, 120
McClelland, 75, 84-85
McClenden, 136
McClendon, 43
McCleskey, 75
McCleskley, 73,
McClintock, 100
McCloud, 47
McCloung, 67
McClung, 85
McClure, 60
McCollum, 52, 59-60, 76, 82-83, 91
McColough, 68
McCool, 54-55
McCormach, 50
McCoy, 52-54, 74, 135, 138
McCrackin, 41, 106
McCrary, 10, 110
McCraw, 46, 60, 67
McCrory, 110
McCuller, 81
McCullin, 19
McCullough, 101
Mccurdy, 31, 46, 49
McCurley, 83
McDaniel, 130
McDaniel, 39, 48, 63-64, 85, 87
McDonald, 3, 12
McDonald, 97
McEachern, 15
McElroy, 28-29, 38
McFadyew, 3
McFarland, 54
Mcfearson, 45-46
McFerland, 58
Mcgahee, 72
McGee, 98
McGhee, 106

McGhee, 30
McGiffert, 107
McGill, 14, 28-29, 61, 63
McGough, 30
McGowin, 113
McGraw, 22, 115
Mcgrift, 132
McGuirt, 4
Mchillend, 132
McHorse, 52
McIlvey, 26
McIlwain, 31
McInney, 7
McIntyre, 71, 107
McIver, 22
Mckain, 92
McKay, 90
McKee, 61, 113
McKellough, 29
McKensie, 19
McKernan, 91
McKew, 24
McKinney, 2, 14, 80, 133
McKinnie, 19
McKinon, 26
McKiny, 80
McKisie, 131
McKissick, 132
McKnight, 78, 80
Mclain, 120
McLain, 5, 9, 13
McLand, 5
McLane, 115
Mclane, 60
McLemore, 111
Mclemore, 72
McLenny, 5
Mclure, 36
McManis, 64
McMillan, 9, 94, 100
McMilliam, 56
McMin, 63
McMullen, 109
McMuller, 24
McMulles, 24
McMurray, 81
McNair, 22, 32, 34
McNalb, 34
McNarin, 37
McNeal, 87
McNeese, 100
McNeil, 69
McNeill, 127
McNutt, 119
McQueen, 30
McRae, 15

Mcranin, 130
McRight, 78
McShan, 115
McShaw, 115
McSpadden, 45
McSwaine, 12
McVay, 135
McVay, 88
McWilliams, 10, 76, 81
Meachan, 102
Meadows, 15, 102, 126, 129
Means, 116
Medlin, 105
Meeke, 108
Meeks, 109
Meilim, 132
Mekols, 62
Melem, 133
Melison, 30
Melisore, 30
Melton, 53, 94, 96-97, 133, 138,
Mercer, 101
Merchan, 65
Meredith, 32
Meritt, 138
Meriwether, 98, 116
Merk, 57
Merrick, 3
Merrill, 38, 106
Merrit, 10
Merritt, 130
Merriwether, 105, 106, 115
Merriwither, 106
Messer, 3, 132
Messick, 14
Metcalf, 5, 14
Metheny, 37
Methvine, 12
Mhoon, 89
Michel, 26, 58, 74, 81, 86, 121
Micholson, 33
Middleton, 48
Midelton, 67
Mikes, 121
Miler, 105
Miles, 19, 62, 66,
Milican, 122
Milikel, 64
Milikin, 121, 122
Millard, 26
Miller, 2-3, 6, 8, 37, 76, 83, 103-104, 114, 133, 140
Millhouse, 26
Mills, 77, 126, 138
Milton, 18
Milwee, 81

Mims, 7, 11, 14, 30, 60, 132
Minder, 101
Minir, 41
Minon, 111
Minter, 20-22
Mire, 31
Mirn, 31
Misser, 125, 130
Mission, 134
Mitchael, 24, 27, 34
Mitchel, 33, 37, 128
Mitchell, 14, 49, 99, 108, 133
Miten, 128-129
Miton, 132
Mixon, 7, 20, 21
Mizell, 8
Mobley, 24, 104, 113, 114, 117,
Mock, 31
Moen, 60
Molette, 28
Molloy, 64
Monasco, 119
Monett, 94
Mong, 128
Monk, 10, 18, 133
Monks, 138
Monny, 137
Monter, 18,
Montgomery, 33, 53, 60, 65, 123, 127
Monusco, 119
Mood, 30
Moody, 82, 86, 91, 96
Moon, 26, 56, 61-62,
Moons, 53
Moore, 19, 21, 26-27, 30-32, 45, 51-53, 56-57, 66, 68, 73, 80-81, 84-85, 87, 97, 102, 112, 139
Mooss, 83
Mop, 32
Mordeca__, 70
Mordize, 66
Moreland, 28, 65
Morgan, 22, 32, 36, 38, 41-44, 47, 77, 93, 99, 102, 138
Mormon, 132
Morrell, 9
Morris, 29, 44, 53, 75, 90, 100-101, 112, 135, 139
Morrise, 141
Morrison, 27-28, 31-32, 61, 86
Morriss, 14
Morrow, 31, 60, 88, 113
Morse, 138
Morton, 59
Moseley, 5, 10, 25, 26, 27, 28, 61
Mosely, 64
Moses, 76, 77

Moshot, 70
Mosley, 66
Moss, 20, 81, 83
Moulton, 26
Mouny, 58
Mouring, 134
Mourning, 137, 139
Mowhinny, 111
Muliver, 39
Mullens, 41
Mullin, 5, 74
Mullins, 29, 40
Mullman, 79
Mulom, 36
Mulwee, 85
Murdock, 5
Murph, 32, 33
Murphey, 63, 73, 102, 107, 128
Murphy, 1, 33, 45, 59, 66, 76, 89, 92, 105, 128, 134
Murret, 68
Murry, 47, 66
Murt__, 60
Musgrov, 61
Musgrove, 36, 46
Musselwhite, 4
Myers, 15, 96
Mynatt, 41
Myrick, 52, 75
Mysenhamer, 86
Nabors, 108
Nall, 63, 127, 132
Nance, 33, 72
Nanee, 33
Napper, 38
Naremore, 70
Nations, 39
Naylor, 39, 42
Ncnutt, 123
Neadleton, 30
Neal, 65-66, 105, 116
Neft, 20
Neil, 67
Neill, 133
Nelson, 53, 80, 83-84, 97, 107
Nesbitt, 74
Nevill, 95
Newburn, 130
Newell, 95, 117
Newkirk, 44
Newman, 35, 64, 68
Newsom, 4, 6, 10
Newton, 2, 5, 12
Nichols, 1, 9, 47, 51, 59, 129-130
Nicholson, 38-39, 42-44, 86, 89,
Nickles, 112

Nimorelee, 26
Nin, 106
Nitts, 24
Nix, 15
Noble, 44
Nobles, 133
Noland, 85
Nooe, 93
Norma, 41,
Norman, 61, 73, 79
Norris, 22, 25, 107, 134, 136
Northam, 67
Norton, 38, 128, 136
Norwood, 10, 27, 97, 98
Nott, 111
Nuckols, 62
Nunn, 51
O'Neal, 105
O'nitlo, 107
Oaks, 63
Oates, 137
Oats, 64, 89, 136, 139
Odem, 133
Oden, 31
Odom, 66, 127, 130-131, 140
Ogden, 51
Olas, 18
Old, 88
Oldham, 116
Olds, 27
Oliver, 5, 24, 80, 96
Omer, 45
Oneal, 33, 50, 55
Onean, 123
Orr, 68, 81
Orton, 87
Osalt, 76
Osbern, 83
Osborne, 112
Osburg, 94
Osburn, 34, 39
Ot___, 68
Ott, 7, 13, 14
Otts, 113
Outlaw, 10, 15, 24
Overcast, 90
Overton, 77
Owen, 77
Owens, 39, 41-43, 110, 136, 139
Oyler, 48
P_nce, 58
Pace, 39, 123
Pack, 110
Paden, 35, 37, 41,
Padget, 40
Page, 52, 55, 102, 119, 126

Pain, 121
Painter, 48, 49
Pall, 2
Palmer, 27, 52
Palmore, 2, 62
Pane, 55
Panter, 36, 57
Papkin, 69
Pappason, 54
Parham, 99, 104, 106, 116
Parish, 8-9, 11, 15, 28, 73, 116, 126, 129
Parker, 2, 21, 36, 38, 40. 46, 55, 76, 87, 94, 121, 126, 135, 137, 139
Parks, 21
Parnal, 33
Parnel, 29
Parnell, 25, 33
Parr, 101
Parrish, 88, 113, 131, 137
Parrot, 31
Parsons, 47
Partham, 89
Paschal, 96
Pate, 6, 7, 8, 9
Patman, 104-105
Patric, 36
Pats, 135
Pattern, 23
Patterson, 8, 14, 44, 80-81, 100, 108, 114
Patteson, 2
Pattison, 35, 53
Patton, 43, 52, 81, 108, 113, 117
Paul, 13, 96
Paulk, 14
Paunders, 88
Payland, 56
Paylord, 56
Payne, 5, 13, 54, 86
Peacock, 3-5, 12, 14, 133
Pearce, 77, 124-125
Pearrie, 109
Pearsall, 92-93
Pearsin, 60
Pearson, 99
Peavy, 8
Pecun, 57
Peden, 57, 92
Peebles, 113, 129
Peeh, 52
Peelen, 132
Peeler, 87
Peguese, 34
Peirce, 102
Pelem, 132
Pelham, 132
Pelkerton, 110

Pellem, 132
Pellum, 10
Pemberton, 49
Pence, 30,
Pendergrass, 114
Pendleton, 42
Pendly, 57
Penham, 39
Penick, 91
Penington, 62-63, 65
Penland, 56
Penn, 40, 121
Penoliy, 56
Peobles, 124-125
Peoples ,5, 10
Peques, 25
Perkin, 92
Perkins, 25, 53, 62, 102
Pernell, 26
Perratt, 126
Perrea, 131
Perrin, 114
Perry, 5, 52, 56, 80, 97
Persons, 88
Peryman, 137
Petebone, 33
Peteet, 98
Peters, 11, 55
Peterson, 107
Petrs, 135
Pettigrew, 96
Petty, 33, 35, 62
Phileps, 68, 79
Philips, 57, 127, 133
Phillips, 30-32, 34, 47, 51, 58, 88, 92, 95, 111, 115-117
Pick, 107
Pickens, 32, 95-96, 98, 103, 128
Picket, 68
Pickle, 58
Pickram, 139
Pierce, 14, 19, 96
Pillgrim, 69
Pilsher, 133
Pines, 127
Pinkerton, 45
Pinna, 25,
Pinnel, 132
Pinson, 33
Pippel, 57
Pippin, 11, 101, 103, 118, 137, 139
Pitman, 35, 126, 128, 133, 135
Pitts, 135, 141
Pitty, 88
Plant, 32
Plantor, 33

Plattenburg, 34
Player, 88
Pleasy, 37
Poe, 120
Poe, 46, 54-56, 59, 66,
Pointer, 3
Poke, 124
Pollard, 27
Pollock, 107
Ponder, 70-71
Poo, 56
Pool, 131
Pool, 18
Pope, 12, 91
Pories, 110
Porter, 21, 31, 38, 61, 64, 67, 71, 116
Porterfield, 90
Posey, 103, 117, 130
Posy, 33
Potts, 88, 89, 113
Pouncey, 12
Pound, 125
Pounded, 90
Pounder, 89
Pounders, 82, 86, 90,
Pov, 54-56, 59,
Powel, 63, 67, 103
Powell, 8, 11, 13, 15, 25, 31, 51, 111
Powers, 7, 9, 79, 108, 120
Prapes, 70
Prator, 28
Preachers, 1
Prescot, 133, 139
Preses, 27
Presoc, 108, 109
Prestridge, 79
Prewit, 60
Price, 6, 34, 57, 103, 115, 128, 130, 138, 141
Pride, 89-90, 93,
Pridge, 92
Priest, 81
Priggen, 131
Prillian, 56
Prince, 76, 119
Priogen, 9
Pritchet, 66
Pritchett, 2
Privette, 47
Prout, 93, 123
Provost, 32
Pruett, 84
Pucket, 47, 79, 81
Puggins, 139
Pulliam, 68
Purnell, 95
Putman, 48

Pynes, 127, 131
Pyron, 71
Qualls, 27
Quay, 32
Quillin, 73, 76, 79
Quim, 23
Quincy, 133
Quinn, 82
Racheal, 19
Rackard, 90
Rackley, 95
Ragland, 92, 93
Railes, 27
Raines, 130
Rainey, 79, 98
Rains, 41, 130
Rainwater, 54, 63, 64
Raleigh, 50
Ramsey, 20, 36, 43-44, 78-79, 84
Rand, 93
Randall, 21, 111
Randolph, 57-58, 60, 83, 94, 107, 112, 117
Ransey, 71
Rasberry, 100
Rascot, 29
Ray, 53-55, 66, 79, 82-85
Rayburn, 38
Rayford, 27
Raynes, 99
Rea, 82
Read, 79
Readle, 104
Ready, 138
Rean, 122
Rece, 123
Redding, 101
Reddus, 64
Redwine, 86
Reece, 35, 37, 47, 111
Reed, 34, 37, 40-41, 48, 72, 80, 82, 84, 86,
Reeds, 67
Reese, 25, 39, 43, 103
Reeves, 1, 9, 23, 36, 40-42, 64, 115, 117
Regester, 140-141
Register, 7, 126, 131
Reid, 96, 120
Remick, 91
Ren, 80
Renfroe, 9, 11, 130
Rework, 26
Reynolds, 4, 49, 55, 71, 75, 88, 99, 115-116
Rhea, 43, 88, 93
Rhoals, 125
Rhoden, 115
Rhodes, 38, 40, 100, 108
Ricard, 108

Rice, 135
Rice, 53-56, 95, 105, 117
Richards, 7, 49, 54, 55, 74
Richardson, 137
Richardson, 5, 25, 69, 74, 78, 94, 96, 102, 104,
Richerson, 10, 86
Richeson, 81
Richie, 115
Rickman, 56
Ricks, 30, 44, 92, 95, 105
Rid_n, 81
Riddle, 24, 105, 120
Ridgely, 28
Ridgeway, 111
Ridgway, 104, 114
Rigby, 13
Riger, 22
Riggins, 35
Riggs, 20, 32, 76, 84,
Right, 53
Rigs, 66
Rikard, 78
Riker, 62
Riley, 4, 7, 14, 15, 27, 99, 132, 136
Ring, 33
Rink, 42
Roach, 137
Roach, 4
Robenson, 28
Roberson, 72, 112, 125, 128-129
Roberts, 35, 37-39, 53, 56, 61, 67, 91, 101, 104-105, 117
Robertson, 5, 38, 45, 51, 56, 96
Robeson, 85
Robins, 18, 130
Robinson, 25, 34, 53, 98, 112
Robuch, 103
Robuck, 115
Rockly, 137
Roddy, 73
Roden, 35, 39, 41, 96
Rodgers, 63, 76, 80-81, 84, 134
Rodges, 37
Roe, 129
Roe, 13, 121
Rogers, 5-7, 10, 12, 28, 42, 46, 60, 99
Rogert, 32
Roland, 133, 140
Roller, 21
Rollins, 23, 82, 83
Ronibson, 85
Rony, 135, 137
Rook, 36
Rooper, 36,
Rorry, 135, 139
Ross, 43-44, 51, 88-89, 110-111

Rountree, 21
Rowe, 113
Rowland, 13
Rowyer, 88
Roy, 74, 82
Roycraft, 60
Royer, 88, 91
Ruckley, 101
Rudd, 2, 108
Rumph, 23
Runnals, 129
Runnels, 51, 53
Runnils, 57
Runum, 82
Rupel, 32
Rupum, 33
Rusel, 34
Ruser, 24
Rusev, 27
Rush, 119-120
Rushing, 51
Rusk, 66
Russel, 18, 32, 34, 47, 110
Russell, 37, 60, 87
Rutland, 89, 90
Rutledge, 18, 104
Ruton, 8
Ryan, 39
Sadder, 48
Saddle, 28
Sader, 28,
Sadler, 85
Saffold, 131
Saggart, 31
Saint, 74
Sale, 72
Salmans, 37
Salmon, 124
Salter, 10
Saltmorsn, 26
Sammack, 41
Sammey, 110
Samp_y, 46
Sample, 31, 98
Sampson, 70
Sampton, 75
Samuel, 106
Sanders, 36, 41, 61, 64, 68, 73, 102, 138
Sanderson, 5, 77, 87
Sandiford, 100
Sandlin, 121, 123
Sands, 42
Sanford, 112
Sansome, 28
Sargant, 82
Sartin, 73, 80

Saunders, 10
Saundes, 21
Savage, 6, 55, 63
Scamell, 4
Scarboraugh, 105
Scarbrough, 33, 102, 117
Scarff, 118
Scarlet, 110
Schappart, 103
Sconnyers, 6
Scott, 3, 40, 44, 63, 66, 77, 80, 109, 129-130, 134
Scroggin, 18
Scroggins, 18
Sea, 21
Seabrook, 97
Seal, 72, 108, 110
Search, 125, 134, 139, 140,
Searcy, 133, 138
Sears, 102, 103, 104
Searson, 132
Seaten, 97
Seawell, 34
Seay, 66, 97
Seeth, 44
Selesen, 127
Self, 20, 66
Sellers, 9, 116, 131
Selmon, 101
Settles, 3
Seward, 81
Sexton, 110
Seymour, 105
Shackelford, 127
Shadwick, 107
Sham, 28
Shankles, 49
Shannon, 81
Sharover, 103
Sharp, 21
Shaver, 82
Shaw, 64, 66, 71
Sheats, 122
Sheffield, 42, 61, 73
Shehean, 14
Shelby, 30
Shelton, 53, 105, 114
Shepard, 42
Sheperd, 44
Shepherd, 4, 15, 54, 55, 128, 137
Shepperd, 25
Sherly, 69
Sherrill, 73, 77-78, 81,
Sherrod, 93, 113
Shields, 27
Shigh, 131

Shinalt, 74
Shine, 93
Ship, 66
Shipton, 61
Shire, 14
Shirley, 70, 106
Shirly, 125
Shiver, 3-4, 10, 11
Shivers, 98
Sholder, 137
Sholts, 82
Short, 7
Shoulder, 130, 136, 140
Shrum, 41, 43
Shubust, 36
Shuckeford, 107
Shurfiel, 63
Sibert, 40
Sibley, 81, 83, 85
Sickland, 55
Silcox, 126
Silles, 139
Silvester, 138
Sim, 43
Simmons, 7, 12, 14, 109, 120, 140
Simons, 54
Simpkins, 97
Simpson, 37
Sims, 13, 15, 44, 57, 64, 99, 101-102, 106, 108-110, 127, 140-141
Sineyard, 37
Singler, 87
Singletary, 137
Singleton, 3
Sirratt, 64
Sisom, 113
Sity, 42-43
Sizemore, 49
Skeen, 13
Sketoe, 6, 14
Skidmore, 79
Skinner, 4, 7, 9, 22, 84, 126, 136
Skiper, 131
Skipper, 126-128, 131, 140
Slaton, 45, 47, 49
Sledge, 92-93
Sloan, 41
Small, 24, 35, 115
Smallwood, 56
Smar, 40
Smedley 45
Smelser, 77
Smeyard, 37
Smiley, 21, 28
Smily, 20, 27

Smith, 1, 5-7, 9, 18-19, 21-22, 24, 28-29, 31-33, 36-37, 39, 41-42, 44, 46-48, 51, 55, 58-59, 62-63, 65, 68,-69, 73-75, 85-86, 89, 96-97, 100, 105-106, 108-109, 115, 121-122, 125, 127, 130-131, 133-135. 138-139
Smithers, 125
Smoke, 19
Smoot, 91
Smyth, 63
Snead, 135
Snedicor, 99, 113
Sneed, 98
Snelgrove, 136
Snelgrove, 137
Snell, 3, 4, 6, 9, 10, 11,
Snider, 37
Snow, 85
Soloman, 5, 132
Somers, 14
Sonny, 140
Sopher, 122
Soral, 36
Sorrell, 22
Sorrll, 112
Sorsby, 112
Sott, 129
Sourll, 135
South, 60, 67, 85, 94
Southworth, 95
Souzends, 72
Sowel, 128-129
Sowell, 10
Sowell, 138
Sowl, 140
Spaight, 26
Spain, 114
Spann, 130, 135-136
Spar, 92
Sparks, 53, 59, 77, 78, 80-81, 83
Sparrow, 28, 112
Spearman, 76
Spears, 4, 9, 26, 48, 53, 70
Speck, 85
Spegle, 122
Speirs, 69
Spence, 138
Spencer, 101, 117
Sperman, 76
Sperse, 58
Spigner, 9
Spikes, 7
Spivey, 101
Splin, 57
Spraggins, 81
Sprague, 26
Spring, 45, 98

Springer, 64
Springfield, 63
Spruel, 70
Spurgeon, 45
Stafford, 36, 42-43, 45, 104
Stahl, 75
Stakes, 11
Standfield, 73
Standfile, 19
Stanfield, 40, 73
Stanford, 13, 80, 86, 139
Stanley, 52
Stanly, 131
Stanton, 123, 132
Stapler, 41
Stapleton, 7, 141
Starling, 132, 140
Stathen, 5
Stearns, 35
Stedman, 25, 29
Steel, 47, 50, 102, 106
Steele, 95, 117
Stend, 102
Stephens, 13, 30, 40, 60, 98, 100, 109, 116, 121, 137
Stephenson, 57, 121
Steveson, 75
Stewart, 19, 22, 26, 45-46, 60-61, 67, 100, 112
Stickland 54
Stickney, 97, 109
Still, 129
Still, 63
Stillman, 70
Stilmore, 62
Stivender, 2
Stockdale, 44
Stodan, 135
Stoddard, 3
Stokes, 3, 8, 11, 69, 97, 101, 107, 120, 132-135, 138
Stone, 136
Stone, 23, 62, 67
Stoner, 47
Story, 69, 113, 116
Stout, 83
Stowers, 41
Strahan, 23
Strait, 99
Strat, 104
Straton, 91
Stratton, 47
Strawbridge, 30, 32, 62
Strawbrigg, 62
Strawman, 61
Street, 67
Strickland, 61, 94, 126-127

Strickling, 105
Striclin, 75
String, 86
Stringfellow, 97, 101, 105, 109
Strong, 52, 53, 77
Strother, 102
Strother, 24
Stroudenborough, 23
Struch, 90
Stuart, 29, 74, 77, 106, 125,
Stuckey, 15
Studdard, 58
Studervant, 30, 32
Stuedon, 78
Sturgis, 134
Sufford, 34
Sugg, 72, 81, 82
Suggs, 7, 134
Sugs, 67
Sulivin, 69
Sullinger, 76
Sullivan, 40
Sullivent, 3, 8, 11
Sumer, 28
Sumerline, 6
Summars, 25
Summerland, 53
Summerline, 3
Summers, 83
Summons, 13
Summors, 95
Surles, 128
Sutherland, 44, 120
Suthran, 120
Swader, 45, 46
Swan, 73
Sweatman, 99
Swett, 80
Swift, 34
Swigley, 77
Switser, 56
Sybert, 42
Sykes, 140
Symore, 136
Syning, 107
Tacket, 74, 78, 84,
Tackett, 42
Taggart, 70
Talbat, 132
Talbert, 25
Tallay, 135
Tan, 133-134
Tankersley, 50
Tanner, 86
Tannill, 98
Tanstall, 104

Tapley, 71
Tarell, 51
Tarr, 69
Tarrants, 30
Tate, 29, 30, 46, 84
Tater, 36
Tayler, 77
Taylor, 11-12, 20, 24, 26-27, 31, 42, 48, 54, 58, 62, 64, 66, 73-74, 77-78, 81, 87, 108, 112-113, 120, 124-125, 127, 131
Tebo, 37
Tellow, 89
Templeton, 37
Terrill, 82
Terry, 111
Tharp, 74, 78, 127
Thetford, 112
Thierman, 124
Thomas, 5, 9, 10, 12, 18-19, 25, 27, 31, 33-34, 48, 67, 95, 99,134, 138, 140
Thomason, 33, 69, 90
Thomasser, 86
Thompson, 5, 8, 9,11-12, 27, 39, 44, 52, 60, 62, 67, 69, 74-75, 86, 88-91, 98, 103, 115, 134
Thomson, 131
Thoral, 134
Thorn, 75, 76, 77, 78, 87
Thornberry, 47
Thornton, 10, 58, 103, 113-114, 116
Thorntry, 60
Thrash, 27
Threate, 64
Thriptrine, 34
Thromro, 60
Thrower, 8
Thrust, 29
Thurman, 121, 134, 139
Thursman, 135
Tidmore, 110
Tidwell, 59-60, 120
Tiffin, 44, 79
Tig, 122
Tillet, 86
Tillman, 46, 100
Tilmon, 84
Times, 83
Timms, 38
Timplen, 19
Timplin, 19
Tindel, 2, 4, 12, 24, 95
Tindell, 126, 134
Tindol, 80
Tiner, 92
Tinker, 48, 96, 107
Tinny, 122
Tipper, 52

Tisdale, 99
Tittle, 120
Todd, 23, 47, 66, 87
Tolbert, 44
Tomason, 69
Tomberlin, 7
Tomblin, 69
Tomlin, 11, 13
Tompkins, 78, 83, 92
Tootle, 26
Torbert, 96
Torres, 134
Touwsand, 112
Towles, 3
Towns, 91
Townsen, 89
Townsend, 21, 53
Train, 140
Tramick, 124
Tranick, 124
Trann, 19
Trant, 3, 14
Trappenstead, 38
Travis, 100, 113
Traweck, 54
Trawick, 2, 52, 53, 124
Traywick, 134
Trewett, 4, 6
Trower, 3
True, 98
Trull, 54, 70, 71
Trussel, 122
Tubbs, 86, 123
Tubbyville, 88, 89
Tucker, 44, 59, 111, 115, 130, 132
Tune, 57
Tungate, 86
Turlington, 5
Turner, 2, 8-10, 19, 21, 56, 63, 67,80, 88, 101, 115
Turnipseed, 105
Turny, 122
Tutwiler, 110
Tyner, 54
Tynes, 114
Tyree, 106
Ulmer, 23, 29
Ulmore, 33
Underwood, 21, 78, 103
Upchurch, 29, 105, 114
Updike, 24
Ursery, 115
Utt, 13
Valentine, 105
Valntine, 124
Van, 131

Vanhoose, 57
Vann, 6-7, 10, 13-14,
Vanzant, 57
Varnon, 132
Vasnam, 140
Vasser, 20
Vaughn, 24, 70, 113, 136, 139
Venable, 47, 49
Venible, 85
Vest, 122-123
Vickers, 128-129
Vicks, 135
Vinegar, 86
Vineryard, 78
Vinndislico, 26
Vinson, 73, 76, 92
Wa___, 96
Wa_kins, 68
Waddell, 32
Waddle, 66, 68
Wade, 28, 48, 80, 98
Wadford, 126
Wadford, 126
Wadkins, 22
Waid, 21
Waits, 78
Wakefield, 127
Walden, 53-54, 62 82, 126, 135
Waldie, 81
Walding, 12
Waldrep, 64
Waldrop, 41, 86
Walker, 20, 24-25, 27, 29-30, 32-33, 36, 40, 60, 63, 69, 70, 72, 79, 82, 92, 95, 96, 100, 103, 104, 106, 113, 126
Walkins, 118
Wall, 42, 55
Wallace, 39, 48, 49, 92, 131
Waller, 3, 24, 32, 55, 107
Wallis, 56, 57, 61, 83
Walstenholms, 51
Walter, 30
Walton, 98, 114
Wammack, 41
Warasnorth, 126-127
Ward, 2-3, 5, 7, 12, 14-15, 35-36, 38, 40, 44, 46, 55, 59, 61-62, 88, 95, 96, 104, 129-130, 135-137, 140
Ware, 76
Warhurst, 74
Warn, 30
Warren, 35, 39, 50, 73, 77, 93, 108, 119, 134
Warrington, 77, 79
Waters, 5, 59
Watford, 2, 7, 9, 141
Wathers, 113, 127

Watkins, 68, 85, 111, 127
Watley, 77
Watly, 127
Watnous, 30
Watson, 15, 56, 66-67, 104, 107, 111, 114, 129, 136, 138-139
Watt, 6, 95
Watters, 51
Wattley, 133
Watts, 22, 38, 91
Waugh, 18, 24, 26, 32-33
Weast, 70
Weatherly, 133
Weathers, 64-65
Weaver, 45-46
Weavers, 134
Webb, 33, 44, 58-59, 85, 101
Webster, 20, 67, 95
Weder, 66
Wedgeworth, 98, 109
Weeb, 137
Weems, 95
Weisenger, 29,
Weisinger, 30
Weist, 120
Welborne, 110
Welch, 24, 46, 53, 90, 91
Wellborn, 45, 46
Wells, 2, 10, 49
Welsh, 67
West, 20, 27-28, 34, 52-53, 57, 60, 102, 105, 119, 133
Westermyer, 15
Westhood, 24
Westmoreland, 114
Wetherby, 80
Wetherford, 78
Wettars, 65
Whally, 20
Wharton, 41
Whatley, 20, 24, 55
Wheeler, 138
Wheeler, 4, 45, 48, 91, 100
Whelan, 107
Whidden, 135
Whidden, 138
Whilens, 128
Whitaker, 127
Whitburst, 129
White, 3, 6, 8, 10, 27, 41-43, 47-48, 52, 59-60, 72, 76, 82, 90, 103, 106, 113, 115, 117, 120, 136
Whiteburst, 133, 137
Whited, 50
Whitehead, 2, 3, 13, 111, 130, 134, 139
Whiteheat, 110
Whitehurst, 135

Whithead, 127
Whithurst, 128-128
Whitley, 15, 59, 60,
Whitlock, 79
Whitly, 59
Whitmore, 8
Whitsitt, 96
Whitson, 56
Whittle, 6
Whorton, 40, 74, 85
Whren, 21, 28
Wideman, 120
Wiggins, 2, 5, 11, 14, 22, 99, 106, 125, 129, 139
Wil__, 77
Wilcason, 138
Wilcox, 9, 65
Wilcut, 56
Wilder, 37, 111
Wileayon, 89
Wileoyen, 88
Wiley, 123
Wiley, 20, 123
Wilis, 69
Wilkins, 80
Wilkinson, 7, 12, 115
Willey, 121
William, 55
Williams, 5, 10, 14, 23, 26, 31-32, 34, 40-41, 49, 54-55, 58, 62, 65, 74-80, 89-90, 92, 98, 100, 102-106, 108-112, 114-117, 120-122, 124-125, 127-130, 132, 134-135, 137-139
Williamson, 3, 72, 79, 86
Williby, 20
Willilams, 83
Willingham, 34, 52-56, 97-100
Willis, 8, 46, 67, 72, 79, 114, 134
Wills, 95, 113
Willson, 123
Wilsom, 66
Wilson, 1, 25-26, 29, 32, 37, 43, 48, 51, 54, 56, 62-63, 65, 69, 73, 75, 78, 96, 101-102, 104-106, 108-110, 131, 134
Wimberly, 59-60
Wimbuly, 51
Wims, 137
Windham, 2, 4, 7, 9-10, 1334, 100-101
Winfield, 15
Wingate, 127
Winstead, 54
Winston, 49, 53, 92, 99, 114
Winter, 64, 92
Wirrsit, 83
Wiss, 59
Witherspoon, 101, 107, 109,
Witson, 78
Witt, 76, 77

Wofford, 84
Womble, 87
Wommack, 103
Wood, 131
Wood, 23, 34, 40, 74, 87, 136, 138, 140
Woodall, 2, 29, 100
Woodbruff, 86
Woodel, 114
Woodham, 4, 6, 10, 12, 125, 129
Woodland, 31
Woodruff, 78
Woods, 66, 100
Woodsn, 135
Woodward, 56, 58
Woolbright, 73
Woolf, 135
Woolsey, 33
Wooten, 29, 108
Word, 40
Works, 39-40
Worley, 32
Worthington, 24, 35
Wr_ery, 65
Wren, 80
Wright, 37, 47, 49, 53, 57, 61, 66, 73, 76, 113, 124-125, 140
Writ, 28
Wynne, 94- 96, 98, 113-115
Wyser, 102
Yancy, 37
Yandle, 70
Yann, 4
Yarbrough, 63
Yates, 126, 130, 132
Yeargin, 36
Yearly, 67
Yeates, 140
Yelverton, 4
Yocum, 75
Yon, 8
Yonce, 132
York, 47, 120
Young, 19, 24, 62, 65, 92, 106, 122, 123
Youngblood, 20, 23

Other Heritage Books by Linda L. Green:

1890 Union Veterans Census: Special Enumeration Schedules Enumerating Union Veterans and Widows of the Civil War. Missouri Counties: Bollinger, Butler, Cape Girardeau, Carter, Dunklin, Iron, Madison, Mississippi, New Madrid, Oregon, Pemiscot, Petty, Reynolds, Ripley, St. Francois, St. Genevieve, Scott, Shannon, Stoddard, Washington, and Wayne

Alabama 1850 Agricultural and Manufacturing Census: Volume 1 for Dale, Dallas, Dekalb, Fayette, Franklin, Greene, Hancock, and Henry Counties

Alabama 1850 Agricultural and Manufacturing Census: Volume 2 for Jackson, Jefferson, Lawrence, Limestone, Lowndes, Macon, Madison, and Marengo Counties

Alabama 1850 Agricultural and Manufacturing Census: Volume 3 for Autauga, Baldwin, Barbour, Benton, Bibb, Blount, Butler, Chambers, Cherokee, Choctaw, Clarke, Coffee, Conecuh, Coosa, and Covington Counties

Alabama 1850 Agricultural and Manufacturing Census: Volume 4 for Marion, Marshall, Mobile, Monroe, Montgomery, Morgan, Perry, Pickens, Pike, Randolph, Russell, St. Clair, Shelby, Sumter, Talladega, Tallapoosa, Tuscaloosa, Walker, Washington, and Wilcox Counties

Alabama 1860 Agricultural and Manufacturing Census: Volume 1 for Dekalb, Fayette, Franklin, Greene, Henry, Jackson, Jefferson, Lawrence, Lauderdale, and Limestone Counties

Alabama 1860 Agricultural and Manufacturing Census: Volume 2 for Lowndes, Madison, Marengo, Marion, Marshall, Macon, Mobile, Montgomery, Monroe, and Morgan Counties

Alabama 1860 Agricultural and Manufacturing Census: Volume 3 for Autauga, Baldwin, Barbour, Bibb, Blount, Butler, Calhoun, Chambers, Cherokee, Choctaw, Clarke, Coffee, Conecuh, Coosa, Covington, Dale, and Dallas Counties

Alabama 1860 Agricultural and Manufacturing Census: Volume 4 for Perry, Pickens, Pike, Randolph, Russell, Shelby, St. Clair, Sumter, Tallapoosa, Talladega, Tuscaloosa, Walker, Washington, Wilcox, and Winston Counties

Delaware 1850–1860 Agricultural Census, Volume 1

Delaware 1870–1880 Agricultural Census, Volume 2

Delaware Mortality Schedules, 1850–1880; Delaware Insanity Schedule, 1880 Only

Dunklin County, Missouri Marriage Records: Volume 1, 1903–1916

Dunklin County, Missouri Marriage Records: Volume 2, 1916–1927

Florida 1850 Agricultural Census

Florida 1860 Agricultural Census

Georgia 1860 Agricultural Census: Volume 1 Comprises the Counties of Appling, Baker, Baldwin, Banks, Berrien, Bibb, Brooks, Bryan, Bullock, Burke, Butts, Calhoun, Camden, Campbell, Carroll, Cass, Catoosa, Chatham, Charlton, Chattahooche, Chattooga, and Cherokee

Georgia 1860 Agricultural Census: Volume 2 Comprises the Counties of Clark, Clay, Clayton, Clinch, Cobb, Colquitt, Coffee, Columbia, Coweta, Crawford, Dade, Dawson, Decatur, Dekalb, Dooly, Dougherty, Early, Echols, Effingham, Elbert, Emanuel, Fannin, and Fayette

Kentucky 1850 Agricultural Census for Letcher, Lewis, Lincoln, Livingston, Logan, McCracken, Madison, Marion, Marshall, Mason, Meade, Mercer, Monroe, Montgomery, Morgan, Muhlenburg, and Nelson Counties

Kentucky 1860 Agricultural Census: Volume 1 for Floyd, Franklin, Fulton, Gallatin, Garrard, Grant, Graves, Grayson, Green, Greenup, Hancock, Hardin, and Harlin Counties

Kentucky 1860 Agricultural Census: Volume 2 for Harrison, Hart, Henderson, Henry, Hickman, Hopkins, Jackson, Jefferson, Jessamine, Johnson, Morgan, Muhlenburg, Nelson, and Nicholas Counties

Kentucky 1860 Agricultural Census: Volume 3 for Kenton, Knox, Larue, Laurel, Lawrence, Letcher, Lewis, Lincoln, Livingston, Logan, Lyon, and Madison Counties

Kentucky 1860 Agricultural Census: Volume 4 for Mason, Marion, Magoffin, McCracken, McLean, Marshall, Meade, Mercer, Metcalfe, Monroe and Montgomery Counties

Louisiana 1860 Agricultural Census: Volume 1 Covers Parishes: Ascension, Assumption, Avoyelles, East Baton Rouge, West Baton Rouge, Boosier, Caddo, Calcasieu, Caldwell, Carroll, Catahoula, Clairborne, Concordia, Desoto, East Feliciana, West Feliciana, Franklin, Iberville, Jackson, Jefferson, Lafayette, Lafourche, Livingston, and Madison

Louisiana 1860 Agricultural Census: Volume 2

Maryland 1860 Agricultural Census: Volumes 1 and 2

Mississippi 1850 Agricultural Census: Volumes 1–3

Mississippi 1860 Agricultural Census: Volume 1 Comprises the Following Counties: Lowndes, Madison, Marion, Marshall, Monroe, Neshoba, Newton, Noxubee, Oktibbeha, Panola, Perry, Pike, and Pontotoc

Mississippi 1860 Agricultural Census: Volume 2 Comprises the Following Counties: Rankin, Scott, Simpson, Smith, Tallahatchie, Tippah, Tishomingo, Tunica, Warren, Wayne, Winston, Yalobusha, and Yazoo

Missouri 1850 Agricultural Census: Volumes 1–5

Montgomery County, Tennessee 1850 Agricultural Census

New Madrid County, Missouri Marriage Records, 1899–1924

North Carolina 1850 Agricultural Census: Volumes 1–4

Pemiscot County, Missouri Marriage Records, January 26, 1898 to September 20, 1912: Volume 1

Pemiscot County, Missouri Marriage Records, November 1, 1911 to December 6, 1922: Volume 2

South Carolina 1860 Agricultural Census: Volumes 1–3
Tennessee 1850 Agricultural Census: Volumes 1–5
Tennessee 1860 Agricultural Census: Volumes 1 and 2
Texas 1850 Agricultural Census, Volume 1: Anderson through Hunt Counties
Texas 1850 Agricultural Census, Volume 2: Jackson through Williamson Counties
Texas 1860 Agricultural Census, Volumes 1–5
Virginia 1850 Agricultural Census, Volumes 1–5
Virginia 1860 Agricultural Census, Volumes 1–4
West Virginia 1850 Agricultural Census, Volumes 1 and 2
West Virginia 1860 Agricultural Census, Volume 1–4

www.ingramcontent.com/pod-product-compliance
Lightning Source LLC
Chambersburg PA
CBHW081232170426
43198CB00017B/2737